Phänomenologie des Geistes
G.W.F.Hegel

ヘーゲル『精神現象学』をどう読むか

新たな解釈とアクチュアリティの探究

片山善博
小井沼広嗣
飯泉佑介

編 著

System
der
Wissenschaft
von

Ge. Wilh. Fr. Hegel
D. u. Professor der Philosophie zu Jena,
der Herzogl. Mineralog Sozietät daselbst Assessor
und andrer gelehrten Gesellschaften Mitglied.

Erster Theil,
die
Phänomenologie des Geistes.

Bamberg und Würzburg,
bey Joseph Anton Goebhardt,
1807.

凡　例

1．本書で典拠とするヘーゲル『精神現象学』
　のテキストは以下に記載するアカデミー版
　『ヘーゲル全集』の第 9 巻である。
　　G. W. F. Hegel: Gesammelte Werke, hrsg.
　v. Rheinisch-Westfälischer Akademie der
　Wissenschaften, Felix Meiner Verlag, Hamburg.
　(GW)
　　当該テキストを引用するさいには、括弧内
　に頁数のみを記す。そのさい、読者の利便性
　に配慮して、原著の頁数とともに、代表的な
　邦訳である金子武蔵訳『精神の現象学（上・
　下）』（岩波書店、1971 年、1979 年）の該当頁
　数をスラッシュの後に記す。つまり、(00/00)
　というかたちで表記する。ただし、訳文はす
　べて各論考の筆者によるものである。
2．それ以外のアカデミー版『ヘーゲル全集』
　からの引用に際しては、GW という略号に続
　けて、巻数、頁数の順で本文中に表記する。
　ただし、ヘーゲルの『法哲学』および『エンツュ
　クロペディー』からの引用・参照にさいしては、
　節番号を（§）で表記する場合がある。
3．引用文中の丸括弧（　）は原著者が付した
　挿入であり、亀甲括弧〔　〕は筆者による補
　いである。
4．ヘーゲルが用いる言葉・概念をどのように
　訳すかは、執筆者各々の解釈姿勢などが反映
　されるものであるという性格上、あえて訳語
　の統一を図らなかった。

まえがき

　本書は、G. W. F. ヘーゲルの『精神現象学』（1807 年）をあらゆる角度から検討する包括的な論文集である。第 I 部「『精神現象学』の新たな解釈」では、各世代を代表する「ヘーゲル読み」が、『精神現象学』の各章について自らの解釈を開陳する。第 II 部「『精神現象学』のアクチュアリティをめぐって」では、より発展的な課題として、『精神現象学』にかぎらず、ヘーゲル哲学のさまざまな側面を現代の社会や思想との関連において捉え直すことを試みる。

　10 本の論文と 5 本のコラムからなる本書には、キャリアや出身大学、専門や性別、さらには国籍さえ異なる書き手たちが参加している。このように記すならば、さまざまなバックグラウンドの執筆者たちが集まって、どのような新しいヘーゲル像を見せてくれるのかと期待する読者もいるかもしれない。しかし、あらかじめ注意を述べておくならば、あらゆることが多様化し流動化しているこの時代に、ただ一つの統一的なヘーゲル像を確立できるとは、私たちは考えていない。専門的な研究動向を見るだけでも、注目されるテーマやアプローチは絶えず変動しており、多様化の一途を辿っている。それゆえ、本書では、全体を通してヘーゲルをこう読むべきだと方向付けることはしない。執筆者たちには、特定の解釈上の立場や思想に縛られることなく、真に自ら読み、考えるところのヘーゲルを論じてもらった。構成上の分担と学術的なクオリティの保証以外は、まったく自由である。そのような条件においてこそ、今読まれるべきヘーゲル像が浮き彫りになると信じている。

　もっとも、執筆者がそのもとに結集した旗印は存在しなくとも、それぞれの論文やコラムの重なり合いの中から自ずと滲み出てきた共通の色合いはあるだろう。以下では、本書を特徴付けるそうした共通項を少しだけ紹介したい。

（1）時代に応答するアクチュアルな解釈

　すでに述べたように、本書の狙いは、『精神現象学』の新たな読み方

を提示することであるが、ここでの「新しさ」とは、必ずしも研究上の新規性だけを意味するのではない。『精神現象学』が1800年代初頭のドイツ・イェーナの清新な知的薫風の中で誕生したように、本書に所収された論文とコラムは、多かれ少なかれ、現代の社会と思想という時代の風を受けて成立している。このアクチュアリティそのものが、「新しさ」の現われとなっていると考えたい。

そこで思い出されるのは、2008年出版の『ヘーゲル 現代思想の起点』（合澤清／滝口清栄編、社会評論社）である。『精神現象学』刊行200年を記念して刊行されたこの著作は、『精神現象学』各章についての優れた解釈を提出するだけでなく、アレクサンドル・コジェーヴのヘーゲル読解やフランス現代思想のヘーゲル受容から、イタリア・ヘーゲル主義、現代ドイツの研究状況までを網羅的に扱う、画期的な論集だった。既存のアカデミックな区分に囚われないその豊かな内容は、まさに「現代思想の起点」としての『精神現象学』を描き切っているが、そこに80年代から90年代にかけて日本の思想界を席巻した「ポストモダン」ブームの余波を認めることは難しくない。長らく、ヘーゲル的な「大文字の主体」を無効化したと言われていた現代思想がむしろヘーゲル哲学に由来する一面をもつことを見事に暴いたのである。

しかしながら、『ヘーゲル 現代思想の起点』が出版されてから、すでに15年近く経過している。15年という月日は短いようで長い。少なくとも、「ポストモダン」という枠組みでは捉え切れない潜在的な思想動向が浮上してくるには十分な歳月である。ヘーゲル哲学に関わるかぎりで、これらの動向を概観しておくことは無駄ではないだろう。

第一に、ネオプラグマティズムの潮流である。19世紀後半にアメリカで誕生したいわゆる「古典的プラグマティズム」の中でも、初期のジョン・デューイが現実を流動的・力動的に捉えるヘーゲル的発想から深く影響されたことはよく知られているが、近年では、ヘーゲル主義を痛烈に批判していたチャールズ・S・パースとウィリアム・ジェイムズさえ、経験の可能性や直接知の批判といった点において部分的にヘーゲルを評価していたことが指摘されている。加えて、こうした古典的プラグマティズムを背景としつつ、1950年代のウィルフリッド・セラーズ、1970年代以降のリチャード・ローティらの仕事を底流として登場したネオプラ

グマティズムは、「ヘーゲル的転回」とも言える特徴を有している。特に「ピッツバーグ・ヘーゲル学派」のジョン・マクダウェルとロバート・ブランダムは共に『精神現象学』から大きな着想を得ており、主観と客観の対立を意味論的・行為論的に乗り越えようとする自らの仕事がヘーゲル哲学の延長線上にあることを隠すことはない。ここ30年の英語圏のヘーゲル研究を牽引するロバート・B・ピピンさえ、2000年代以降、マクダウェルやブランダムとの交流を通じてプラグマティズム的な方向性を獲得しており、その影響力には計り知れないものがある。

　第二に、現代実在論の潮流である。2007年にロンドン大学でのコロキウムを機に始動した思弁的実在論（唯物論）と呼ばれる新しい実在論の動向は、2010年代を通じて、さまざまな哲学的伝統を横断しつつ、芸術や人類学などの分野をも巻き込んだ世界的なムーヴメントになった。思弁的実在論の中では、アメリカのシェリング研究のパイオニアであるイアン・ハミルトン・グラントや、『有限性の後で』が日本でも話題になったカンタン・メイヤスーがヘーゲル哲学について踏み込んだ解釈を行っている。だが、よりヘーゲルに近いと言えるのは、新実在論の立役者として知られるマルクス・ガブリエルだろう。もともとガブリエルはシェリングの神話論に関する一級の研究者であり、ドイツ古典哲学全般に対して造詣が深い。だが、最近のガブリエルは、後期のヘーゲル哲学をモデルにして、「心の哲学（philosophy of mind）」ならぬ、「精神の哲学（Philosophie des Geistes）」を提唱する一方、普遍的理性に基づく「新たな啓蒙主義」の論陣を張っている。ガブリエルが自称しているわけではないものの、そこにシェリング哲学より濃厚なヘーゲル哲学への傾倒を読み取ることは不自然ではない。観念論と称されるヘーゲル哲学は、2010年代を特徴づける現代実在論の多様な広がりの中で蘇っているのである。

　第三に、いわゆるポストモダン哲学、より限定するならば、ポスト構造主義の新たな展開を挙げておかなければならない。すでに見たように、かつてヘーゲル的な「主体の形而上学」のラディカルな解体と目されていたジャック・ラカン、ジャック・デリダ、ミシェル・フーコーらの思想が、少なくともそのルーツの一部をヘーゲル哲学にもつ、もしくは、「ヘーゲル的」と言える問題を共有していたことは、もはや周知の事実

である。この潮流を引き継ぎ、現在、思想界の第一線で活躍しているジュディス・バトラー、スラヴォイ・ジジェク、カトリーヌ・マラブーに至ると、反ヘーゲルというスタンスではなく、むしろヘーゲル哲学の積極的な（批判的）受容を通じて自らの理論を構築しようとしていると言っても過言ではない。バトラーに関しては、ジェンダー論やフェミニズムにおける「撹乱」的な仕事がますます脚光を浴びる中で、その理論的バックグラウンドとしてのヘーゲルにも焦点が当たっている。多作で知られるジジェクは、近年の主著とも言える *Less than Nothing: Hegel and the Shadow of Dialectical Materialism* (Verso) を 2012 年に出版し、自らの着想源の一つであるともに、200 年の西洋思想を支配した哲学としてヘーゲル発の「弁証法的唯物論」を論じている。マラブーは、ヘーゲル読解から剔抉した「可塑性」概念を用いて脳科学や進化論に切り込んでおり、さらに活躍の場を広げている。ヘーゲルと「現代思想」との結び付きは、『ヘーゲル 現代思想の起点』による総括以降、いよいよ目が離せなくなっている。

　こうした最新の思想動向とヘーゲルとの関係を主題的に論じることは、別の機会に委ねたい。本書に関して言えば、そもそも執筆者の間でさえ、これらの動向に対する距離感や関心はさまざまである。それにもかかわらず、ほとんどの論文のうちにこれらの思想の痕跡を見て取ることができるということは、それだけそのインパクトの大きさを示していると言えよう。ネオプラグマティズムや現代実在論という動向は、かつての「現代思想」ほど明瞭ではないとしても、間違いなく本書を取り巻くアクチュアリティを形作っているのである。

（２）テキストに即した読解

　本書には『ヘーゲル　現代思想の起点』と路線を異にする点もある。それは、何よりもテキストに即した読解を重視している点である。言うまでもなく、ヘーゲルの著作は難しい。とりわけ『精神現象学』は、その執筆や出版の経緯が複雑であり、目次と構成が込み入っているというだけでなく、用語法がまだ十分に確立していないことで知られている。その筆の運びは、著者自身、どこへ向かうかわからない議論を手探りで

進めているようにさえ見える。こうした性格は、いくら新たな解釈が登場したところで消失することはない。

　本書に収められている論文は、難解を極めるこのテキストに対して、さまざまなアプローチで挑んでいる。テキストに明示されている概念を典拠として議論を再構成する論考や、一定の枠組みのもとで行間を読み解く論考もあれば、『精神現象学』の下書きと解される草稿に基づいて考察する論考、あるいは、カントやフィヒテなどの影響作用史を踏まえて解釈する論考もある。しかし、いずれも、広い意味でヘーゲル自身が記したテキストに基づいて、その本質的なものを読み取ろうとする点において違いはない。

　もちろん、テキストを大事にして一字一句にこだわるからといって、全体への見通しを欠いてはならない。本書第Ⅰ部の各章は『精神現象学』の緒論、「意識」章、「理性」章、「精神」章、「宗教」章、「絶対知」章に対応しているが（「自己意識」章は扱っていない）、それぞれの章のうちで閉じた議論を行っているわけではない。一例を挙げるならば、「意識」章の「悟性」を扱う論文は、それに関連した「力」や「転倒した世界」といった個別の論点を論じるだけでなく、そこから「無限性」というヘーゲル哲学の鍵概念への展望を描いている。こうした展望を描くには、『精神現象学』という著作全体、さらには、ヘーゲル哲学そのものへの透徹した見通しを備えていなければならないが、その際、他の執筆者との同意が成立している必要はない。緊張関係や対立点を含む複数の読解は、互いに折り重なりつつ、新たなヘーゲル像を立体的に浮き上がらせるのである。

　そもそも丁寧なテキスト読解は、多様でアクチュアルな解釈が湧き出る源泉であることを強調しておきたい。というのも、アクチュアルな読解とは、思想の固定的な理解の上に加えられた恣意的な添え物ではなく、私たち自身がテキストを徹底して読み込むことのうちに現れるものだからである。しばしば言われるように、テキストは、私たち読者と原著者との「対話」の場であるのみならず、それを通じて別の事柄を思考した者たちとの「対話」の場でもある。テキストを丹念に読めば読むほど、新たな思想的洞察が得られ、時代を越えた出会いが与えられる。『精神現象学』が200年以上も読まれ続けている理由があるとしたら、そして、

これからも読まれ続ける理由があるとしたら、テキストそのものがもつ
こうした強度以外にはないだろう。
　このことは、近年の思想動向のみならず、さまざまな哲学的問題が織
り込まれた第Ⅰ部「『精神現象学』の新たな解釈」の各章から十分に読
み取れるだろう。第Ⅱ部「『精神現象学』のアクチュアリティをめぐって」
は、「福祉社会論」「社会構築主義」「芸術終焉論」といった現代的なテー
マを取り扱っており、テキストとの関係は薄いように見えるかもしれな
いが、その基礎においてヘーゲルのテキストに忠実であることに相違は
ない。第Ⅰ部と第Ⅱ部は、テキストとアクチュアリティのどちらに力点
を置くかが異なるだけで、どちらの側面も併せもっているのである。

＊＊＊

　本書を構成する各章の概要は以下のとおりである。
　第1章「真なる知に向かう出発点としての『精神現象学』緒論」では、
『精神現象学』の緒論における方法の規定について考察する。『精神現象
学』でヘーゲルは真なる知（絶対知）へ向かう意識の諸経験を叙述する
が、緒論の後半部では「意識の経験」を一般的な仕方で論じている。そ
のため、緒論はしばしば『精神現象学』の方法論と見なされてきた。し
かし、そこでの「意識の経験」は、もともと『精神現象学』の結論であ
る精神の概念や論理学を先取りした規定であるか、もしくは、「感性的
確信」節以降の本編で内容を与えられる暫定的な規定であると解釈され
てきた。それに対して本章では、まさしく緒論のただ中で「意識の経験」
が生成しており、またその生成の必然性そのものを通じて方法として規
定されていることを明らかにする。こうした方法の規定は徹底して内在
的な仕方で遂行されるため、その論理を解明するには、従来の解釈のよ
うにヘーゲルの別の著作や他の哲学理論を援用するのではなく、緒論第
10段落から第15段落までの叙述そのものを丁寧に分析しなければなら
ない。本章では結論として、緒論後半部がすでにヘーゲルの言う「学の
内容の内的な自己運動」を叙述していること、ただし、あくまで「意識
の経験」そのものが生成する過程としての経験であって、それも「我々」
が自然的意識を対象としているという事実からのみ生成する経験である

ことを指摘する。

　第2章「悟性が「無限性」の世界を把握できないのはなぜか？——「転倒した世界」を手引きとして」では、『精神現象学』全体に関わる中心概念であるばかりでなく、ヘーゲル哲学全体の基幹的な理念でもある「無限性」に着目し、この概念がどのような仕方で導出されるのかを「悟性」節の叙述に即して検討する。悟性は、感性的な現象世界を超えた超感性的な世界のうちに対象の真理としての力や法則を見いだそうとするが、そのさい悟性は、力とその発現、法則とその現象とを、さらには超感性的な世界と感性的な世界とを、因果論的に把握しようとする。しかし、真相においては、いずれも一方は他方抜きに成り立ちえず、両者は全体論的・関係論的な構造を有している。それゆえ、一方のみを原因と見なす悟性の見方はすぐさま「転倒」せざるをえない。従来、「転倒した世界」については、ガダマーをはじめとして、現実の世界がじつは逆さまなのだといった風刺の機能を狙ったものだと解されがちであった。しかしヘーゲルが「転倒」という事態のうちに主張しようとしたのは、たんなる芸術論的な風刺ではなく、むしろ現象と本質の関係についての積極的な哲学的見解だと見なすべきである。すなわち、こうした転倒を通じてこそ、事柄の全体論的・関係論的な構造が顕わとなるのであり、本章では、そうした統一の構造こそヘーゲルが「無限性」と呼ぶものであることを明らかにする。

　第3章「統覚から精神へ——『精神現象学』「理性」章におけるカテゴリーの展開」では、ヘーゲルがカントの「理性の自己立法」の思想をどのような仕方で批判的に受け継いだのかという問題を、『精神現象学』「理性」章の叙述に即して検討する。フィヒテはカント哲学の核心を「超越論的統覚」と「実践理性の自律」のうちに見いだし、それを統一づけて捉えたが、これにならってヘーゲルは「理性」章の導入部において、自己立法的な理性を、カントの統覚論を批判的に受容した独自の「カテゴリー」理解として提示し、そのカテゴリーが充実していく過程として理性的な意識の経験過程を叙述している。ヘーゲルによれば、カテゴリーの根本構造とは、他在を媒介として自分自身に関係する「無限性」または「否定性」の運動にあるが、その運動はたんに一個の自己意識と対象とのあいだの認識論的な次元のうちでなされるものではなく、むしろよ

り本源的な意味では、複数の自己意識間の実践的な関係性のうちで展開されるものである。そしてそうした媒介運動を通じて達成される普遍的な自己意識または《相互承認》の境位こそ、充実したカテゴリーとしての「精神」に他ならない。本章では、こうした「理性」章におけるカテゴリーの展開のうちで、カントの捉える形式的な統覚または実践理性が批判的に乗り越えられるさまを明らかにする。

　第4章「人倫的行為の限界と可能性——無限的な中項としての行為の可能態と現実態」では、『精神現象学』「精神」章のA節で展開される「人倫的行為」の議論を主題的に検討する。古代ギリシアの人倫的世界は、「人間の掟」が律する「共同体」の領域と「神々の掟」が律する「家族」の領域とに二分されつつ、両者が媒介しあう関係において成立しているが、両者を媒介する「無限的な中項」として働くのが人倫的意識のなす行為である。そのさい当該の叙述において着目すべきは、行為者の意図に基づく「行動（Handlung）」と、行為者の意図を超えでた仕方で実現される行動の「所産・所為（Tat）」との間に位相の違いがあるという点である。行動の局面では、行為者はいまだ自らの行為の本性に無自覚であるが、所為の局面においては、行為の本性が当人自身に顕わになる。それとともに、調和性を保っていた人倫的実在の二契機が分離・対立するものであることが露呈し、人倫的世界は行動した当人もろとも没落していくこととなる。本章ではこのように、ここで展開されるヘーゲルの行為論の核心が、人倫的世界の諸要素を根源的に結びつけるとともに対立・没落・解体へと導く「無限的な中項」としての働きのうちにある、という点に見定め、その観点から当該の議論の意義と限界を明らかにする。

　第5章「『精神現象学』における「犠牲」の意味——「宗教」章を中心に」では、ヘーゲルの「実体－主体」説を十全に理解する上できわめて重要となる彼の「犠牲」概念が考察される。『精神現象学』における犠牲には広い意味と狭い意味とがある。広義の犠牲とは、一定の制約を帯びた個々の意識形態が次の段階に至るためには自己自身を否定しなければならない、という意味における犠牲であり、これは「意識の経験」全般に通底するものである。他方、狭義の犠牲とは、個人が何らかの普遍的なもののために自らの特殊性を断念する行為を指し、こうした意味での犠牲は「理性」章のB節や「宗教」章で論じられる。しかし、「宗教」

章で語られる犠牲の特質は、それが、このような個別者側の自己断念に尽きるのではなく、むしろそれと同時に、普遍的実在としての神もまた特殊なもののために自らを廃棄する、という双方向的な運動として展開されている点にある。ヘーゲルが語る実体の主体化とは、こうした、個別者と普遍的実在との双方向的な自己否定の過程として実質化されるものであり、本章ではその具体的な諸相を、「芸術宗教」における「供儀」や「供物」、「啓示宗教」で論じられるイエスの「受肉」や「犠牲死」、「洗礼」や「聖餐」といったことがらに即して明らかにしていく。

　第6章「「絶対知」章」では、当該の章をめぐる最大の問題、そればかりか『精神現象学』という書物にとっても最大の問題が考察される。それは、絶対知という地点が意識にとってどのような仕方で経験されるのか、ということについて、なぜヘーゲルは語らなかったのか、あるいは語れなかったのか、という問題である。意識の経験の歩みを叙述するということが『現象学』の基本ルールであるにもかかわらず、「絶対知」章では意識の経験の新たな歩みはまったく叙述されない。代わりにヘーゲルが行なうのは、意識の経験のこれまでの歩みを振り返りながら、その意味を確認することだけである。なぜヘーゲルは、当該の章で意識の経験の新たな歩みを叙述しなかったのか、という問題を考えるさい、考察の手がかりとなるのは「絶対知」章の下書きだと推定される草稿（「C学」）である。この草稿と「絶対知」章には、内容的に重なる点と、明らかに異なる点とがある。双方を考慮に入れるとき、そこに『現象学』執筆をめぐるひとつのドラマが見えてくる。本章では、原稿の提出期限が迫り、執筆の時間が残りわずかとなる中でヘーゲルが行なったひとつの決断をめぐるドラマを取り上げ、そのドラマによって私たちが今目にしている「絶対知」章ができあがったことを論ずる。

　第7章「〈精神とは何か〉の経験と近代──『精神現象学』の実践哲学的テーマ」では、『精神現象学』というテキスト全体に通底するヘーゲルの思想的モチーフが、実践哲学的な観点から検討される。『精神現象学』には、相互承認、主と奴、自己意識の自己実現、道徳性や人倫、自己意識と世界の諸形態の関係など、実践哲学的なテーマが数多く配置されているが、従来の研究は、これらがどのような基本的ストーリーのもとで配置されているのか、ヘーゲルはそれを通じて何を提示しようと

したのか、という根本的な問題に十分な答えを与えていない。本章では、その基本的ストーリーを「精神とは何かの経験」に見いだし、その着地点を「精神」章の「良心」に見定める。「精神」は対自、対他、自体という三つの契機を通じて成り立つが、それぞれの契機がどのように立ち現れ、どのように関係していくのかが、「自己意識」章、「理性」章、「精神」章の叙述を通じて段階的に示される。そして「精神」章の最後を飾る良心では、これら三つの契機の統合が純粋知の場面のうちで果たされる。良心は「精神とは何かの経験」の着地点であると同時に「人倫的実体とは何かの意識」という意義ももつが、このことは、近代における新たな人倫を構想するための知的立脚点が誕生したことを告げ知らせるものであることが、本章の考察を通じて示される。

　第8章「人格と承認──ヘーゲルと福祉思想」では、今日の社会福祉学の理論状況においては社会福祉の価値を支える諸概念の思想的根拠に関する研究が希薄であるという問題提起のもと、社会福祉を支える基礎概念の一つである「尊厳」に焦点を合わせ、尊厳の根拠となる「人格」の捉え方をめぐって、カントとヘーゲルの思想が検討される。カントは、普遍的な自己立法をなしうるという理性的存在者としての素質・能力のうちに「人格」概念を基礎づけ、唯一にして代替不可能であるという人格の価値を「尊厳」と表現した。カントの人格論および尊厳概念は、今日の社会福祉の人間理解に大きな影響力をもつ一方、人格の根拠を理性的存在者としての素質・能力に還元している点に対しては、形式的・抽象的であるという批判も投げかけられている。これに対し、ヘーゲルの議論の特質は、人格を個人にあらかじめ内在するものとしてではなく、社会的な承認関係のうちで成り立つものと捉える点、さらには人格を社会関係における疎外や矛盾を介して陶冶形成されるものとして動態的に捉えている点にある。本章では、こうしたヘーゲルの人格論のうちに社会福祉における尊厳概念を具体的に考察するうえでの可能性があることを指摘する。

　第9章「ヘーゲルと社会構築主義──ジュディス・バトラーのヘーゲル解釈と美しき魂をめぐって」では、独自のヘーゲル解釈を皮切りとして自らの理論構築を行ったバトラーの思想と、『精神現象学』における「美しき魂」の寓話をもとに、社会構築主義の意義の再検討を行う。新

実在論を唱えるマルクス・ガブリエルは、バトラーをはじめとする社会構築主義を、社会的なものは幻想的な構築物であり、主意的な仕方で変革可能であると捉える立場と見なし、その楽天性を批判している。しかしこのような社会構築主義批判は妥当なものとは言い難い。なぜならバトラー自身が、物質的な身体がまず実在し、後からジェンダー化という意味づけが構築されるといった、二元的な見方を批判しているからである。バトラーによれば、身体が身体として物質的に実在化するプロセスは、一定の社会規範による分節化のプロセスと一致する。しかもそのさいの深刻な問題は、こうした規範による分節化は、それによって存在可能な身体とそうでない身体とが区分されるという、排他的な暴力性を常にはらむ点にある。『精神現象学』における「美しい魂」の寓話が興味深いのは、そこではまさしく、物質的生存の可能性ですら社会的規範による分節化に依存している、ということが示唆されている点にあり、本章ではこうしたヘーゲルの議論が社会構築主義を補強するものであることを指摘する。

　第10章「芸術の過去性の暴露――『精神現象学』における喜劇的意識の機能」では、『精神現象学』「宗教」章のなかで展開されるギリシア喜劇論を、ヘーゲルの「芸術終焉論」との関連から意義づけることが試みられる。ヘーゲルによれば、古代ギリシアのポリスが解体して以降、芸術を絶対者の表現と捉える芸術理解は「終焉」を迎え、芸術は近代において直接的な満足の対象ではなく、反省と思惟の対象となる。だが、こうしたヘーゲルの議論には一つの難問が浮上する。それはすなわち、いまだ過去性を帯びていなかったギリシアの芸術または芸術宗教は、思惟の助けなしに、一体どのようにして自らに過去性の烙印を押すのだろうか、という問題である。この問題を考える上では、後年の美学講義ではなく、『精神現象学』の芸術宗教論がその手がかりとなる。なぜなら後者こそ、芸術の終焉を過程として描いているからである。そのさい、芸術を終焉させる上で決定的役割を果たすのは悲劇ではなく、喜劇である。ヘーゲルは喜劇の特徴を、芸術家が自己自身を主題化する能力を獲得し、それを観客と共有することに見いだすが、こうした特徴が芸術を終焉させる主要因となると同時に、「我々」がそれを反省や思惟の対象とする前提ともなる。そこで本章では『現象学』における喜劇論を詳し

く検討すると同時に、ヘーゲルの喜劇理解の特質をアリストテレスやシラーの芸術理解とも比較検討する。

＊＊＊

　本書を読むことで、西洋哲学史上、もっとも難解な哲学書の一つである『精神現象学』を一から理解することができる、などと述べるつもりはない。平易な語り口の優れた入門書はすでにいくつも刊行されているのだから、最初の入口を求める読者には、ぜひそうした書物を手に取ってほしい。

　本書には読みにくい点が多々あるかもしれないが、それは本書が、出来上がった解釈をただ提供するのではなく、新たな読みの可能性を探究する論文集だからである。それぞれの論文は、ヘーゲル哲学、特に『精神現象学』の全体に目配りしながら、各々のテーマを深く追究している。また、テキストを丹念に読み解きつつも、現代とのアクチュアルな接点を探ることを怠っていない。こうした点に、入門書にはない本書の意義があると言えるだろう。読者には、本書を手引きに、転換期の時代にかなった新しい『精神現象学』の読み方をともに探してほしい。

飯泉佑介
小井沼広嗣

ヘーゲル『精神現象学』をどう読むか
新たな解釈とアクチュアリティの探究

—— 目次

[コラム]

第Ⅰ部

『精神現象学』の新たな解釈

第1章

真なる知に向かう出発点としての『精神現象学』緒論

飯泉　佑介

はじめに――方法としての「意識の経験」のジレンマ

　ヘーゲルは、『精神現象学』の緒論（Einleitung）の末尾に近いところで、次のように述べている。「この必然性によって、学へのこの道程は、それ自身すでに学であり、それゆえ、その内容からすれば、意識の経験の学である」(61/91)[(1)]。「意識の経験の学」とは、これからその本編が展開される『精神現象学』そのものである。そこでは、すでに緒論の前半部で暗示されていたように、「真なる知へと突き進む自然的意識の道程」(55/80) が叙述されることになっている。だが、ここでヘーゲルが、「真なる知」つまり「学」への「道程」を「それ自身すでに学である」と述べているのは奇妙に見えるかもしれない。「学への道程」を歩んだ結果、はじめて「学」に到達するのだとすれば、普通、この道程そのものは「学」とは呼ばれないからである。まさかヘーゲルは、山頂に到達するために歩む山道が、それ自身すでに山頂であるといった謎めいた主張を述べているのだろうか。

　この見かけ上の謎は、「学への道程」を「学」たらしめる「この必然性」の内実を確認することで、すぐさま解消する。文脈をたどるならば、「この」は「意識の諸形態の全系列」(61/90)、つまり、本編で叙述される感性的確信や知覚などの意識の諸形態の全体を指している。それゆえ、ヘー

---

(1) 引用文中の傍点およびイタリックは原著者の強調であり、太字は引用者の強調である。

ゲルは、「学への道程」が「学」であるという表現でもって、「学」へと通じる意識の諸形態の連なりがすべて「学」的な必然性に貫かれている、と主張しているのである。山頂への道程が山頂だというのではなく、山頂に通じるルートが一つしかないというのであれば、それほど突飛な主張には聞こえない。

　ただし、ここでのルートの必然性とは、予め地図に記載されている道順のようなものではない。ヘーゲルは、この必然性を「意識の諸形式の進行と連関そのものの必然性」(56/82) とも呼んでいるのだから、自分でその都度、ルートを切り開く必然的な仕方と見なした方がいいだろう。ある意識形態は、その都度、必然的な仕方で他の意識形態へと進行し、一つの系列を形成する。この進行と連関の仕方は、緒論 15 段落で説明されている。

　　はじめに対象として現象していたものは、意識にとって、それについての知へと引き下げられ、自体（an sich）は、意識に対する自体の存在（einem : für das Bewußtseyn seyn des an sich）へと生成する（wird）のであるから、この意識に対する自体の存在が、新しい対象なのである。それとともに、或る新しい意識形態も登場してくるが、この形態にとっては、先行する形態とは異なるものが本質である。(61/90)

　この移行の形式こそ、前述の「意識の経験」の指す事柄である。すなわち、「意識の経験」とは、「それによって〔意識の〕諸形態の完璧な系列を通じて自ずから進行が生じる移行」(57/83) の形式なのだと言ってよい。

　こうして緒論で規定された「意識の経験」によって、意識の諸形態は、感性的確信から知覚へ、知覚から悟性へ、悟性から欲望へといった仕方で移行し、絶対知に至る唯一の系列を形成することになる。少なくとも緒論でヘーゲルは、そのように考えているように見える。それは、言ってみれば、登山に先立って山頂への唯一のルートを切り開くやり方、つまり、「実現の方法（die Methode der Ausführung）」(58/85) を提示するようなものである。しばしば、緒論が「意識の経験の学の方法についての一

つの論考」[2]と呼ばれるのは、このためだろう。

　しかし、ここで新たな難問が現れる。仮に「意識の経験」が「学」に
到達するための唯一の必然的な方法であるとしても、そのことを、実際
に意識の諸形態を叙述する以前に主張することができるのだろうか、と
いう問題である。どのようにして、ヘーゲルは、本編に先立って予め「意
識の経験」を正当化しているのだろうか。

　この点について、これまでは、二つの大きな解釈の方向性が提案され
ていた。一つ目は、方法としての「意識の経験」は実際には、緒論では
なく、具体的な諸経験が叙述される本編で正当化されるとする解釈であ
る。この解釈によれば、なるほど、「意識の経験」は緒論の後半部であ
れやこれや議論されているものの、それは抽象的な形式論であるか、せ
いぜい仮説を提示するための考察にすぎない[3]。「意識の経験」の実質的
な規定は、『精神現象学』本編に求められるのである。確かに、緒論が
形式的な方法論であるならば、その具体的な「適用」が本編でなされる
と考えるのはごく自然なことだろう。

　もう一つの解釈は、緒論における「意識の経験」の規定は、はじめか
ら到達点である「学」、特にその論理学を前提しており、その意味でも
ともと正当化されているとするものである[4]。この立場は、「意識の経験」

(2) Konrad Cramer, "Bemerkungen zu Hegels Begriff vom Bewußtsein in der
　　Einleitung zur Phänomenologie des Geistes," in: *Seminar, Dialektik in der
　　Philosophie Hegels*, Frankfurt am Main: Suhrkamp, 1978, 360; Jindřich
　　Karáseka, "Einleitung," in: J. Karáseka, J. Kuneš and I. Landa (eds.), *Hegels
　　Einleitung in die Phänomenologie des Geistes*, Würzburg: Königshausen &
　　Neumann, 2006, 9.

(3) Ernst Tugendhat, *Selbstbewusstsein und Selbstbestimmung: Sprachanalytische
　　Interpretationen*, Frankfurt am Main: Suhrkamp, 2010, 311-312; Holger
　　Gutschmidt, "Geltungssinn und Geltungsgrenze der 'Einleitung' in Hegels
　　Phänomenologie des Geistes," in: *Hegels Einleitung in die Phänomenologie des
　　Geistes*, J. Karásek and J. Kuneš, Würzburg: Königshausen & Neumann, 2006,
　　47-50; 黒崎剛『ヘーゲル・未完の弁証法』、早稲田大学学術叢書、2012 年、
　　79-80 頁。

(4) Werner Marx, *Hegels Phänomenologie des Geistes: Die Bestimmung ihrer
　　Idee in „Vorrede" und „Einleitung"*, Frankfurt am Main: Vittorio Klostermann
　　1981, 43-44; Hans Friedrich Fulda, *Das Problem einer Einleitung in Hegels
　　Wissenschaft der Logik*, Frankfurt am Main: Vittorio Klostermann, 1975, 162-
　　164.

の必然性は、本編でそれが具体的に叙述される以前から絶対的なものとして先取りされていると考える。実際ヘーゲルは、『精神現象学』改稿のためのメモに、「意識の背後〔にある〕、論理学」（448/-）という仕方で論理学に言及しているし、『大論理学』では、「『精神現象学』において、この〔哲学的学の〕方法の一つの実例を〔...〕意識に即して立てた」（GW11, 24, GW21, 37）とも主張しているのだから、この解釈は一定の説得力をもつと思われる。

　しかし、よく考えるならば、いずれの解釈も袋小路に陥らざるをえない。まず、緒論の方法論を形式論や仮説と見なすならば、緒論の時点で規定される「意識の経験」の必然性は根拠のない空疎な主張にすぎないことになる。だが、ヘーゲルは、「学」を「断言」や「より良い予感」によって捉える立場を退けるだけでなく（55/79-80）、ラインホルトを念頭に置いて、暫定的、蓋然的、仮説的に哲学を始めることそのものに反対する（cf. GW4, 85, 123, GW11, 35, GW20, 58）。こうした批判を踏まえるならば、『精神現象学』という企ても、無根拠な断言や暫定的な規定から出発することはありえないはずである。しかし他方で、「意識の経験」は、それを具体的に叙述する前に、唯一の必然的な方法として前提されていると解釈する立場も問題を抱えている。というのも、もともと「学の概念の正当化」（GW21, 32）であるところの『精神現象学』は、「学」的な方法を無条件に前提しているかぎり、一種の循環論に陥ってしまうことを避けられないからである。

　このジレンマを回避するために、本章では次の解釈を提示したい。すなわち、「意識の経験」は緒論の中で内在的に生成し、その生成の必然性そのものを通じて方法として正当化される、という解釈である。より詳しく定式化しよう。出発点は、「学」を目的地と見なす「自然的意識」（55/80）、あるいは意識の概念と、それを対象とする「我々」だけである（58/85）。「我々」と意識の概念以外に何の前提も置かずに、この意識の運動を叙述することで「意識の経験」を生成させ、それを必然的な方法として成立させるのである。したがって、緒論の末尾で規定された「意識の経験」は、確かに必然的な方法であり、「学」的な性格をもつものの、そのことははじめから無条件に前提されていたわけではない。方法の規定に先立って与えられる「自然的意識」とそれを考察する「我々」は、

未だ「学」の契機ではないのである。このように「学」以前の境位から出発し、結論として方法を導出することこそ、『精神現象学』の始まりである緒論にふさわしい役割であるように思われる。

　以下では、緒論第 10 段落から第 15 段落までの叙述を分析することによって、そこに次のような過程が示されていることを明らかにする。

1．意識の概念とともに、知と自体が規定される（第 10 段落）。
2．「我々」と意識の関係とともに、意識の諸契機としての知と自体が規定される（第 11・12 段落）。
3．意識による或るものの知の吟味とともに、意識の自己吟味が運動として叙述され、その帰結が自己矛盾的な否定的事態であることが判明する（第 13 段落）。
4．「我々」の観点から、否定的な帰結に陥った意識の運動過程において「新しい対象」の生成が確認される（第 14 段落）。
5．「新しい対象」を生成する意識の運動過程そのものが、「意識の経験」として捉え直され、その成立の必然性が確認されるとともに、方法が規定される（第 15 段落）。

　緒論の叙述を丹念かつ詳細に分析する本章は、一見すると、ただ注解（コメンタール）を施しているだけのように見えるかもしれない。だが、本章の課題は何よりも、意識の概念から内在的に方法を立ち上げようとするヘーゲルの狙いを浮き彫りにすることである。それゆえ、文言を一字一句解釈したりその哲学史的背景を究明したりすることは、ここで取り組まれるべき課題ではない。だが、本章は結果として、『精神現象学』本編や『大論理学』、あるいは、他の哲学理論を手引きにして緒論を理解しようとするいかなる既存の解釈よりも、緒論の叙述をテキストに即して整合的に読解することに成功すると思われる。それは他でもない、ヘーゲルの意図そのものが、「我々」に対して、余計な前提をもち込まずに意識の運動を凝視することによって、山頂へのルートを見出させることにあったからである。緒論は、まさにこの目的のために、慎重にかつ一貫して叙述されていると考えられるだろう。

1　知と真理、意識と「我々」

（1）意識における知と真理

　分析の出発点となるのは、緒論の第 10 段落である 。そこでは、よく知られた意識概念の規定が登場する。「意識は、或るものを自分から区別するが、同時にこの或るものへと関係する」(58/85)。この一文は、多くの解釈者が指摘するように、ラインホルトの「意識律」に由来している[5]。だが、ヘーゲルの狙いからして重要なのは、それが「『〔精神〕現象学』の理念にとって〔…〕最低限だが、不可欠な理論的前提」[6]をなしていることである。すでにヘーゲルは、緒論の前半部で「真なる知へと突き進む、自然的意識の道程」(55/80) を叙述するという課題を立てているのだから、意識の規定に焦点が向かうのは当然である。後論から見るならば、この規定は「意識の経験」の成立の基礎をなすどころか、『精神現象学』全体を覆う射程をもつとさえ言える[7]。だが、この点を詳論する必要はない。確認しなければならないのは、このような意識と知および真理との関係である。続けてヘーゲルは次のように論じている。

> 【A】この関係することの (dieses *Beziehens*)、言い換えれば、意識に対する或るものの存在の (des *Seyns* von Etwas *für ein Bewußtseyn*)、規定された側面は、知である。しかし、このような他なるものに対する存在から、我々は、自体存在 (das *an sich seyn*) を区別する。知へと関係させられたものは、まさにこうして知から区別されて、この関係の外にも、存在するものとして定立される。この自体 (an sich) という側面は、真理と言われる。(58/85)

---

(5) 加藤尚武編『ヘーゲル「精神現象学」入門』、講談社、2012 年、65 頁などを参照。

(6) Cramer, op. cit., 365.

(7) このことは、「知と真理という区別」(432/1161) や「知と知にとって否定的な対象性」(29/34) といった表現が、「絶対知」章や序論に登場することからも明らかである。

「或るもの」は「意識に対して」存在する。これが「知」である。そして、その「或るもの」は「知から区別されて」存在する。これが「自体」ないし「真理」である。このような知と真理の規定は、しばしば指摘されるように、「現象」ないし「表象」と「物自体」というカント的区別に沿っている[8]。りんごを例にとるならば、りんごについて我々がもつ知、「表象」と、それから切り離されたりんご自体という区別が入り込んでいるのである。

　もっとも、ここでりんごの知とその自体の区別なるものはいかにして可能なのか、と考え込む必要はない。後述するように、結論から言えば、この区別に基づく比較は矛盾に陥るのである。より重要なことは、ヘーゲルが、知と真理（自体）を、「或るものを自分から区別するが、同時にこの或るものへと関係する」(58/85) という意識の根本的な規定から導き出していることである。すなわち、それぞれの概念はバラバラに規定されているのではなく、意識を軸にして相互に連関し合って規定されているのである。こうした事情を受けて、ヘーゲルは、第12段落で次のように規定し直している。

　　【B】〔…〕まさにこうしてなされた〔知と真理との〕区別は、意識に属する。意識のうちには、或る他なるものに対するものがある、言い換えれば、意識は一般にそれ自身において（an ihm）知の契機という規定をもっている。同時に、意識にとって（ihm）、この他なるものは、意識に対して（für es）だけでなく、この関係の外にも、言い換えれば、自体的に（an sich）も存在している。〔それこそ〕真理の契機である。(ibid./86)

先の引用文【A】とこの引用文【B】はほとんど同じことを表している

(8) Andreas Graeser, *Einleitung zur Phänomenologie des Geistes*, Stuttgart: Reclam, 1988, 109; Marx, op. cit., 87. 一方、フッサール現象学や解釈学に即して「意識の経験」を解釈する論者によれば、この「自体」は意識の対象の「地平」を意味しており、意識は自らの経験によってこの「地平」を「主題化」し「拡張する」ことを意味する（cf. Michael Theunissen, *Begriff und Realität, in: Seminar: Dialektik in der Philosophie Hegels*, Frankfurt am Main: Suhrkamp, 1978, 324-326）。

ように見えるが、【B】では知と真理が意識に属する二つの契機として捉えられている点に注意したい。りんごについての知と、りんご自体は、りんごに関係する意識自身を構成する契機なのである。

こうして、ひとまずヘーゲルが緒論で主張する意識および知と真理の規定を押さえることができた。

（2）「我々」にとっての意識の知と真理

しかしながら、上述のような知と真理の理解は決して十分ではない。このことは、第13段落以降で主題となる「吟味」や「比較」と呼ばれる事態を考えれば、すぐに判明する。ヘーゲルによれば、知は吟味されるもの、真理は吟味の尺度であるため、意識による知の吟味が行われる。だが、【B】の規定によれば、知と真理は契機としては意識に帰属しているのだから、意識による知の吟味は、「意識の自分自身との比較」(58/87)、もしくは、「意識が自分自身を吟味する」(59/87) ことでなければならない。それは、普通に考えるならば、意識が、吟味する主体でありながら吟味される側も担う、いわば「一人二役」[9] を演じるようなものだろう。だが、もちろん、そのような吟味は吟味の呈をなしていない。多くの解釈者が、「尺度のアポリア」や「自己吟味のアポリア」と呼んで頭を悩ませてきた次第である[10]。

当然ながら、ヘーゲル自身はこうした問題に囚われていない。考え直すべきは、真理ないし自体をカント的な「物自体」と同一視する理解である。この理解は、間違ってはいないものの、不十分である。第12段

---

(9) 加藤、前掲書、67頁。
(10) ウェストファルによれば、ヘーゲルはこのアポリアを、我々（意識）の対象認識のうちにある六つの局面を分節化することで解決している（Kenneth R. Westphal, *Hegel's Epistemological Realism: A Study of the Aim and Method of Hegel's Phenomenology of Spirit*, New York: Kluwer Academic Publishers, 1989, 91-99; Kenneth R. Westphal, *Hegel's Epistemology: A Philosophical Introduction to the Phenomenology of Spirit*, Indianapolis: Hackett Publishing, 2003, 38-50）。ノーマンのように、対象レベルの吟味だけで理解しようとする解釈もあるが（cf. Richard J. Norman, *Hegel's Phenomenology: a Philosophical Introduction*, New Jersey: Gregg Revivals, 1991, 9-21）、このような解釈が意識の自己運動を基礎付けるヘーゲルの方法論と噛み合うことはないと思われる。

落の【B】を細かく見るならば、真理としての「他なるもの」が、「意識に対してだけでなく、この関係の外にも、言い換えれば、自体的にも存在している」(58/86) と規定されているように、ヘーゲルのいう自体は「物自体」を意味するだけではないからである。実は第 10 段落の【A】の規定にも、「も」は入り込んでいた。りんご自体としての真理は「意識に対する」他なるものだが、ヘーゲルはそれ以外に「も」真理ないし自体としての他なるものが存在することを認めている (cf. 58/85)。

　では、そのような自体とは何を指しているのだろうか。ここでまず、【A】と【B】の間にあって見落とされがちな第 11 段落に着目したい。【A】の直後でヘーゲルは、「我々の対象」が「現象〔する〕知」であること (58/86)、つまり、「知が我々に対して存在する」(58/86) ことを強調している。突然頻出する「我々」は、文脈からすれば、直前の【A】の叙述に登場してきた（ヘーゲルを含む）「我々」を指すと考えられる。すなわち、「このような他なるものに対する存在から、**我々は、自体存在を区別**」(58/85) してきたのである。「他なるものに対する存在」とは、或るものを自分から区別する意識そのものを表すのだから、「現象〔する〕知」とは、意識の対象として存在する或るものの知ではなく、或るものに対して対象的に区別しつつ関係する意識のあり方を表していると解釈できる。

　だが、そのようにして「我々」が意識から区別して取り出した自体、つまり、「〔今〕明らかになったであろうものの自体」は、「むしろその我々に対する存在であることになるだろう」(58/86)。このヘーゲルの指摘は、接続法 II 式で表現されているように、続く第 12 段落であっさり否定される。すなわち、自体は「我々」が一方的に区別して取り出すものではなく、意識自身に備わっているのである。ただし、だからといって、意識の自体が「我々に対する存在」であることを止めるわけではない。意識が或るものに関係する際、意識にとっての知と、その彼岸である自体が区別されることを、「我々」はすでに確認している。したがって、この意味での自体ないし真理は、意識に対して存在する或るものの自体だけではなく、「我々に対して」存在する意識の「自体的」なあり方を指すと考えられる。意識自身は、或るものに対する自分の関係を、つまりは、自らの「自体的」なあり方をさしあたりは対象としていない。それ

ゆえ、ウッツの主張するように、「意識は、自体に対する非対照的で不等な関係性のうちに立っている」と考えられる⁽¹¹⁾。

　ヘーゲルが【B】の直後で「我々」のあり方について詳しく論じているのも、そのためだろう。意識に知と真理が属している以上、「我々」が「尺度を持ち込んだり、この探究に我々の思いつきや思想を適用したりする必要はない〔...〕」(59/87)。このことは、知や真理が、「我々」とは関係なく意識内部に閉じ込められていること、言ってみれば、「心の中の主観性と客観性」⁽¹²⁾としてあることを意味するのではない。ヘーゲルによれば、「意識がその内部で自体ないし真なるものであると言明するところのものにおいて、我々は意識が自分でその知をそれによって測るために立てるところの尺度をもっている」(59/86)。すなわち、意識の知を測る尺度である自体は、当の意識の言明に即しつつ、「我々」が「もっている」言い換えれば、意識の或るものへの関係としての知とその自体は、「意識において (an ihm)」、「我々に対して」晒されていると言えるだろう。

　もちろん、このように理解したところで、そこから直ちに意識の具体的な「自体的」あり方が見えてくるわけではない。結論から言えば、意識のあり方としての自体が何であるかは、緒論の末尾でようやく、「自体的な、言い換えれば、我々に対する存在という契機」(61/91) として白日の下に晒される。だが、何もヘーゲルはわざと説明を先送りしているのではない。これから見ていくように、元来、動的な構造である意識の「自体的」なあり方とは、まさにそれが運動として展開することによってはじめて捉えられるのであり、それゆえ、必然的に運動の帰結としてしか提示されえないのである。

---

(11) Konrad Utz, "Selbstbezüglichkeit und Selbstunterscheidung des Bewußtseins in der „Einleitung" der *Phänomenologie des Geiste*s," in: J. Kuneš and I. Landa (eds.), *Hegels Einleitung in die Phänomenologie des Geistes*, J. Karásek, Würzburg: Königshausen & Neumann, 2006, 160. クラマーも、意識の「自体」が意識自身にとって「対象ではない」と正しく指摘している (Cramer, op. cit., 365)。また、Ralf Beuthan, "Hegels phänomenologischer Erfahrungsbegriff," in: K. Vieweg and W. Welsch (eds.), *Hegels Phänomenologie des Geistes: Ein kooperativer Kommentar zu einem Schlüsselwerk der Moderne*, Frankfurt am Main: Suhrkamp, 2008, 83 も参照。

(12) 加藤、前掲書、67-68 頁。

2　意識の自己吟味と「我々」の観望

　このように、契機としての意識の知と真理が「我々」に対して存在する意識に組み込まれているのだとしたら、知の吟味は意識自身のあり方・・・の吟味を意味することになるだろう。なるほど、この理解は、りんごの知の吟味とは異なり、「意識が自分自身を吟味する」(59/87) という構図を与えてくれる。しかし、そうだとしても、それはどのような意味で自己吟味たりうるのだろうか。このことは、ヘーゲルが吟味における「我々」の役割について論じた第 13 段落冒頭から推察することができる。

　まずは、意識にとっての或るものの自体とそれについての知との比較という事態を、りんごを例にとって考えてみよう。言うまでもなく、ここでの知は、りんごについての知識でもなければ、りんごの仮象を指すわけでもない。ヘーゲルによれば、りんごの知をりんご自体から区別する根拠は、ひとえにそれが「意識に対して」存在していることに存する。だが、そうだとすると、知と真理との比較なるものは原理的には成立し・・・えないように思われる。というのも、「確かに対象は、意識に対しては、意識がそれを知っているようにしか存在していないように見える」し、意識がその「背後」に「回り込むことはできないように見える」(59/88) からである。わかりやすく言えば、「真理と知は、あるものがなにものかとして見られるという単純な構造のふたつの側面でしかないのだから、そこには比較という行為のはいりこむすきまはまったくない」ということである[13]。だが、ヘーゲルはこの直後で、実は比較ないし吟味が可能であることを明かす。その根拠は次のとおりである。

　　【1】意識が一般に対象について知っているということのうちに、まさにすでに次の区別が現存している。すなわち、〔一方で〕意識・・にとって或るものが自体であるが、しかし、他方の契機は知、もしくは、対象の意識に対する存在である。現存しているこの区別に、

---

(13) 原崎道彦『ヘーゲル「精神現象学」試論──埋もれた体系構想』、未来社、1994 年、149 頁。

吟味は基づいている。(59–60/88)

　吟味が可能となるためには、何も意識自身が或るものの知とそれから
区別された自体の存在を知っている必要はない。そもそも「一般に対象
について知っている」だけの意識にとっては、対象の自体も、自体と知
との区別も知らないのである。したがって、引用文中の「現存している
この区別」とは、意識の吟味を考察する「我々」にとって存在する区別
を指すと考えなければならない。「我々」は意識の吟味に介入したり尺
度を与えたりすることはないものの、「知の契機」と「真理の契機」、言
い換えれば、「対象」と「概念」が一致するかどうかを「観望する (zusehen)」
(59/87)〔14〕。このように「我々」の視点に晒されているかぎり、意識によ
る知の吟味、すなわち、両者の比較の可能性は担保されているのである。

　このことは、意識のなす吟味や比較という事態が、一般的なイメージ
からかけ離れていることを示唆している。意識が、或るものの知を吟味
するとか、その自体と知を比較するといっても、あれこれ思案したり判
断したりするような意識の自覚的な振る舞いを想定してはいけない〔15〕。
このように意識をいわば擬人化・実体化して捉えると、緒論を整合的に
解釈できなかったり恣意的な解釈を許容してしまったりするだろう〔16〕。
さらに、『精神現象学』本編では比較・吟味の構図がほとんど明示され
ていないから、緒論の方法論には「欠点」〔17〕があるといった誤解まで生
まれるのである。

---

(14) 細かく見ると、第12段落でヘーゲルは「対象」と「概念」の用法を二
　　重化させているが、これは「意識にとっての吟味」と「我々にとっての吟味」
　　の差異を表すと解釈できる (59/87)。
(15) クリューガーやクレスゲスは、正当にもこのことを指摘している
　　(Gerhard Krüger, "Die dialektische Erfahrung des natürlichen Bewusstseins
　　bei Hegel," in: *Hermeneutik und Dialektik: Hans-Georg Gadamer zum 70.
　　Geburtstag*, Tübingen: J.C.B. Mohr, 1970, 297; Ulrich Claesges, *Darstellung
　　des erscheinenden Wissens: Systematische Einleitung in Hegels Phänomenologie
　　des Geistes, Hegel-Studien,* Bd. 21, Bonn: Bouvier, 1987, 77-78)。
(16) 原崎は「日常的な比較」のイメージに引きずられ、この議論に「欠
　　陥」のレッテルを貼ってしまっているように見える (原崎、前掲書、
　　149 頁)。また、Robert B. Pippin, *Hegel's Idealism: The Satisfaction of Self-
　　Consciousness*, Cambridge: Cambridge University Press, 1989 などを参照。
(17) 加藤、前掲書、69 頁。

第1章　真なる知に向かう出発点としての『精神現象学』緒論

意識が或るものの知を吟味することは、それを「観望する」「我々」が存在しても存在しなくても成立するような想像上の出来事ではない。それは、緒論の叙述において「我々」に対して実際に規定された意識、つまり、知と自体を区別する意識のあり方と不可分に結びついている。この意識は、いかなる対象であれ、その自体とその知を区別せざるをえないが、真に吟味されるべきは、そのように知と自体を区別して吟味する意識そのものである。まさにそれゆえに、意識の対象の吟味は同時に必然的に意識のあり方の吟味——意識の自己吟味であるほかない。

　以上、意識の（自己）吟味の構図を踏まえた上で、実際にヘーゲルが描いていると思われる吟味の遂行を分析していこう。

3　意識の自己吟味の遂行とその帰結

　最初に目を引くのは、上述の【1】に続く第13段落の論述である。すなわち、「意識は自らの知を変えなければならないように見える」ものの、比較されるものは「対象と対象についての知」であるため、「知の変化において、実際には、意識にとって対象自体もまた変化している」(60/88)。こうした説明はひどくわかりにくい。だが、「知を対象に合わせる」(60/88) という言い回しでもって、ヘーゲルが両者の「比較」を描いていることは、段落の後半部を見れば明らかである。

　　【2】したがって、意識にとって以前には自体だったものが自体ではないこと、言い換えれば、それは意識に対してのみ自体だったということが、意識にとって生成している。(60/88)

　先に引用した【1】とこの引用文【2】を比べるならば、二つの事態が前提と帰結の関係にあることが分かるだろう。「以前」、つまり、【1】の段階の自体は依然として知から区別された自体だった。だが、【2】の段階では、「意識に対してのみ自体だった」という事態が「生成している（wird）」。このような【1】から【2】への移行は、先に言われていた知と対象の「変化」のことだと考えられる。対象、つまり、或るも

のの自体とそれについての知を比較することによって、自体は「意識に対する自体の存在」、つまり、知へと「変化」したのである。段落の末尾で「吟味は知の吟味であるだけでなく、吟味の尺度の吟味でもある」(60/88) と言われるのは、そのためである。——もっとも、ここでは知の方が何に「変化」したかはまだ示されていないが。

　ヘーゲルの論述が十分であるかどうかはともかく、第13段落で叙述される知と自体との比較は二つの特徴をもつと思われる。第一に、意識による或るものの知の吟味は、実際には「知を対象に合わせる」運動、すなわち、意識がその（対象の）自体に関係する運動以外のものではないということである。すでに見たように、意識の吟味とは、意識が或るものの自体についてあれこれ判断したり思案したりすることではない。それどころか、吟味する意識は自体を対象として知りえないのだから、自体を知ることそのものが吟味の内実を表すと考えざるをえない。このように意識の関係としての知を露わにすることこそ、ヘーゲルのいう「現象〔する〕知の叙述」(55/80) の意味であると考えられる。

　第二に、意識による知の吟味は、【1】の命題から【2】の命題への移行として示されているという点である。自体と知との比較は、それが自体を知ることを意味するかぎり、事柄としては「意識は、或るものを自分から区別するが、同時にこの或るものへと関係する」(58/85) という規定が表わしている事態と大差ない。だが、ここでは意識の知が、一つの命題（判断）の形式ではなく、ある命題から別の命題への移行として、つまり、一種の推論関係として表現されている。このように諸命題の連関によって体系的に展開する叙述は、「真なるものは体系としてのみ現実的である」(22/22) とするヘーゲルの根本的な発想に合致する。

　このような特徴をもつ吟味の遂行は、驚くべき結果をもたらす。意識の吟味は、それが実際に遂行されることでそれ自身の条件を掘り崩してしまうのである。【2】によれば、吟味の結果として、自体が「意識に対してのみ自体だった」という事態が生じている。だが、もともと吟味は、自体と知、つまり、「意識に対する自体の存在」との区別に「基づいている」のだから、前者が「意識に対する自体の存在」であることが判明した以上、両者は区別されない。吟味はもはや成り立たないのである。

　しかし、そうだとすると、ヘーゲルは矛盾したことを述べていること

になるのではないだろうか。矛盾した事態を浮き彫りにしたという意味では、まさにその通りである。第14段落に入るとヘーゲルは、意識の吟味の運動を「意識が、それ自身において（an ihm selbst）、〔つまり〕その知においてもその対象においても果たす、こうした弁証法的運動」(60/89) と呼ぶが、この規定は、或るものの知の吟味も意識自身のあり方の吟味も、アンチノミー的な事態に陥ったことを表している。すなわち、意識が或るものの自体によってその知を吟味するならば、そのことによって吟味の条件が失われるだけでなく、知と自体を区別する意識のあり方そのものが吟味され、その結果、吟味する意識としては維持されえないことが露呈してしまうのである。第13段落のヘーゲルの叙述が導いたのは、このような極限的な自己矛盾的状況であり、それこそ「意識の自己吟味」の核心であると考えられる。

4　新しい対象の生成

さて、前節までの分析によって、緒論の中で、意識による或るものの知の吟味とともに、意識の自己吟味が遂行されていたこと、そしてその結果、意識は矛盾に陥ることを明らかにした。しかし、ヘーゲルは常に、八方塞がりに見える否定的状況から新たな展開を始める。そうした転換の局面を押さえることにしよう。

第14段落でヘーゲルは、突然「二つの対象」と「新しい対象」について語り出す。

　我々は、今や意識が二つの対象をもっているのを見る。第一の対象は、最初の自体であり、第二の対象は、意識に対するこの自体の存在である。〔...〕しかし、すでに示されていたように、このとき、意識にとって、最初の対象は変化している。すなわち、【3】対象は、自体であることを止め、意識にとって（ihm）、意識に対してのみ自体であるところのものに生成している。だが、そのために、これとともに、意識に対するこの自体の存在（das für es seyn dieses an sich）が、〔つまり〕真なるもの（das wahre）が存在するが、これは本質もし

くは意識の対象である。この新しい対象は、最初の対象の虚しさを含んでいる。(60/89)

　引用文の結論からいえば、「新しい対象」とは、さしあたり「意識に対するこの自体の存在」である。だが、ヘーゲルは、それが単なる自体ではなくて、意識にとって対象であるような自体であると述べているだけではない。肝心なのは、【3】の一文である。一文を分節化するならば、①最初は自体が存在していた、しかし、②今や自体は存在しない、言い換えれば、③自体は意識に対してのみ自体であるにすぎない、ところが、④「意識に対するこの自体の存在」が新しい真なる対象である、となる。こうした一文の内容を考慮すると、「意識に対するこの自体の存在」という対象の規定は、それが①から③までの過程の結果であることを含意していることがわかる。ヘーゲルが多用している「この (dieses)」という指示詞は、まさしく「新しい対象」が、それ自身が生成してきた過程と不可分であることを示唆していると考えられる。

　このような解釈はひどく抽象的で曖昧に聞こえるかもしれない。だが、「新しい対象」の生成過程は、その内実を考えると、実際には、前節で論じた意識による吟味の運動そのものであることが判明する。というのも、【1】では「〔一方で〕意識にとって或るものが自体であるが、しかし、他方の契機は知、もしくは、意識に対する対象の存在である」とされており、【2】では「意識にとって以前には自体だったものが、自体ではないこと、言い換えれば、意識に対してのみ自体的であったということが、意識にとって生成している」と言われていたが、【2】で表現されている事態は、大方【3】と変わりないからである。「すでに示されていたように」(60/89)、意識の吟味の運動は、それ自身、「新しい対象」が生成する過程なのである[18]。

---

(18) このように意識形態の移行にとって決定的なのは、矛盾を孕んだ意識の対象への関係そのものである。移行を引き起こすのは、現象学や解釈学に依拠する解釈者たちが主張するような、意識やその対象に属する漠然とした「地平」ではないのである。Cf. Theunissen, op. cit., 324-326; Bruno L. Puntel, *Darstellung, Methode und Struktur: Untersuchungen zur Einheit der systematischen Philosophie G.W.F. Hegels*, Hegel-Studien Beiheft, Bd. 10, Bonn: Bouvier, 1981, 286; Reinhold Aschenberg, "Die Wahrheitsbegriff

とはいえ、【2】と【3】の間には違いもある。【2】は、自体の消失が、すなわち、「意識に対する自体の存在」であることを表わしている。力点が置かれているのは、自体が知の対象になったという帰結であり、もともと自体があったことには注意が払われていない。それに対して、【3】で強調されていたのは、自体が、その消失を経て、「意識に対する自体の存在」へと変化したということだった。それゆえ、「新しい対象」が含意しているのは、厳密にいえば、【2】ではなくて、【1】から【2】への移行そのものである。言い換えれば、自体の消失は、意識の吟味の単なる帰結（【2】）ではなく、意識の吟味という過程の帰結として理解されていなければならないのである（【3】）。

　したがって、第13段落の【2】と第14段落の【3】との違いは、「新しい対象」の生成にとって決定的な意味をもつと考えられる。では、この〈単なる帰結〉と〈過程の帰結〉は、いかなる違いを表すのだろうか。

　第一にそれは、すぐ後でヘーゲル自身が指摘するように、「規定的否定（bestimmte Negation）」の論理に対応する。緒論の第7段落によれば、「懐疑主義（Skepticismus）」は普通、対象の存在を懐疑し、無へと至らしめるというそれ自身の過程を顧慮することなく、「帰結においてただいつも純粋な無のみを見ており、無がそこから帰結するところのものの無であることを度外視している」（57/82）。しかし、ヘーゲルの考えでは、無は否定するという過程の結果なのだから、過程とともに捉えられなければならない。そうすることで、無は実際には無ではなく、そこには「或る内容」、「新しい形式」（57/83）が現れると主張するのである。こうした否定性の理解は、「自らを完遂する懐疑主義」（56/81）としての『精神

---

in Hegels „Phänomenologie des Geistes," in: K. Hartmann (ed.), *Die ontologische Option: Studien zu Hegels Propädeutik, Schellings Hegel-Kritik und Hegels Phänomenologie des Geistes*, Berlin: De Gruyter, 1976, 232; 熊野純彦『ヘーゲル――〈他なるもの〉をめぐる思考』、筑摩書房、2002年、44-45頁。このような解釈は、意識自身が他の意識へと移行するのであり、その意識の対象として新しい対象が現れるという事態を説明することができない。意識の「自己超越性」を強調する渡辺二郎の解釈も意識の運動が自己矛盾的・自己否定的であることを適切に捉えているとは言えない（渡邊二郎「ヘーゲルにおける「意識の超越性」寸描」、『哲学雑誌』、哲学会編、第92巻、第764号、有斐閣、1977年、52頁）。

現象学』のみならず、ヘーゲルのいう「学」一般の進行を特徴付ける論理である（cf. GW11, 24）。

　もっとも、『精神現象学』の場合、結果が過程を含むか否かという違いは、論理的な意義をもつだけではない。第二にそれは、意識の運動を叙述する視点の違いを表している。この点については、まず【3】の冒頭に注意を向けなければならない。そこで、「我々」は「自体」と「意識に対する自体の存在」という「二つの対象」を「見る」とされるが、「二つの対象」は、【2】の「以前には自体だったもの」と「意識に対する自体の存在」を指していると考えられる。すなわち、「我々」は、吟味の出発点とその結果を連関させて一連の過程として捉えているのである。それに対して、自体が消失するという結果しか見ない視点は、吟味する当の意識の視点であると言えるかもしれない。そうだとすれば、原崎が指摘するように、ここには「吟味する意識」の視点から「我々」の視点へという「記述のレベルのシフト」[19]が起きていることになる。意識の目にしていたのが自体の消失という事態だったならば、「我々」は、この結果だけでなく、それが出来する当の意識の運動も「見て」いる。後段の第15段落で次のように定式化されるのは、このことを踏まえていると思われる。「意識に対してこの成立したものは対象として存在するにすぎないが、我々に対しては同時に運動と生成としても存在する」（61/91）。

5　「意識の経験」の成立

　以上、緒論の中で意識にとっての「新しい対象」が生成していることを確認し、またその生成の論理と構造を解明することができた。だが、もっとも興味深い点は、この「新しい対象」を、それどころか、その生成の過程そのものを、ヘーゲルが「経験」と名付けていることである。最後に、方法としての「意識の経験」の成立に関わる事の経緯を明らかにしていこう。

---

(19) 原崎、前掲書、156頁。

はじめに、今まさに生成してきた「新しい対象」そのものが経験であることを確認しなければならない。ヘーゲルは、第14段落の【3】の直後で、明確に「それ〔新しい対象〕は、最初の対象についてなされた経験である」(60/89) と述べている。一見すると不可思議なこの規定は、「新しい対象」の内実を思い出せば、決して理解できないものではないことが分かる。「新しい対象」とは、〈最初の自体が知の対象となったことで自体ではなくなったという一連の過程〉、つまり、吟味の運動を含んでいた。ヘーゲルは、「我々」の視点から反省的に捉え直されたこの吟味の運動を、「こうした経験の経過」(60/89) と呼んでいるのである[20]。

　実はこの経験は、第14段落の冒頭ですでに予告されていたものである。「意識が、それ自身において、〔つまり〕その知においてもその対象においても果たす、こうした弁証法的運動は、意識にとってそこから新しい真なる対象が出現してくるかぎり、本来、経験と呼ばれるところのものである」(60/89)。この規定は、吟味の帰結が提示された直後であるため、いわば「宙吊り」状態にあった[21]。しかし、今や「我々」の捉え直しによって「新しい対象」の登場は確認されたのだから、その意味でも、意識による吟味の運動は、実際にそれ自身「経験」であることが示されたと言える。

　こうしてヘーゲルは、吟味の運動から生成した「新しい対象」が経験であるということ、つまり、経験の生成過程そのものが「意識の経験」だったことを指摘している。そのかぎり、経験、あるいは、──ヘーゲル自身は用いない表現だが──「経験する意識」とは、自己矛盾に陥らざるをえない「吟味する意識」の真なるあり方、「真なるもの」(60/89) だったと言えるだろう。とはいえ、それが「我々」の反省によって見出されたものにすぎないならば、本当に「真なるもの」であると言えるかは疑わしい。「我々」が恣意的に意識の運動を「経験」と呼んでいるにすぎ

(20) レトゲスは、この一文を「思弁的命題」(Heinz Röttges, *Der Begriff der Methode in der Philosophie Hegels*, Meisenheim am Glan: Anton Hain, 1981, 135) と解釈するが、「経験」が「自体」と「意識に対する自体の存在」との矛盾を含む統一であることを鑑みれば、正当な解釈である。
(21) Röttges, op. cit., 109.

ないかもしれないからである。

　このような疑問は、実際に第 15 段落の前半でヘーゲル自身が提示している。すなわち、直前で導出された「新しい対象」としての「経験」は、「普通経験という名の下で理解されるものとは一致しないように見える」が、最初の対象についてなされたとされる「経験」は、通常、「我々が偶然的な仕方で外的にいわば見出す」ものにすぎないのではないか、というのである（60/90）。本章で示したように、「新しい対象」の生成は、「我々」の視点から意識による吟味の運動を反省的に捉え返すことで確証されていたのだから、こうした疑義が生じるのも無理はない。

　しかし、続いてヘーゲルは、経験の概念には、偶然的ではなく、むしろ必然性を示す契機が含まれていると自ら反駁する。すなわち、

> かの見解において、新しい対象は、意識自身の転回（eine *Umkehrung des Bewußtseyns* selbst）によって、生成したものとして示されている。事柄のこうした考察は我々の付け加えである。この付け加えは、それを通じて意識の諸経験の系列が学的な道行きへと高まるところのものであり、我々の考察している意識に対しては存在しないものである。（61/90）

　冒頭の「かの見解」とは、文脈上、直前で示されていた「経験する意識」への移行についての説明を指す。それによれば、移行は、「最初の対象についての知、もしくは、最初の自体の意識に対するもの（das *für-das-Bewußtseyn des ersten ansich*）は、二つ目の対象そのものに生成する（werden）ことになると述べられていた」（60/90）。これは、まさに第 13 段落で叙述されていた「新しい対象」の生成という事態を表している。そこで確認されたように、「経験する意識」が「吟味する意識」の真なるあり方であるならば、それは「我々が外的に見出」したものではなく、「意識自身の転回によって生成したもの（geworden）として示されている」と言ってよい。「新しい対象」は「我々」の対象であるのみならず、「新しい意識」の対象でもあるのだから、このとき「吟味する意識」は「新しい意識」、つまり、「経験する意識」へと内在的に移行したと考えざるを

えないからである。

　ただし、ここでヘーゲルは、意識の内在的移行とそれについての「我々」の考察、つまり「我々の付け加え（unsere Zuthat）」（61/90）を区別しているように見える。ハインリッヒスやアッシェンベルクの解釈によれば、「我々」は意識の運動そのものを反省しているのだから、「意識の経験」と「意識の経験の学」という二つの系列が区別されなければならない[22]。確かに、第14段落冒頭の疑義への回答を表す「事柄のこうした考察」は「吟味する意識」から「経験する意識」への移行を解明したのだから、「意識の諸経験の系列」を「学的な道行き」へと「高める」（61/90）と呼ばれるにふさわしい。とはいえ、このように意識の移行の必然性を正当化する「我々」の考察そのものは、当の「意識に対しては存在しない」（61/90）。なぜなら、ある意識はそれ自身「転回」して新しい意識へと移行する以上、以前の意識との連関は新しい意識にとって対象ですらないからである。

　無論、「我々」と意識との非対称的な関係は、『精神現象学』解釈ではよく知られている。「この必然性それ自身、もしくは、新しい対象の成立（die *Entstehung*）は、**意識にとって**それが自分にどのように生じているか知られることなく表れるのだが、**我々に対しては**あたかも意識の背後で進行しているところのものである」（61/90）。しかし、注意すべきは、「我々に対してはあたかも意識の背後で進行している」という文言を、通説のように、「我々」が意識を背後から操るような事態として解釈するべきではない、ということである[23]。そうではなくて、「我々」が今まさに考察してきた意識の移行のあり方は、それこそが意識の移行を実現しているにもかかわらず、意識自身の対象ではないということを意味するにすぎない。意識にとっての「意識の経験」と「我々」にとっての「意識の経験の学」という二つの系列ないし段階が存在するのではなく、クレスゲスやレトゲスが主張するように、「意識の経験」は、それ自身、「我々」にとっての対象である[24]。言い換えれば、「我々」の観点

(22) Johannes Heinrichs, *Die Logik der 'Phänomenologie des Geistes'*, Bonn: Bouvier, 1974, 39-40; Aschenberg, op. cit., 243.
(23) この点は、原崎が正しく指摘している（原崎、前掲書、158 頁）。
(24) クレスゲスやレトゲスによれば、「意識の経験は、まさにただその叙述

は「意識の経験」にとって構成的なのである。

　こうして、緒論における「意識の経験」の必然的成立を確認することができた。肝要なのは、「意識の経験」の必然性が論理的に正当化されているだけでなく、それが「我々」が観望してきた事態の事実に裏打ちされていることである[25]。実際、ヘーゲルは意識の必然的移行について、一方では「新しい意識」が登場する「状況（Umstand）」（61/90）をもって説明し、他方ではそこでの「我々の付け加え」（61/90）によって説明しているが、二つの説明の仕方は対立するものではない。「我々」は、何も特殊な認識能力の保持者や特権的地位に立つ者ではなく、現に「意識の経験」が成立してきた「状況」を観望しつつ、それについて考察してきた者にすぎない。「意識の経験」とは、むしろそのような「我々」の観点を組み込んだ意識の自己吟味と反省的運動そのものであると言ってよい。ヘーゲルは、実際に「新しい対象」が生成し、しかもそれが「経験」であると言わざるをえない「状況」を叙述することによって、意識形態の移行の、さらには、「経験」の成立の必然性を緒論の内部で基礎付けているのである。

おわりに——出発点としての緒論

　本章では、緒論の叙述をテキストに即して内在的に分析することによって、まさにその叙述において「意識の経験」の必然的な成立が示されていることを明らかにした。最後に、この解釈が含む三つの洞察を確認し、出発点としての緒論を特徴付けておこう。

　第一に、緒論の中で実際に、「吟味する意識」から「経験する意識」への内在的移行が叙述されていることを明らかにした。この移行は、そ

においてのみ、意識の経験として存在する」（Röttges, op. cit., 135）、もしくは、「叙述が意識の転回を完遂している」（Claesges, op. cit., 89）。

(25) ウッツは、「自体的、言い換えれば、我々に対する存在の契機」（61/91）に関して、前者を意識の自己活動という「事実性」の契機、後者を「現象学的考察」の契機と解釈しているが（Utz, op. cit., 169）、結局のところ、両者が一致するところに緒論の本来の意味はあると言えよう。

れ自身、意識の運動なのだから、『大論理学』で提起されていた「〔学の〕内容の内的な自己運動」(GW11, 24, GW21, 37) は、すでに緒論から始まっていると考えざるをえない。緒論の方法論は、決して暫定的な仮説や形式的な規定ではなく、具体的な内容を叙述しており、その結果として、形式的な方法としての「意識の経験」を導き出しているのである。「我々にとって成立しているものの内容は、意識に対して存在しており、我々はただ内容の形式的なもの (das Formelle) を、言い換えれば、内容が純粋に成立することを概念把握するだけである」(61/91)。

　しかしながら、第二に、緒論で叙述されるこの意識の運動自身は、まだ十全な「意識の経験」ではなく、まさに「意識の経験」そのものの生成過程である。「意識の経験」の「学」的な契機、つまり、「意識に対しては表れてこない、自体的、言い換えれば、我々に対する存在の契機 (ein Moment des *ansich oder für uns seyns*)」(61/91) は、一連の運動の帰結として、ようやく緒論の最後に明かされる。その意味では、緒論のはじめから、「学」的に基礎付けられていたわけでもない。緒論の叙述は、元来「学」が「学」以前の叙述に入り込んでくるという不安定なあり方を表しているのである。

　第三に、このことに関連して、緒論における「意識の経験」の叙述は、その範囲内では『精神現象学』本編や論理学に基づく説明の外挿を必要としないことも判明した。緒論が叙述に際して前提としているのは、「意識は、或るものを自分から区別するが、同時にこの或るものへと関係する」(58/85) という意識の概念と、それを「我々」が対象としているという事実だけである。無論、結果的には、「意識の経験」は「規定的否定」という論理的規定と一致しており、その意味で「学」的必然性を前提しているという指摘は間違っていない。しかし、そのことが示されるのは、緒論第 10 段落から第 15 段落にかけての意識の運動を叙述した結果であり、決してその叙述に先立って論じられることはない。このことを看過すると、山頂に向かう出発点としての緒論の性格を見失ってしまうだろう。

第2章

悟性が「無限性」の世界を把握できないのはなぜか？

——「転倒した世界」を手引きとして

久冨　峻介

はじめに

　『精神現象学』（以下、『現象学』）は、経験する意識の歩みの方法論を「緒論」において述べたのち、目の前の事物を対象的に把握する最もプリミティブな段階である「意識」から学への道の端緒につく。「意識」章では、「感性的確信」、「知覚」、そして「悟性」という三つの意識形態の経験が叙述される。意識が次々と新たな形態へと移行するというのは『現象学』に特有の問題構成であるが、それは意識の対象が矛盾を孕んでいることが明らかになることによって、経験する主体がその矛盾を解消するようなより高次の形態へと変容することを意味する。この変容が「移行」と呼ばれるが、この移行の本質は、前方への進展が同時にその形態の根拠への還行であることにある。「意識」章の「力と悟性、現象と超感性的世界」（以下、「悟性」節）では、「無限性」の概念を機軸として意識の可能性の制約が解明される。

　「無限性」の概念はヘーゲル哲学全体において基幹的な理念のひとつであり、『現象学』もその例外ではない。そればかりか、むしろ『現象学』においてこそ「無限性」は決定的な役割を担うことになる。このことは、「無限性」が『現象学』の行程で繰り返し登場するだけではなく、まさに「絶対知」章が、シラーの詩「友情」を自由に引用しながら「無限性」という言葉によって締め括られていることからも看取できる（cf.

434/1166）⁽¹⁾。私たちが注意すべきは、この「無限性」が、通常の意味で理解される「絶対者」や「無限者」、「無制約者」ではなく、ある固有の概念的な構造を持っているということである。そして「無限性」が一定の構造をそなえた概念であるがゆえに、この概念は『現象学』を理解するために重要なのである⁽²⁾。

　この「無限性」は、本稿で主題となる『現象学』に限定してみても、シンプルに、一義的に定義することができない。むしろ強調すべきは、多義的なことにこそ『現象学』の「無限性」概念の特徴があることである。その証拠に、ヘーゲルは「無限性」を実に多様な言い回しによって表現している。例示すれば、「内的区別」「区別されないものの区別」「純粋な交替」「自分自身の反対」「絶対的な不安定」「矛盾」（98-101/160-164 強調は引用者）などである。ヘーゲルが、「無限性」は「多面的で多義的な交差」（109/183）であると言っているのは、まさにこうした多様な現象様式のことを指している。以上のように「無限性」が様々な容貌を示すのは、単にヘーゲルの議論が十分に練られていないがゆえの曖昧さではなく、フランクフルト期から『現象学』に至るまで、ヘーゲルが「無限性」概念を、何度も形を変えながら構想し続けたという事情が背景にある。『現象学』に見られる「無限性」の多様な表現は、その痕跡に他ならない⁽³⁾。

---

(1) この引用に関するシラーとヘーゲルの比較については、B. v. Wiese, "Das Problem der ästhetischen Versöhung bei Schiller und Hegel," in: *Jahrbuch der Deutschen Schillergesellschaft* 9, Stuttgart: Alfred Kröner Verlag, 1965 を参照。

(2) ソロモンによれば、「無限性」という概念は、若きヘーゲルがシェリングとヤコービから継承したものであるという（R. C. Solomon, *In the Spirit of Hegel. A Study of G. W. F. Hegel's Phenomenology of Spirit,* New York/ Oxford, Oxford University Press, 1985, 378）。私見では、ヘーゲルの「無限性」概念の形成史を理解するには、シンクレーアが「精神の連盟」と呼んだ思想交流も考慮に入れねばならないが、本稿で問題にするのは、ヘーゲルの「無限性」概念それ自身がそなえる独自の構造である。

(3) たとえば、ヘーゲルが「無限性」を「反対」によって表現するのは『現象学』の内在的、必然的な展開の帰結ではなく、『自然法論文』（1802 年）での構想にその根拠を持っている。本稿では発展史的、包括的に「無限性」概念を扱うことはしない。その詳細については、『ヘーゲル全集第 3 巻 イェーナ期批判論集』の「解説」において詳しい解説が加えられている（ヘーゲル『ヘーゲル全集第 3 巻 イェーナ期批判論集』田端信廣責任

さらに、『現象学』の「無限性」の体系的役割に関して言えば、この概念は「意識」から「自己意識」という形態へ移行するための架橋となる。「無限性が意識に対して、無限性であるものとして対象であるときには、意識は自己意識である」（100/164）。意識は、「無限性」をいわば「蝶番」にすることで「自己意識」となる。だがヘーゲルは、「無限性」は「これまでのすべてのものの魂であった」（ibid.）とも述べる。ヘーゲルは、意識のあらゆる対象の根底に「無限性」の構造が認められると言うのである。これに加えて、ヘーゲルが次のようにも言うとき、事態はいっそう錯綜した様相を呈する。「物についての意識は、ただ単に自己意識に対して可能なばかりではなく、自己意識だけが、かの諸形態〔感性的確信、知覚、悟性〕の真理である」（102/166）。「無限性」は対象に通底していただけではなく、対象意識の活動の根底にもあると彼は主張するのである。

さしあたり、これらのことは「無限性」が——「意識」にも、外的視座である「我々」にも示されていなかったことだが——最も原初的な、無媒介的に対象と関わる次元からすでに働いていたこと意味していると理解できる。この関わり方の詳細についてはひとまず措いておくとして、明らかなのは、『現象学』はその出発点からすでに「無限性」を基軸として進展していることである。このようにして「無限性」は『現象学』の端緒から末尾まで議論に関わるという限りで『現象学』の中心的な概念なのだから、その概念をはじめて明示的に示す「悟性」節が重要であることは言うまでもない。かつてガダマーが的確に述べたように、「悟性」節は『現象学』の構造全体の枢要だと見なすべきなのである[4]。

編集、知泉書館、2020 年、794 頁以下）。

(4) Cf. H.-G. Gadamer, "Die verkehrte Welt," in: *Hegels Dialektik Sechs hermeneutische Studien*, Tübingen: J. C. B. Mohr, 1980, 31.（ガダマー『ヘーゲルの弁証法』、山口誠一・高山守訳、未来社、1990 年、66 頁）; Q. Lauer, *A Reading of Hegel's "Phenomenology of Spirit*, New York: Fordham University Press, 1993, 83-84.

「悟性」節はヘーゲルに特有の「無限性」の概念が導出されるため、『現象学』の最初の段階にもかかわらず最も難解で重要な箇所のひとつに数えられる。こうした評価は枚挙に暇がない。Cf. G. W. Bertram, *Hegels »Phänomenologie des Geistes«. Ein systematischer Kommentar*, Stuttgart: Reclam, 2017, 80; Gadamer, op. cit., 33（邦訳 69 頁）; Th. S. Hoffmann,

本稿では、「悟性」節において「無限性」がいかにして導出されているのかについて、思想的コンテクストに目配りをしながら立ち入って考察することにしよう。読解のポイントとなるのは、「悟性」の経験の展開の結果として現われる「転倒した世界」を的確に理解することである。それによって、「悟性」が「転倒した世界」や「無限性」を対象とすることができないことがはっきりと示され、その限界を「自己意識」が乗り越えることが理解できるだろう。本稿は次のような手順で進める。まず、「悟性」節に至るまでの議論を概観し、論点を整理しよう（1節）。続いて、「転倒した世界」を解釈するために、「悟性」節のテクストを〈力の弁証法〉と〈説明の弁証法〉に関する点を中心に再構成しよう（2節）。最後に「転倒した世界」がいかなる役割を果たしているのかを解釈し、その意義を「無限性」の観点から考察する（3節）。

1　予備考察——「意識」章の概観と「悟性」節のテーマ

　ヘーゲルが「意識」章で問題の中心に据えるのは、対象意識が自らの対象を真理として把握するよう試みるとき、それがいかなる矛盾に直面するのか、ということである。まず「悟性」節の議論に入る前に、ごく簡単に「意識」章の議論を概観し、問題の所在を確認しておこう。
　「感性的確信」は感性を通じて対象を「これ」と指摘することによって、真理を把捉するよう試みる。だが、「感性的確信」があるものを個別的に〈「これ」と指示すること〉は、あるひとつのケースだけで可能なわけではなく、〈「これ」と指示すること〉がいつでもどこでも可能なことから分かるように、あらゆるケースに適用できる。むしろ、〈「これ」という指示〉が一般的・普遍的な意味で可能であって、私たちが（それが木であれ、家であれ）どの対象に対しても「これ」だと言えるからこそ、個別のケースでも〈「何か」を「これ」だ〉と指摘することが可能

Georg Wilhelm Friedrich Hegel. A Propaedeutic, David Healan (trans.), Leiden/Boston, Brill, 2015, 193; D. Ph. Verene, *Hegel's Recollection. A Study of Images in the Phenomenology of Spirit,* New York: State University of New York Press, 1997, 52f.

だという反転した見方も成り立つ。こうして「感性的確信」は、対象となる個物が普遍的なものを背景としてはじめて成立していると暴露されることで、〈「これ」と指示すること〉による真理把握の限界に突き当たる。つまり、意識は対象を感性的に「これ」と言うだけでは真理に到達することができないので、より高次の意識形態へと「移行」する必要に迫られる。この限界（＝矛盾）を乗り越えるものが、次に登場する「知覚」である。

　「知覚」は対象を単に「これ」と指摘することをやめ、「性質」（72/111）という観点から、それを「物」（71/111）として捉える。ヘーゲルの例によれば、私たちが塩を「白い」「辛い」「ザラザラしている」といったように理解するとき、その態度は「知覚」と呼ばれる。このようにして「物（塩）」には様々な性質（色、味、形状）が帰属されることになるが、日常的な感覚からすると、塩は舐めるとしょっぱい白い粒なので、「知覚」は対象である「物」の真の姿を正確に捉えているように思える。しかしながら、ヘーゲルは知覚的な把握のうちにもまた矛盾があると言う。論点を少し先取りするならば、この「知覚」の矛盾を乗り越えるものが「悟性」という意識形態であり、それによって行論は「悟性」節へと移行することになるのだが、重要なのは「知覚」の立場から「悟性」が引き継ぐ問題構成のひとつが、〈一と多〉の関係だということである。〈一と多〉の関係は、「知覚」の矛盾を理解するために必要なだけではなく、「悟性」節を適切に認識するために、押さえておかねばならない要点なのである。

　それでは「知覚」の限界はどこにあるのか。先ほどの塩の例に戻ってみよう。塩は、色や味、形状に関する性質をいくつも併せ持っていた。このように塩を見たとき、私たちはその対象が白くて辛い粒といった多くの性質を併存させて持っていることで、それを「塩だ」と認識していると言える。だが、このとき塩を「塩」たらしめている本質は、白くて辛い粒だという〈多様さ〉にあるのだろうか。それとも逆に、たとえ塩が多様な性質を持っているとしても、それは〈一つのまとまりを持った物体〉として存在してはじめて塩であると認識できるのだから、むしろ多様の統一の方を塩の本質と考えるべきなのだろうか。つまり見方を変えれば、多くの性質を「塩」というひとつの「物」として統一していることに塩であることの本質があるとも言えることになる。もし、対象を

「白さ」といった性質としてだけで把握しまうと、それは「感性的確信」へと逆戻りしてしまうことになるので、そうした解決は不可能である。(cf. 75/117)。このようにして「知覚」の対象は、実はひとつのものでありながら同時に多様なものでもあるという〈一と多〉の関係のもとで成立しているのである。「物」の真のあり方を、ヘーゲルは「矛盾」として理解する。

　「知覚」は、一方で「物」の性質の多様性を見ようとすれば、その対象が統一的に存在するという側面を喪失してしまう。他方で、「物」の統一の側面を見ようとすれば、今度は性質の側面を見落とし、その多様に現われる姿を見失ってしまう。このように、「知覚」は「物」という矛盾を孕んだ対象について、多様性を感覚器官の多様さに対応させるように、別の側面を見るためにそのつど別のパースペクティブをとって説明することしかできないので、〈一と多〉の関係を同じひとつのパースペクティブから捉えることはなく、それゆえ「物」の真のあり方である「矛盾」それ自体を見ることができない。たとえば「知覚」が物の多様性を説明しようと試みて、私たちの感覚器官の多様さにしたがって、視覚には白さが、味覚には辛さが現われるのだと説明しようとしても、それは〈対象のうちに真理を見出す〉という意識のあり方とバッティングするため、その試みは頓挫することになる。そこで「知覚」は、最終的に任意のひとつの観点から「物」を捉えるよう試みるが、仮に塩の「白さ」をその本質的性質と見る場合は、それ以外の辛さやザラザラした触感などの性質を排斥しなければならない。塩は、辛くない限りで、ザラザラしていない限りで「白い物」なのである。そのように塩を見ると、ある性質が現われるときには他の性質との排斥関係において生じていることが新たに判明するのだが、それをヘーゲルは「対自」「対他」という術語によって次のように説明する。「対象はむしろ、同一の観点において自分自身の反対であり、それは対他存在する限りで対自的に存在し、そして対自的に存在する限りで対他的に存在する」(79/124)。つまり、辛さや形状（白に対する「対他存在」）を否定することではじめて塩は「白く（「対自存在」)」、逆に塩は「白い」限りで、辛さやその形状を本質的特徴としないことになる。その意味で、「塩が白い」という特徴は他の諸性質との関係のうちで成立しているのだから、それらに先立つ

本質とは言えないことが明らかになる。ここで対象の知覚的認識が、「一者」と「多様」、「対自存在」と「対他存在」などの契機どうしの関係論的な構造のもとで可能になっていることが露呈する。このような「知覚」の過程を経て、ひとつの対象を他のモメントとの全体的な関係のもとで捉える必要が生じる。このように〈一と多〉や「対自と対他」などの相反するモメントを包括的に視野に入れるよう試みる意識こそが、「悟性」なのである。「悟性」は、感性的に多様に現われる対象を「物」の「性質」として捉えるのではなく、「力」（84/133）に由来する「現象」として理解する。

　さて、以上が「悟性」に至るまでの「意識」章の議論の概要である。ここでポイントとなる「力」について立ち止まって見ておこう。そもそも、「力」はふつう物理学的なものの見方（自然科学）において用いられる概念だが、同時に当時の哲学（形而上学）でも主要な概念のひとつであった[5]。ヘーゲルもまたイェーナ期の『差異論文』（1801年）や「イェーナ論理学」草稿（1804/05年）において哲学的概念として「力」を論じている。特に目を引くのは、後者の「イェーナ論理学」での「力」の論じ方である。「力」概念の影響史については諸説あるものの[6]、この草稿でヘーゲルは、カントが『純粋理性批判』で述べたように、「力」を「因果性」、「実体の原因性」のもとで理解し[7]、「力」とその発現を次のように述べる。

---

(5) 物理学と哲学は別々の発展を遂げたのではなく、特に18世紀から19世紀は、哲学が自然科学的知見を取り込みながら発展した時代でもあった。このことは、ヘーゲルが「哲学史講義」において自然科学者も理念の展開のなかに含んでいることからも推察される。しかしながら、ベンシュによれば、より直接的なヘーゲルの対決相手は自然科学者ではなく、哲学者であるカントとフィヒテ、シェリングであるという。Cf. H.-G. Bensch, *Perspektiven des Bewußtseins. Hegels Anfang der Phänomenologie des Geistes*, Würzburg: Königshausen und Neumann, 2005, 130f.

(6) カントの他に「力」概念の源泉としてヘルダーを挙げる研究者もいる。Cf. T. Pinkard, *Hegel's Phenomenology. The Sociality of Reason*, Cambridge: Cambridge University Press, 1994, 40; T. Matějčková, *Gibt es eine Welt in Hegels Phänomenologie des Geistes,* Mohr Siebeck, 2018, 57、山口誠一『ヘーゲル哲学の根源』法政大学出版局、1989年、115頁。本稿の註（9）も併せて参照。

(7) KrV, A 648/B676.（I. Kant, *Kritik der reinen Vernunft*, Hamburg, Felix Meiner, 1998.（KrV））ペゲラーは、「悟性」節の「力」の概念には、カントの関係

「自らの現実性を自分の外に持つような〔...〕原因が、力である。力とは、自分を現実性として措定する自らの働きのうちで押しとどめられた実体である」(GW7, 44)。このように「力」を原因の関係において捉える見方は、基本的には『現象学』にも引き継がれる。だが、「イェーナ論理学」草稿とは異なって、『現象学』の「力」は「実体」とは見なされず、その代わりに実体としての「生命」(GW7, 99, 104) への移行を準備するものとして構想し直される[8]。後に明らかになるように、この移行のロジック自体は、すでに「力」の概念の展開のうちに潜在的に準備されている。以上の点に留意しておこう。

　さて、意識は「悟性」に至ってはじめて感性的な次元で対象を認識することをやめ、感性を超えた「超感性的な世界」に真理を見出すようになる。そのため、多様に現象する感性的な現実を通して、その現象の「法則」を発見するという物理学的なプロセスが描き出される。あらかじめ「悟性」節の行論を整理しておくと、ここでは、意識の対象となる感性的な現実の世界を分析する〈力の弁証法〉と、意識の側の働きを説く〈説明の弁証法〉という二つの場面が描かれることになる。

のカテゴリー（特に「力動的カテゴリー」）を批判的に乗り越えようとする意図が見られるとする。また、ペゲラーとハイデガーの見解を受け継ぐゼルもまた、「悟性」節の〈力の弁証法〉を「関係のカテゴリー（力動的カテゴリー）」の批判的吟味のための議論であると解釈する。Cf. O. Pöggeler, *Hegels Idee einer Phänomenologie des Geistes*, Freiburg/München: Alber, 1973, 242; A. Sell, "Vom Spiel der Kräfte zur Bewegung des Lebens," in: Th. S. Hoffmann (ed.), *Hegel als Schlüsseldenker der modernen Welt. Beiträge zur Deutung der "Phänomenologie des Geistes" aus Anlaß ihres 200-Jahr-Jubiläums* (*Hegel-Studien* 50), Hamburg: Felix Meiner, 2009, 92.

(8) ゼルは、『イェーナ体系期構想Ⅲ』(1805/06 年) のうちに生命への移行の議論の原型となるものが認められるというが、ここで引用された箇所はメモ書きのようなものに過ぎないため、必ずしも信用できる議論ではない (Cf. GW8, 286; Sell, op. cit., 91f.)。また、『現象学』の「生命」（ひいては「精神」）は「実体」をも意味するが、この「実体」は「イェーナ論理学」のように因果性の枠組みでは理解されない。

2　力の弁証法と説明の弁証法——ヘーゲルの自然科学批判

　まずは「悟性」に対して感性的に現われる〈現象世界〉を解釈しよう。〈現象世界〉を構成するのは「力」であるが、ヘーゲルは「力」を「外化」として理解する。「力」そのものは直接目には見えないので、それは私たちが感性的に触れられるかたちで多様な形態をとって「外化」するが、「悟性」はそれらの形態を引き起こす原因としてひとつの「力」を捉える。それでは、この多様な「外化」と、その外化を引き起こす「力」とでは、どちらが本質的なものなのだろうか。ここに「知覚」と同様の構図の問題が再び浮上してくる。だが、「知覚」の議論を経て明らかになったのは、一の側面にせよ、多の側面にせよ、いずれかのモメントが先立って存在しているのではなく、両契機は互いに関係し合っていることだった。ヘーゲルは、これを「力」に即して、「誘発する力」と「誘発される力」の関係として表現し直す。つまり、一方の力Aは他方の力Bを能動的に誘発し、BはAによって誘発されている。だが、このときまったく同様に逆の見方も成り立つため、BもまたAを能動的に誘発し、その限りでAはBから受動的に誘発される。こうしたAとBの交替関係・相互関係を、ヘーゲルは「Spiel」[9]という言葉を使って「両力の遊戯」(86/136)と表現する[10]。「力」が「遊戯」であることの核心は、内なる本来の力と外化する力という二つの側面が相互に転換するという力動性にある。ゆえにこの運動は、「直接的な交替」「絶対的な交換」(90/146)とも言われる。

　こうした洞察によって、ヘーゲルは、「力」が実体であるという以前

(9)「遊戯」概念には、カントが『判断力批判』で用いたのち、シェリングがそこから借用したという経緯があるが、ヘーゲルにおいては、カントのように美的経験とは結びつかない。そのため、この概念はシェリングの影響という文脈で考慮すべきである。松山壽一「諸力の自由な遊戯と進展としての自然——シェリングの自然哲学とロマン主義」、伊坂青司・原田哲史編『ドイツ・ロマン主義研究』、御茶の水書房、2007年を参照。
(10)「自己意識」章では、「自己意識」どうしの承認関係の構図が、まさしくこの「両力の遊戯」と重ね合わせられる（cf. 110/185)。したがって、意識から「自己意識」への移行の「蝶番」となる「無限性」の概念は、ここですでに準備されていると見なさねばならない。

の見方に自己修正的な批判を加える。「力の真理は、〔実体ではなく〕ただ力の思想であるにとどまる。力の現実性のモメントも、その実体のモメントも、その運動のモメントも、支えを無くして区別のない統一のうちへと崩壊する」(87/139)。この「両力の遊戯」という統一においては、〈多〉が〈一〉のもとにスタティックに包摂されているわけではない。「力」の持つ二つの様相は、一方において他方が消えてしまうような状態にある。そのため、「両力の遊戯」を構成する両項 A、B は、互いに他方の存立を可能にするような「媒辞（Mitte）」(88/142) として把握されることになる。「悟性」が対象にする「力」は様々な現象様式をとって現われるが、「悟性」はその「力」を真の意味で捉えるためには、その根源に唯一の「力」が存在すると考えるのではなく、その現象形式全体を対象にする必要がある。その限りで、ヘーゲルは「力」をホリスティックに見ていると言えよう。つまり、外化する「力」は全体としての「両力の遊戯」を構成する部分であり、「力」はその全体の構造のものとでのみ捉えることができるのである[11]。このような全体論的な考え方は「悟性」節を読み解く上で鍵となるコンセプトとなる。

　とはいえ「悟性」は、「力」の遊戯構造の全体、交替する関係それ自体を認識できない。その代わりに「悟性」が行なうのは、「両力の遊戯」が構成する多様な〈現象世界〉の現われを通じて、その変化する仮象の世界の向こう側に「超感性的な世界」を見出すことである。上で確認したように、「悟性」は現われの原因をひとつの「力」に特定できないので、次に「悟性」は「両力の遊戯」を介することによって現実の因果性を説明しようとする。このとき、「悟性」は「法則」によって仮象の世界の因果関係を解き明かそうと試みる。「法則」とは、「悟性」が多様に現われる現実を単一的に説明するための考え方なのである。

　『現象学』の「力」は、基本的には「双極性」の原理のもとで理解される。このことを、ヘーゲルが言う「磁力」を例にとって整理してみよう。「磁力」は目には見えないが、私たちはそれを観察することで、ひ

---

(11) Bertram, op. cit., 83; R. Brandom, "Holism and Idealism in Hegel's Phenomenology," in: W. Welsch und K. Vieweg (eds.), *Das Interesse des Denkens. Hegel aus heutiger Sicht*, München: Wilhelm Fink Verlag, 2003, 51f.; Matějčková, op. cit., 58f.

とつの磁極（Ｎ極）から磁力線を描きながら他方の磁極（Ｓ極）へと力が伝わる様子を認める。その「力」が運動する際にしたがう法則を私たちが「磁力」として法則化することで、一見すると無秩序に見える、物が引き合ったり反発したりする運動を特定の法則にしたがった力の運動として理解できる。「悟性」は、「磁石Ａが磁石Ｂに引き寄せられたのは、磁石ＡのＮ極と磁石ＢのＳ極の間に引力が働いたからである」と因果関係を説明するわけである。このとき磁石の「法則」によると、現実に存在するどんな磁力を持つものの運動でもその運動原因の説明がつくため、「悟性」は「力」の法則こそが現実の普遍的な真理だと考える。ヘーゲルは、このようにＮ極とＳ極という現れ方をする「磁力」の考察から、「力」の概念の真のあり方を「力一般」「力の概念としての力」「抽象」「単一な力」（93/150）などと表現し直す。ヘーゲルの図式で整理すれば、「感性的な世界」の現象はつねに変転し、多様で不安定な変化をするのに対して、「超感性的な世界」はその現象を単一な「法則」として表現しているため、安定的で、変化することが無い。それゆえ「超感性的な世界とは、諸法則の静かな国」であって、それは多様に現われる〈現象世界〉を映し出す「直接的な静かな模像」（91/147）と呼ばれることになる。

　しかし、ヘーゲルは三つの観点からこの説明の営みを批判する（cf. 91-93/146-152）。

(1)「法則」といえども、〈多くの法則〉とそれらを包括する〈一つの法則〉に分かれる。それゆえ、法則という考え方自身も〈一と多〉の関係を完全に克服したわけではない。

(2)「単一な力」が法則にしたがって現象する「必然性」（先の例で言えば、「磁力」がなぜ必然的にＮ極とＳ極として現象するのか）を説明できない。

(3)「超感性的な世界」が原因として「感性的な世界」に映し出されているのではなく、真相においては、むしろ両者が互いに他方に依存し、関係し合っている。

　これらの批判の根底にあるのは、〈一＝普遍＝超感性的な世界〉と〈多

＝個別＝感性的な世界〉の関係に関するものであると考えられる[12]。これらの批判によってヘーゲルは、短兵急にも見えるやり方で、世界の真のあり方である「生命」、そして「無限性」の概念を導き出す。ヘーゲルにとって、この真相を表現するものこそが「転倒した世界」に他ならない。以上のような見通しを踏まえて、本稿では後者二つを扱うことにしよう[13]。

　ヘーゲルが法則の必然性について向ける疑問は次のようなものである[14]。たとえば、「磁力」でも「電気力」でもよいが、それらの力は何かと問われれば、私たちは「N極とS極という形態をとる引力と斥力を持つ力である」とか、「プラスからマイナスへと流れる電気現象をもたらす力である」などと答える。だが、なぜ「磁力」や「電気力」がそのような現象形態をとるのかと問うてみれば、それらがそういう性質を持った力だからだと言う他はない。また、なぜニュートン力学の法則は成り立っているのかと訊かれても、究極的には「そうなっているからだ」としか答えられない。もちろん、自然科学的な探求の場合、これらの問題を掘り下げるは必要ないのだが、ヘーゲルの批判の狙いは、私たちが「説

---

(12)『大論理学』の現象論では、全体と部分の関係がより前面に出てくる点で異なっている。最近では、川瀬が『大論理学』の現象論を科学論として読解することを試みている。川瀬和也『全体論と一元論──ヘーゲル哲学体系の核心』晃洋書房、2021年、170頁以下。

(13) 第一の論点である法則の数多性について、これは現代の自然科学的な説明モデルでも想定されている基本的な立場と言ってよい。朝永振一郎『物理学とは何だろうか（上)』岩波新書、1979年、101頁以下、戸田山和久『「科学的思考」のレッスン──学校で教えてくれないサイエンス』NHK出版新書、2011年、73頁以下を参照。
　ヘーゲルはガリレオ、ケプラー、ニュートンを想定しながら、万有引力が「法則の単一性」を表現していることを論じる。だが、ヘーゲルは単一な法則性を表現しているはずのニュートンの万有引力を、それが「法則の概念」しか表わしていないことを理由にして退けてしまう(92/148f.)。「法則の数多性」という点を中心とした自然科学への内在的な批判として見た場合、このヘーゲルの批判は私たちには妥当性を欠いているように思われる。

(14) 興味深いことに、ベンシュによれば、ヘーゲルは自然科学者を参照しながらも、法則についての見解はドルバックの強い影響下で構想されたものだという。Cf. Bensch, op. cit., 142f.

明」[15] (95/153) という営みにおいて、実際には何をやっているのかを暴露することにある。ヘーゲルによれば、「説明」は因果関係を解明しているように見えるが、それは根拠を究極的に遡っていく推論ではなく、「ある事柄がＡなのは、Ａだからだ」という同語反復を行なっているに過ぎないのだという。その批判の眼目は、彼岸である「超感性的な世界」が、何らかの必然性を伴って一方的に「感性的な世界」から投射される模造ではないこと、そして「超感性的な世界」に仮象の本質があるのではないことを示す点にある。ヘーゲルはこのことを「力と法則との、あるいは概念と存在との没関係性」(94/151) と呼ぶことで批判する。概してこのヘーゲルの試みは、自然科学的な現象を手掛かりとすることで、世界の真のあり方を示そうとしているものだと解釈できる。それでは、ヘーゲルが理解するその真のあり方とはどのようなものなのか。そのためのスプリングボードとなるのが、第三の批判としての「転倒した世界」の議論である。

3　「転倒した世界」の論理

（1）「転倒した世界」の先行研究の概観

　「悟性」節に関する研究のうちでも、「転倒した世界」を主題にしたものは比較的多い[16]。この術語は、ハイデガーやメルロ＝ポンティが哲学

---

(15) ヘーゲルはすでに「信仰と知」のヤコービ論において「説明」を批判していた (cf. GW4, 68)。だが、「説明」は必ずしも自然科学的な態度と同一視することはできない。ヤコービにおける「説明」の問題では、〈論理的な根拠の関係〉と〈原因・因果関係〉をスピノザが取り違えていることが主題となる。ヤコービによれば、スピノザ哲学では「根拠と帰結」という論理的な関係のみが呈示されているはずであるが、スピノザ自身はそれを不当にもそのうちに「原因と結果」という時間的な継起の関係を読み込んでしまっているのだという。この取り違えは、神を有限者の「根拠」と理解するだけではなく「原因」としてしまう問題として俎上にのせられる。

(16) Gadamer, op. cit.; W. H. Bossart, "Hegel On The Inverted World," in: *The Philosophical Forum* vol. XIII, no. 4, Boston/Massachusetts: Boston University, 1982; R. Zimmerman, "Hegel's "Inverted World" Revisited," in: *The Philosophical Forum* vol. XIII, no. 4, Boston/Massachusetts: Boston University,

を特徴づけるときに好意的に引き合いに出してきたものであったが[17]、研究史で最も影響力を持ったのが1966年に刊行されたガダマーの研究（元になった講演は1964年発表）である。そしてガダマーの研究が嚆矢となって、特に80年代には「転倒した世界」を主題とした論文がいくつも公表された。この「転倒した世界」というモチーフの出所は諸説あるため、ヘーゲルがそれを採用した経緯を正確に確定することはできない。だがガダマーによれば、このモチーフは中世の風刺作品から得られたのだという。それゆえ彼は、ヘーゲルもまた「悟性」節に風刺的な意味合いを含ませていると解釈し、「転倒した世界」は、現実の世界が実は「逆さま」なのだという「秘密の転倒」を示すための「魔法の鏡」を意味

1982; N. de "Dominico, Die »verkehrte Welt«. Erneuter Versuch, eine reflexive Paradoxie der Phaenomenologie des Geistes Hegels zu interpretieren," in: D. Losurdo und H. J. Sandkühler (eds.), *Philosophie als Verteidigung des Ganzen der Vernunft,* Pahl-Rugenstein Verlag, 1988; L. J. Goldstein, "Force and the Inverted World in Dialectical Retrospection," in: L. J. Goldstein et. al. (eds.), *International Studies in Philosophy* vol. XX no. 3, New York: Scholars Press, 1988; Bensch, op. cit.; J. F. Flay, "Hegel's "Inverted world"," in O. Pöggeler und D. Köhler (eds.), *Phänomenologie des Geistes*, Berlin: Akademie Verlag, 2006; B. Bowman, "Kraft und Verstand," in: K. Vieweg und W. Welsch (eds.), *Hegels Phänomenologie des Geistes. Ein kooperativer Kommentar zu einem Schlüsselwerk der Moderne,* Frankfurt a. M.: Suhrkamp, 2008; Sell, op. cit.; A. F. Koch, "Wirkliche und verkehrte Welt im dritten Kapitel der *Phänomenologie des Geistes,"* in: *Die Evolution des logischen Raumes*, 2014; Matějčková, op. cit. などが挙げられる。「転倒した世界」の解釈方針もまた多岐にわたる。ガダマーとコッホ、マチュイチコヴァはプラトン的な立場を表現するものとして「転倒した世界」を理解する。それに対して、ドミニコは「転倒した世界」をシェリングの立場を代表するものだと解釈する。また、フレイやゼル、ベンシュは「悟性」節をカントとの関係を重視して解釈するよう試みている。以上のことから明らかなように、「悟性」節研究は解釈者の数だけ理解があるとも言えるような状況であり、統一的な見方があるとはとても言い難い。本稿の目的は、この（仮説的な性格にとどまらざるを得ない）史実的関係を確定することではなく、テクストの理解にある。

(17) ハイデガー「形而上学とは何か」『ハイデガー選集1』大江精志郎訳、理想社、1961年、34-5頁、メルロ＝ポンティ「哲学と非−哲学」『コレージュ・ド・フランス講義草稿1959-1961』松葉祥一・廣瀬浩司・加國尚志訳、みすず書房、2019年、375頁。

するという[18]。しかしながら、特にヘーゲルとの関連で加えておくべき
は、1799年から1800年にかけてイェーナに滞在していたルートヴィヒ・
ティーク（1773-1853）が、1799年に発表した文学作品『転倒した世界』
だろう[19]。この作品は、エピローグから始まるという珍しい構成をとっ
ているが、もちろんヘーゲルの『現象学』のテーゼを提供しているわけ
ではない。ヴェレーネは、ガダマーの解釈の上にティークを位置づける
ことを提案しており、文学のコンテクストのうちにこのモチーフの系譜
を求めることができるとする[20]。

　こうしたことを踏まえた上で問いたいのは、ガダマーらが言うように、
「転倒した世界」の意義もまた、文学的・芸術的に捉えるべきなのかと
いうことである。つまり、それは「知覚」や「悟性」には見ることがで
きない〈現在の世界の秘密の転倒状態〉を鏡像的に映し出すような「風刺」
の機能を担っているのだろうか。または、シュテーケラー＝ヴァイトホッ
ファーが言うような「安易に誇張されたイロニー」[21]として解釈すべき
なのだろうか。これらの立場によれば、「転倒した世界」は現実に対す
る一種の「仮象」として見なされるべきだということになるが、このこ
とはヘーゲルが哲学ではなく、芸術の領域に期待していることを意味し
てしまうのではないだろうか。たとえば、ヴィーゼによるシラー解釈で
は、芸術家は美的な仮象を、まさしく現実の反対像として示すことに
よって人々に現実へと眼差しを向けさせ、仮象と現実の宥和を意識させ
ることができるのだという[22]。それでは、「悟性」節の議論もまた、こう
した芸術論的な意味合いで解釈すべきなのだろうか。しかしながら、私

---

(18) Gadamer, op. cit., 43.

(19) ティークとヘーゲルの関係については、以下のものが詳しく論じてい
る。Cf. A. Speight, *Hegel, Literature, and the Problem of Agency*, Cambridge:
Cambridge University Press, 2001, 19ff.; O. Pöggeler, *Hegels Kritik der
Romantik*, München: Wilhelm Fink Verlag, 1999, 203ff.

(20) Verene, op. cit., 50f. ヴェレーネはこの文学のモチーフをさらに「悟性」
節の他の範囲にも拡張し、「幕が内なるものから取り去られる」（102/167）
という表現は劇場の幕（カーテン）を含意しているとする。

(21) P. Stekeler-Weithofer, *Hegels Phänomenologie des Geistes. Ein dialogischer
Kommentar Band 1. Gewissheit und Vernunft*, Hamburg: Felix Meiner, 2014,
610.

(22) B. v. Wiese, *Friedrich Schiller*, Stuttgart: J. B. Metzler, 1978, 499.

たちは、ヘーゲルが「転倒した世界」という言葉を常識的思考に対する哲学の立場として使用していることに留意すべきではないだろうか[23]。この見立てが正しければ、ヘーゲルが「転倒」という術語によって主張しようとする事柄は、レトリカルな意味だけではなく、「現象」と「本質」の関係についての彼自身の積極的な哲学的見解だということになるはずである。

（2）「転倒した世界」論解釈

以上のような背景を念頭に置きつつ、「悟性」節の解釈に戻ろう。「超感性的な世界」が「感性的世界」の真の姿ではないのであれば、「転倒した世界」とはどのような世界なのだろうか。この点を理解するためには、その世界の論理的構造に注視せねばならない。ヘーゲルは、「両力の遊戯」と、「同語反復」として批判していた「説明」の運動を議論の手がかりにすることで、それを内在的展開の結果として導き出そうとする。「両力の遊戯」と「説明」において現われたのは、ある事柄の中にそれ自体で自立的とは言えない区別を立てることであった。「力」の場合は、力Aが力Bを誘発するが、BもまたAを誘発するため絶え間なく交替する運動が出現した。「説明」の場合は、「悟性」が抽象としての「力一般」とN極とS極のような現象との間に区別を設定するが、実際のところ、それは一方を説明するために他方を引き合いに出し、他方を説明するために一方を持ちだすという同語反復的運動に過ぎないことであった。

---

(23) たとえば、1812年11月18日のファン・ゲルト宛書簡にこうした趣旨の発言が認められる。「真の思弁的な哲学は、〔普通の簡単な読み物のような〕装いを〔...〕維持することはできないのです。いずれにしても、〔本当の〕事情に通じていない人にとっては、先のことは転倒した世界として現象してくるに違いないでしょう。つまり、彼らが慣れ親しんだあらゆる概念との矛盾において現われるでしょうし、そうでなければ、いわゆる健全な常識（der gesunde Menschenverstand）にとっては妥当なものとして現われることがらとの矛盾において現象してくるはずです」（G. W. F. Hegel, *Briefe von und an Hegel*, Bd. 1: 1785-1812, Hamburg: Felix Meiner, 1969, 425f. 強調は引用者）。また、ヘーゲルは『哲学批判雑誌』に掲載された「哲学的批判一般の本質について」（1802年）においても同様の趣旨のことを述べている（GW4, 125）。

　ヘーゲルの思考の特徴は、これらのトートロジーをただ無意味な論理式と見なすのではなく、そのうちに積極的な意義を認めることにある。何より、こうした内在的な克服をするのでなければ、それは意識の経験の根底にある真のあり方を示すことにはならないだろう。ヘーゲルが「力」と「説明」の根底に認める共通の構造は、「自分自身と同じであるものが二つに分裂し、〔...〕すでに二つに分裂したものとしての自分を〔...〕止揚する」ような、「自己止揚の運動」（100/163）である。ヘーゲルにしたがってこれを「絶対的交替」と呼ぶならば、この交替構造は、実は「感性的な世界」と「超感性的な世界」との関係にも認められる。これを「磁力」に即して見てみよう。現実に現われるNとSという磁力は、感性的な次元の彼岸にある法則の世界を原因にして生じているわけではない。また、逆に、NとSの磁力が現われることを原因として「磁力」が成り立つのでもない。そうではなく、ヘーゲルによると両者は「絶対的交替」の関係にある。NとSの現象があるからこそ「磁力」があるのであり、逆に「磁力」があるからこそ「力＝感性的な現象」はN極とS極として現象することができる。ここで主に批判されるのは「磁力」を感性的な次元とは離れた彼岸的な本質と見なす考え方であり、「磁力」はN極とS極として現われる〈現象世界〉があるからこそ、「磁力」であることができる。N極とS極へと現象しないような「磁力」は、存在しないのである。このように捉えると、「現象」と「超感性的なもの」は互いに独立して存在しているのではないことが明らかになる。むしろ、両者は互いに他方を自分の本質とする関係にあり、他方がなければ一方は考えることすらできない。それゆえ、ヘーゲルは「現象が彼岸の本質であり」、「超感性的なものは、現象としての現象である」（90/144）と言う。超感性的な「本質」は、彼岸のうちにあるのではなく、現象を介して現われ、現象そのもののうちにのみ現存しているのである。以上の〈力の弁証法〉から明らかになるのは、力Aと力Bの区別が自明な区別ではないことだけではなく、「力」の概念が持つと想定されている「現象」と「本質（彼岸）」の間の区別もまた成り立たないことなのである。

　さて、こうした「絶対的交替」もまた、私たちのメタ・レベルの観察からすれば、ある必然性を、つまり「規則性」を持った運動として理解しうる。その規則とは、「両者は必ず交替する」という法則である。

そのため、ヘーゲルは「絶対的交替」を「第二の法則」(96/155) と呼ぶ[24]。この法則は「その結果いかなる区別も措定されないような単なる統一ではなく〔...〕、確かに区別が設けられはするが、しかしこれは〔恒常的な〕区別ではないので、再び止揚されるような運動である」(95/154)。「絶対的交替」とはそのような法則性を持った運動であり、ヘーゲルによれば、力動性こそがこの法則の本質をなしている。「絶対的交替」に関して、最初の「法則の国」よりひとつメタなレベルであっても、それもまたひとつの法則である以上は「超感性的な世界」に属するものだと見なされる。だから、交替の法則が支配する世界は「第二の超感性的な世界」(95/156) と表現される。ここで最も重要なのは、「第二の法則」の本質が「感性的な世界」と「超感性的な世界」との間の区別を流動化させるものである限りで、「第二の超感性的な世界」は「法則の国」とはまったく異なる性格をしていることである。その決定的な違いは、現象の契機を自らのうちに取り込んでいることからも明らかなように、「第二の超感性的な世界」が、感性的な世界をその構成的なモメントとしていることに求められる。

> 転倒した世界であるところの超感性的な世界は、同時に他方の世界を越えて包み、その世界を自分自身に即して持っている。この〔第二の〕超感性的な世界は対自的に転倒した世界であり、自分自身の転倒した世界なのである。この超感性的な世界は、自分自身でもあり、ひとつの統一のうちで自分の対置された世界でもある。〔第二の〕超感性的な世界は、ただこのようにしてのみ、内的区別としての区別であり、あるいは自体的区別であり、無限性として存在するのである。(99/160-161)

「絶対的交替」に即して見るならば、「第二の法則」における区別とは、〈磁力〉と〈磁気現象〉との関係がそうであるように、自分と同じもの

---

(24) ヘーゲルがここで「法則」という言葉を用いていることがいささか混乱を招いているのだが、「第二の法則」は「第一の法則」と内実がまったく異なっている。

を区別し、自分とは区別されたものが自分と等しくなる事態を意味している。この「第二の法則」は「交替と変化の原理」であり、こうしてようやく彼岸の本質としての「現象それ自身の法則」(96/155) が成立する。「転倒した世界」とは、この原理に基づいて「感性的な世界」と「超感性的な世界」をも互いに交替させるひとつの「超感性的な世界」なのである[25]。

　ヘーゲルは、悟性的な思考の典型を科学的な帰納推論に見ていたが、その批判の主眼は、たとえば、物体の法則が実際には無際限に多様な条件を考慮することができないために現実と一致しない、という程度問題にはない。そうではなく彼は、「力」にせよ、「説明」にせよ、意識の活動の根底に汎通する構造があることを言わんとしている。その構造こそが、ヘーゲルが「無限性」と名づけるものに他ならない。ヘーゲルは「無限性」を「同名のものが自らを自分自身から突き放す」ことだとか、「異名のものが互いに引き合う」(96/155) ことだと表現する[26]。一見したところその意味するところは必ずしも明瞭ではないが、これらは〈力の弁証法〉と〈説明の弁証法〉で明らかにした構造を表現し直したものである。つまり、本来は区別されないはずのものが一度区別され、その区別が再び撤回されるという一連のプロセスを表わしている。ヘーゲルはこの区別のプロセスを、「内的区別」「自体的区別」(96/155)、さらには「純粋な交替」「自分自身のうちの対置」「矛盾」(98/160) とも呼び換える。ヘーゲルにおいて「対置」は「矛盾」と同定されるのだが、彼がこうした意味によっても「無限性」を理解するのは、これもまたイェーナ期の発展史的な経緯に由来している[27]。ヘーゲルの「矛盾」概念の特徴は、論理

---

(25) シュテーケラー＝ヴァイトホッファーは「第二の超感性的な世界」について、結果的に「第一の法則の世界」と同一視してしまっているため、彼の解釈は誤りである。本稿と同様の批判は、以下を参照。Matějčková, op. cit., 60.

(26) 本稿の見解とは異なるが、ベンシュは「同名のもの」にこそ注目すべきだという。「同名のもの」とはギリシア語の「その対象に存する結ぼれ(ὁμώνυμος)」に由来するが、ベンシュによれば、本来はアリストテレスがカテゴリー論に用いた概念であるため、「理性」章のカテゴリーを視野に入れて「無限性」を解釈できるという。Cf. Bensch, op. cit., 156f.

(27) ヘーゲル、前掲書、「解説」、796 頁以下。

的な意味（矛盾律）で使用されるだけではなく、実在性の領域でも通用するような現実の原理としても理解されることにある。さしあたり『現象学』に限定してみると、これらはいずれも「無限性」が持つ様々な側面を表わしたものであって、本質的には全体論的・関係論的な観点をとることではじめて見えてくる統一の構造を指示している。具体的に示せば、それは〈力の弁証法〉や〈説明の弁証法〉によって現われたホリスティックな概念であり、「知覚」や「悟性」が把握することができなかった対象の真相に他ならない。ゆえに、「無限性」の概念は意識の経験の根底に存在するだけではなく、「第二の超感性的な世界」たるこの世界の原理でもあって、世界が「ひとつの統一、〔...〕無限性としてのみ存在する」(99/161) と言われるのは、ひとえに「転倒した世界」が意識の経験の場の真相を意味するからなのである。

　「転倒した世界」に関して、先行研究でしばしば引用される次のような表現がある。

　　　第一の法則の世界において甘いものは、この転倒された自体においては酸っぱく、前者〔＝第一の法則の世界〕において黒いものは後者〔＝転倒された自体〕では白い。第一の法則の世界において北極は、この第一の法則の世界の他者である超感性的な自体（つまり、地球）においては南極である。それに対して、ここで南極であるものは、あちらでは北極である。(97/157)

　ヘーゲルがこの例によって説明しようとしているのは、同名のものが異名になり、不同のものが同一になる事態である。ただしヘーゲル自身の表現は、私たちにはこのことを適切に示しているようには思われない。だが、これまでの議論を踏まえるならば、この（必ずしも洗練されているとは言えない）比喩は、現実に「白い」ものを「黒」だと名指すことで、現実の「白さ」に目を向けさせることを狙うような、レトリカルで技巧的な効果を意図したものではないことははっきりしている。味や色の例では分かりにくいが、これらはすべてある規定性の反対どうしの結びつきを表現している（したがって、色は白と黒のみ、味については甘さと酸っぱさの対極関係だけが考えられている）。注意すべきは、「白さ」が「黒

さ」を原因として目に見えるようになるのでもないし、あるいは「甘さ」や「N極」が原因となって「酸っぱさ」や「S極」として現象することを意味するわけでもないことである。「知覚」の経験からも明らかだが、物のある性質は特定の実体や基体を持っているのではなく、他の性質との排斥関係において成り立つものであった。とはいえ、塩の「知覚」では、色や味や形状といった〈本質的に異なる属性〉どうしの関係が問題となっていた。つまり、色と味と形状は互いに「矛盾」する性質ではない。たとえば単色を想定する場合、白くて黒い物質はありえないが、何らかの味を持った白い物質は、塩の他に砂糖などいくらでも考えられるだろう。「悟性」節では「力」に即して議論が展開されたので、色の例では見通しを立てるのが難しいのだが、ここでの主題は、対立する規定どうしの関係だと理解すればよい。すなわち、ヘーゲルは同じひとつのパースペクティブから「矛盾」を考察することを要求している。先に私たちが見た「第一の法則」の見方にしたがえば、超感性的な世界における原因としての色素（＝スペクトル）から「白」と「黒」が分裂して発生してくることになる。これに対して「第二の法則」にしたがうと、「白さ」とともに「黒さ」が「色」というスペクトル全体に構成的に関わりつつ、その全体からある色が「白」以外の色と区別される限りで、それは「白い」ということになる。別の言い方をすれば、「白い」という色の現象は「黒＝非白さ」を自分のモメントとして持っており、現実に存在する「白色」とは、超越した本質の世界に「白性」を持っているのではなく、ひとつの観点からして「黒」との矛盾的規定をそなえた色だということである。白とは、白さがあるから白いのではなく、黒さがなければ白く現象することができない色なのだ（もちろん、その逆も成り立つ）。「転倒した世界」とは、こうしたパラドキシカルな世界の真相に対してヘーゲルが与えた名前に他ならない。白さにしても、甘さにしても、実在のあらゆるものが他者（反対定立）をモメントとしてそなえているという事態は、一見すると奇妙なように見えるかもしれない。だが、ヘーゲルが機械論的に因果律を説明する思考を内在的に批判することで導き出したのは、私たちの認識する対象の根底には、つねに〈矛盾的＝無限的〉な構造が潜んでいるということだったのである。この構造の本質は、決して超越する彼岸の超越者に属するのではない。それは「転倒した世界」である存在

の領域において「無限性」と理解されるようなものであり、動的、プロセス的、関係論的な視座のもとでのみ捉えることができる[28]。

おわりに

　ヘーゲルにとって「無限性」は「生命の単一な本質」(99/162)であり、「生命」もまた「無限性」のバリエーションのひとつである。ヘーゲルの「生命」とは、存在論的な領域にまで拡張された「無限性」の表現であり、「悟性」には認識不可能な、存在するものの自己運動を体現するものに他ならない。「無限性」は、本質的に「矛盾」や他者との全体的で関係論的な構造のもとではじめて理解されるものであるため、ヘーゲルが注意するように「表面的に考察されては」(97/158)ならない。ヘーゲルが、当時の自然科学的な知見を踏まえながら悟性的認識の不十分さを指摘するときには、まさしくこの点に批判の目が向けられている。「悟性」のように、ある契機と他の契機を因果律によって説明するのではなく、むしろ相互的な関係のもとで理解することでしか「矛盾」は捉えることはできない。したがって、「悟性」には「無限性」それ自身を捉えることができないのである。「無限性」を対象にするという課題は、ヘーゲルにとって「認識論的な原理（epistemisches Prinzip）」[29]である「自己意識」に委ねられる。なぜなら、ヘーゲルにおいては、「自己意識」は自分と対象を絶えず区別しながら、自己を反省的に認識するものであり、この意味で、「自己意識」は「無限性」を意識的に自覚する（対自化する）ことができ

---

(28) 川瀬は『現象学』との議論の差異に留保をつけつつ、本稿とは異なる仕方でヘーゲルの法則論が、諸法則が構成する「一つの全体論的な体系」（川瀬、前掲書、182頁）を意味しているとする。川瀬が指摘するように、『大論理学』では法則の議論がある程度独立して考察されるのに対して、本稿で示したように、『現象学』では「無限性」の導出に力点が置かれている点で両者の間には違いがある。

(29) W.Jaeschke, *Hegel Handbuch. Leben-Werk-Schule*, Stuttgart: Metzler, 2003, 187. （イェシュケ『ヘーゲルハンドブック』神山伸弘ほか監訳、知泉書館、2016年、251頁）。ただし、「無限性」の把握に関して、自己意識が「認識論的」だというのは、通常の意味での主観‐客観という認識理論的な枠組みのことではないことは強調しておこう。

るような、「無限的な」構造を持つ存在者に他ならないからである[30]。冒頭に挙げた「物についての意識は、ただ単に自己意識に対して可能なばかりではなく、自己意識だけが、かの諸形態〔感性的確信、知覚、悟性〕の真理である」という言葉は、このような意味で理解できよう。ところで、『現象学』では「無限性」を捉えるのは「我々」か、「自己意識」にのみ可能であるが、そのうち「自己意識」は「対自的に」、「反省的」に他者と自分を巻き込むかたちでしか「無限性」を認識することができない[31]。したがって、多くの論者に支持されるガダマーの読解に反して、「知覚」や悟性的思考は、たとえレトリックに頼る「風刺」や「イロニー」によっても、原理的に「無限性」の認識に到達することはできないと言わねばならない。「転倒した世界」は、何かを映し出す「魔法の鏡」ではなく、「転倒した世界」そのものが、この世界の真相なのである。「無限性」を理論的に認識できるのは、「我々」だけなのである。

　本稿では、「無限性」の導出という観点から、「悟性」節のテクストを再構成し、とりわけ「転倒した世界」が果たす役割について解釈した。最後に科学論に関して言えば、ヘーゲルの時代に比べて目覚ましい発達を遂げた今日の科学を知っている私たちが、「悟性」節を単なる自然科学批判や、「第一哲学」としての形而上学の優位を単に説くものだと理解するならば、その議論はアナクロニズムに映るに違いない。彼の個々の科学知識の今日的な妥当性は措いておくとして、私たちがヘーゲルから引き出すことができる洞察は、経験と思考の領域に関する批判的見解にあると言えるかもしれない。つまり、経験可能な対象を扱う科学的探究のうちにも、すでに形而上学な営みが含まれていることをヘーゲルは指摘していると理解できるのである[32]。「悟性」が「無限性」(「生命」の

(30) 興味深いことに、『差異論文』ではすでに「力」が「自我」との関連で構想されていた（GW4, 70f.）。

(31)「自己意識」章の「無限性」に関する「生命」と「自己意識」については、以下の拙稿で詳しく論じた。久冨峻介「「精神」から見た「生命」概念の射程──『精神現象学』「自己意識」章の解釈」『Scientia - Journal of Modern Western Philosophy』vol. 1、2021 年。

(32) 同様のことは、大河内も指摘している（大河内泰樹「自然哲学講義」『ヘーゲル講義録入門』法政大学出版局、2016 年、76 頁以下）。また、川瀬はヘーゲルの法則論は「変動しつつ進展する科学的探究全体」（川瀬、前掲

世界）を捉えることができないという結論は、自然科学的・悟性的思考の一面性を批判した議論だと見なしうるという意味で、現代の私たちに示唆を与えてくれるだろう。

書、183頁）を特徴づけているとする。

第3章

統覚から精神へ
——『精神現象学』「理性」章における
カテゴリーの展開

小井沼　広嗣

はじめに

　『精神現象学』の「理性」章は「精神」章に次ぐ分量をもつ章であり、そこでは様々な意識形態が叙述され、そこで扱われる問題も多岐に渡っている。そのため、この章を一つの統一的な視座のもとに読み解くことはきわめて困難であるように思われる。しかしながら、クラウス・デュージングがつとに指摘しているように、「理性」章の展開の起点と終点に目を向けてみれば、そこで論じられているのがカントの理論理性と実践理性であることに気づかされる[(1)]。この点を踏まえれば、当該の章におけるヘーゲルの全般的狙いがカント的な理性の立場の超克にある、という仮説をまず立てることができるだろう。さらには、「理性」章の大枠をつかもうとするとき、目に留まることが三つある。それはすなわち、①ヘーゲルが「理性」章の導入部でカントの統覚論に触れ、それをカテゴリーという観点から捉え直そうとしていること、②長大な「理性」章に一貫したプロットはカテゴリーの充実化という点に定められていること、③そしてその終局が「精神」の成立であること、である。これらを考え合わせるならば、ヘーゲルは理性的意識の範型をカントの統覚論の立場に見据え、これを批判的に乗り越えるものとして「精神」の境位を

---

(1) Cf. Klaus Düsing,"Der Begriff der Vernunft in Hegels Phänomenologie," in: D. Köhler und O. Pöggeler (eds.), *G. W. F. Hegel: Phänomenologie des Geistes*, Berlin: Akademie Verlag, 1998, 143-162.

示すことにこの章の中心的な眼目を置いた、という見通しが与えられる。この章の終わりで展開されるカントの定言命法への批判も、そうした大きなモチーフの一部であるとみなすことができる。本論考では、こうした展望のもと、『精神現象学』における「精神」概念を、スピノザ的な実体の観念を経由したロマン主義的な「絶対者」として捉えるのではなく、むしろそれが、カント以来の超越論的な問題構成を刷新しようとするところに成り立つ概念であることを明らかにしたい。

1　カントの統覚論とヘーゲルによる二義的評価

　ヘーゲルは「理性」章の導入部で「理性」に到達した自己意識の特質を次のように表現している。「自己意識は自分自身があらゆる実在性であることを確信している。〔...〕自分の思考はそれ自身ただちに現実であり、それゆえ自己意識は現実に対して観念論の態度をとる」(132/232)。すなわち理性とは、思考と現実、主観と客観の同一性を確信するに至った自己意識であり、この同一性を原理に据える「観念論」の立場である。しかし他面で、登場したばかりの理性は、まだ知と対象の区別にとらわれた現象知の一形態にとどまっており、「自己があらゆる実在性である」という主張もまだ主観的な「確信」でしかなく、客観的な「真理」に、すなわち自己の知と対象の真の統一に至っていない。

　では、こうした二義的性格をもつ「理性」として、いかなる哲学的立場が想定されているのだろうか。「統覚の統一のみが知の真理である」(136/241) という文言から明らかなように、ヘーゲルがここで「観念論」として想定するのはカントの統覚論である[2]。そこでまず、それがいかなる思想であったのかを確認することから始めよう。

　カントが統覚について論じたのは、『純粋理性批判』の「純粋悟性概

---

(2) 多くの先行研究も当該の「観念論」の立場としてカントの統覚論とフィヒテの自我論を指摘している。一例として次のものを参照。Klaus E. Kaehler und Werner Marx, *Die Vernunft in Hegels Phänomenologie des Geistes*, Frankfurt am Main: Vittorio Klostermann, 1992, 11-83. 本稿では、紙幅の都合上、フィヒテの自我論に関しては立ち入らない。

念の超越論的演繹」の箇所である。カントによれば、直観を通じて与えられる多様な表象は、それ自体では統一をもった対象を構成することがない。多様なものが一つの対象として綜合統一されるには、それらをとりまとめる悟性の「自発的な作用」(B130) がなければならない⁽³⁾。その作用こそ、あらゆる経験的意識に先立ち、それらの根底に存する「統覚の根源的な総合的統一」(B136) である。一切の表象は、「私は考える (Ich denke)」という意識を生みだすこの根源的統覚の作用のもとで、すなわち常に同一な「自己意識」の下にもたらされることで、はじめて一個の対象として綜合統一される。しかも統覚による対象の綜合統一とは、一定のアプリオリな「概念」に従って客観を規定することを意味する。カテゴリーとはまさしくそうした概念であり、それゆえカテゴリーはあらゆる客観認識に妥当するわけである。

　こうしてカントが演繹論で明らかにしたのは、根源的統覚こそあらゆる認識の対象に対して概念を与える働きであり、認識の「立法者」だということである。カントの哲学において《自己立法》としての自由が表立って論じられるのは実践理性においてであるが、すでにこうした統覚の根源的作用のうちに自律的な活動性が示されているわけである。

　ところで、イェーナ前期のヘーゲルはカントの演繹論を「真の観念論」(GW4, 5) を表明するものとして高く評価している。ただしその基本姿勢は、そこに内包される《自己立法》原理を重んじてというよりも、むしろシェリング寄りの同一哲学に立脚するものであった。『信仰と知』における統覚論解釈によれば、直観と概念、存在と思考といった、客観的なものと主観的なものとの「反立」が先立ってあり、統覚の統一がそれらに後から「綜合」をもたらすのではない (GW4, 328)。むしろ統覚の統一が根源的な「綜合」である理由は、それがまさしく反立に先立つ「絶対的で根源的な同一性」だからであり、対立し合うものはこの根源的統一が自らを分割することで生じるのである (GW4, 328)。もっともヘー

---

(3) 以下、『純粋理性批判』からの引用に際しては、本文中にA版もしくはB版の頁数を表記する。また、それ以外のカントの著作に関してはアカデミー版全集 (*Kants gesammelte Schriften,* hrsg. v. der Königlich preußischen Akademie der Wissenschaften) を用い、引用に際しては本文中に GS の略号、巻数、頁数の順で表記する。

ゲルによれば、カントその人は《統覚の統一》をこうした同一性の原理として積極的に展開するには至らなかった。むしろカントの立場は、「一方の側に自我性とその悟性という絶対的な点を、もう一方の側に絶対的多様性あるいは感覚をおく形式的観念論、つまり二元論」(GW4, 333)にとどまっており、それはたかだか「〔経験論に立つ〕ロック主義の拡張」(GW4, 333) でしかない。つまり、カントは主観と客観の対立をより根源的な同一性の契機として捉える可能性を示唆しつつも、当の「統覚の統一」を主観の側の形式的機能として理解することで、結局は主観と客観、現象と物自体の対立を固定化する悟性的立場へと舞い戻ってしまった、というのがヘーゲルのカント評価である。

　以上のヘーゲルの論判は、同一哲学に立脚するものであったにせよ、先述した『現象学』の「理性」章における「理性」の二義的評価に照応している。ヘーゲルは当該箇所で、カントが悟性の能力として論じた《統覚の統一》を理性の段階に位置づけるが、その所以は、その思想のうちに「主観と客観との同一性」という観念論の立場が表明されていると捉えるからである。しかし他面で、当該箇所でヘーゲルは、カントの立場を「空虚な観念論」と呼び、それは同時に「絶対的な経験論」たらざるをえないと批判する (136/240)。この立場は、あらゆる存在が純粋に「私のもの」であると主張するが、この空虚な「私のもの」を充実するためには外部からの「衝突」——「物自体」に由来すると想定されるもの——を必要とし、「この衝突にこそ感覚や表象の多様性の源泉がある」と考える (136/240)。したがって「この理性は、統覚の統一と物という端的に対立した二重のものをともに実在だと主張するあからさまな矛盾に陥っている」(137/241) のである。

　こうしてカント的な理性は、「自分があらゆる実在性である」と「確信」しつつも、それを「真理」へと至らしめる方途を欠いている。しかしヘーゲルによれば、理性はほんらい空虚な自我にとどまるものではなく、それ自身の運動を介して充実した内容を獲得することができる。ヘーゲルはそうした理性の原理を、カントの統覚論を批判的に継承した独自の「カテゴリー」概念として提示しようとする。そこで次節では、「理性」章導入部で語られるカテゴリーの基本構造を検討しよう。

2　「カテゴリー」の基本構造とその展開の到達点
──「否定性」と「精神」

（1）《否定的なもの》としてのカテゴリー

　カテゴリーとは周知のように、もともとアリストテレスが用い始めた用語であり、存在者を規定する最も普遍的な述語のことを意味していた。しかしヘーゲルは、そうした従来のカテゴリー理解は、それが「存在者一般の本質性」なのか、「意識に対する存在者の本質性」なのかが「不確定」であったがゆえに不十分だと見なす（134/236）。カント以後の立場に立つヘーゲルは、カテゴリーを次のように規定する。

> 　カテゴリーは今では、ただ思考する現実であるかぎりでの、存在者の本質性あるいは単純な統一である。つまりカテゴリーとは、自己意識と存在が同一のものであることである。（134/236 強調は引用者）

　こうしたカテゴリー規定は一見きわめて奇妙であり、純粋悟性概念を意味するカントのカテゴリーとは無縁なようにみえる。しかし前述したように、カントが演繹論で説いたのは、カテゴリーがたんなる主観の思考形式ではなく、あらゆる経験の対象を客観として構成するものでもあり、そうしたカテゴリーの働きの基礎をなすのが《統覚の統一》であった。ここでヘーゲルがカテゴリーについて、「思考する現実であるかぎり」のものであると述べているのは、こうしたカントの主張を踏まえてのことだと考えられる。つまり、ここで「カテゴリー」と呼ばれるのはさしあたり、カントの言う純粋悟性概念のことではなく、あらゆる存在者を「私のもの」として統一づける《統覚の統一》のことである。「自己意識と存在が同一のものである」とは、このことを指している。

　しかしもちろん、ヘーゲルはカントの立場に全面的に与するわけではない。先の引用につづけて、ヘーゲルはカントの難点を次のように指摘する。「一面的で悪しき観念論だけがこの統一をふたたび意識として一方の側に置き、それに自体を対置させる」（134/236）。前述したように、カントの立場では自己意識と存在の統一は抽象的に切り離され、一方は

空虚な自我へ、他方は物自体へと局限されており、結局は主観－客観の二元論にとどまっている。くわえてヘーゲルは、カントの所論では「カテゴリーのうちに諸々の区別または種が存在すること」が「理解しがたい」(135/237) という点を批判する。周知のように、カントは「形而上学的演繹」の箇所で、4種12個のカテゴリーを説いたが、それは、既存の論理学の判断表から経験的に「見いだす」(135/237) という、統覚にとっては外在的な仕方で導出されたものだった。ヘーゲルからすれば、こうしたやり方はまったく必然性を欠くものであり、「学を侮辱するもの」(135/237) にほかならない。

　それでは、ヘーゲルはこれらのカントの難点をどのように乗り越えようとするのか。ヘーゲルのカテゴリー理解の核心は次の箇所に示されている。

　　　さて、このカテゴリー、あるいは自己意識と存在の・単・純・な統一は、〔単純であっても〕しかし区・別・を即自的に具えている。なぜならカテゴリーの本質とはまさしく他在のうちで、あるいは絶対的な区別のうちで、ただちに自己自身と同一であることだからである。(134/236)

　ヘーゲルは、客観の概念的統一の基礎に自己意識の統一があると説くカントの統覚論を高く評価するが、カントにおいて自己意識の統一は、客観の統一を担保する形式的機能にすぎず、それ自体は無内容なものとして理解されていた。これに対してヘーゲルは、カテゴリーを、単純な統一としての自我が自己を否定し、他在または区別へと転じながら、そのうちで自らを回復する運動として捉え直す。この点にこそ当該箇所におけるヘーゲルの統覚論解釈とカント批判の核心がある。ヘーゲルはこうした媒介的な自己関係の運動を「絶対的に否定的なもの」(134/237) と呼び、カントが捉え損ねたのはこの点であったと主張する。

　ヘーゲルによれば、カテゴリーは《統一》(単純性) から《区別》(多数性) を経て《統一と区別の統一》(個別性) へと至る円環構造をなす (135/237-238)。カテゴリーはこうした自己媒介関係を通じて自らを規定していくのであり、その運動は種々の概念規定——カントの説く純粋悟性概念に相応するもの——の導出過程という性格をもつ。このようにヘーゲル

は、自我の統一と種々のカテゴリーの導出とを連続的に捉えることで、カントによる「形而上学的演繹」の欠陥を乗り越えようとするわけである[4]。（以下では、他在を介して自己自身に関係する否定的な運動としてのカテゴリーと、その運動から生じてくる諸規定としてのカテゴリーを区別するために、後者については諸カテゴリーと表記する。）

　しかもカテゴリーの運動は、『現象学』の立脚点である《意識の経験》に即すかぎり、意識と対象の「統一」と「区別」を様々な仕方で生みだしつつ展開される。意識と対象は「区別」されるにせよ、対象とは、意識に疎遠な「自体」ではなく、本来的には当の意識に固有な相関者にほかならないから、意識が「自分とは区別されたものであった対象を止揚して自分のものとする」(136/239) ことで、そのつどの「統一」が成り立つ。そうであれば、カテゴリーとは、自己を規定するものを外部にもつのではなく、自己関係性のうちで内在的に展開しつつ、自らの内容を充実していく運動であり、そこには《自己立法的》といってよい特性を認めることができる。

　以上の点を踏まえれば、イェーナ前期と『現象学』との立場の相違もまた明らかである。先述したように、イェーナ前期のヘーゲルは、すでに《統覚の統一》に「主観と客観との同一性」の思想を見いだしていたが、そこではまだ、それが反立や区別に先立つ根源的同一性であることに力点が置かれており、それがどのように自らを展開するのかについては十分に説明されていなかった。これに対し、『現象学』に新しい点は、ヘーゲルがこれを自己規定的な、言い換えれば自己立法的な「否定性」の運動として捉えるに至っていることである[5]。それでは、こうしたカテゴ

---

(4) 自我の統一とカテゴリーすなわち概念の統一とをイコールに捉えるという、ここで示唆されるヘーゲルの統覚論解釈は、後の『大論理学』における解釈とも照応する。ヘーゲルは同書の概念論で、「概念の本質をなす統一」を「自己意識の統一」として理解するカントの演繹論の思想について、「理性批判のなかに見出される最も深く、最も正しい見解」だと評している（GW12, 17）。

(5) ボンジーベンによれば、イェーナ初期のヘーゲルは反省哲学の二項対立的枠組みを乗り越える理路としてすでに否定性に着目していたが（「懐疑主義論文」等）、この概念を「自己意識」との関連で捉え直すのはイェーナ中期以降においてである。Wolfgang Bonsiepen, *Der Begriff der Negativität in den Jenaer Schriften Hegels*, Bonn: Bouvier Verlag, 1977.

リーの展開の到達点はどこにあるのだろうか。「理性」章の本論の考察へと移る前に、以下ではその到達点をあらかじめ見定めておこう。

（2）精神と《共同主観性》の問題

　ヘーゲルは「精神」章の冒頭でこう述べている。「精神の生成を明示したのはすぐ前の運動〔「理性」章における意識経験〕であって、この運動において、意識の対象である純粋なカテゴリーは理性の概念にまで高まった」（238/731）。ここでの「理性の概念」とは精神を指しており、それゆえこの一文が意味するのは、理性的意識が目指すカテゴリーを十全に具体化したものが精神にほかならない、ということである。ところでここで重要なのは、ヘーゲルが精神について語るとき、それを複数の自己意識の共同性として捉えていることである。この点を確かめるには「精神」概念がはじめて登場する「自己意識」章に立ち返る必要がある。まず目を向けるべきは、ヘーゲルが「自己意識の二重化」（108/181）と呼ぶ次の事態である。

> 　一つの自己意識が一つの自己意識に対して存在する。これによってはじめて自己意識は実際に存在する。なぜなら、ここではじめて自己意識に対してその他在における自己自身との統一が生ずるからである。（108/182）

　自己意識の統一が他在を介した否定的な自己関係であることはすでに見たが、この箇所では、この統一が、主観－客観関係を軸とする認識論的次元においてではなく、むしろ諸々の自己意識同士の関係を軸とする実践的次元において示されている。つまり、ヘーゲルはここで、他在を介した自己意識の同一性の根源に関して、多様な表象を通じて自己のうちにとどまるカント的な自我理解をもって答えるのではなく、他の自我を介して自己のもとにとどまること、しかもそれが双方の運動として実現されるという《共同主観性》をもって答えるのである[6]。ヘーゲルが

---

(6) ピピンによれば、「精神」概念が含意するところの実践的な共同主観性の実現という問題構成は、デカルト以来の主観－客観関係を軸と

ここで「精神」と呼ぶのは、こうした共同主観性を成り立たせる媒体のことである。

> これから意識に生成するのは、精神とは何かという経験である。精神とは、自らの対立者、すなわち各自別々に存在する異なる自己意識が、完全な自由と自立性のうちにありながら、それらの統一であるところの絶対的な実体であり、言い換えれば、我々である我、我である我々である。(108/182)

　以上の箇所から窺えるのは、思考と存在、主観と客観との統一を成り立たせる十全なカテゴリーとは、主観にアプリオリに具わった形式的な認識能力のうちに保証されるものではなく、むしろ複数の自己意識同士の実践を通じて具体化される関係運動だということである。たとえば、対象認識にせよ、行為の価値判断にせよ、その確実性がまだ内的な主観的確信にとどまるかぎり、それはまだ真理と呼ぶに値しない。確信が真理となるには、その確信が対他的にも確証されなければならない。つまりヘーゲルの説くカテゴリーとは、各人の認識や行為が自他にとって妥当なものとして通用するかぎりで成り立つ実践的なことがらであり、ヘーゲルの説く精神とは、ピンカードの比喩的表現にならって言えば、そのような共同主観性を成り立たせるある種の「共同空間」を意味するのである[7]。

　しかし、もしそうであれば、ヘーゲルの説くカテゴリーはその展開の到達点である「精神」において、カントの統覚論とはまったく問題圏を

する認識論的構図の根本的解決として提示されたものである。Robert B. Pippin, "You Can't Get There from Here: Transition problems in Hegel's Phenomenology of Spirit," in: F. C. Beiser (ed.), *The Cambridge Companion to Hegel*, Cambridge: Cambridge University Press, 1993, 52-85.

(7) ピンカードは、ヘーゲルの説く「精神」概念を明瞭なものにするために、「社会空間 (social space)」という表現を用いている。彼の言う「社会空間」とは、一定の規則や規範が共有され、そのもとで諸個人の認識や行為の活動が意味あるものとして通用するようになるような空間のことである。Terry Pinkard, *Hegel's Phenomenology; The Sociality of Reason*, Cambridge: Cambridge University Press, 1994, 7-8.

異にしているのではないか、という疑念が浮上する。けれども、そうではない。ヘーゲルが十全なカテゴリーの成立を、共同主観性とそれを支える共同空間の実現に置いたことは、カントの説く統覚の統一の原理的地位をめぐる問題とも密接に関わっている。なぜなら、統覚の統一とは多様な表象を一定の概念のもとに総合統一する自我の働きだが、対象を概念の統一にもたらすとは、それがたんに個別の「私」にとって妥当するだけではなく、あらゆる思考主体に妥当する普遍的認識であることを含意しているからである [8]。しかしながら、当のカントはそのことを表立って主題化し、十分に基礎づけているわけではない。ところで、ヘーゲルの説く「精神」は、カントの言う「あらゆる経験そのものを可能ならしめる制約」（A107）であり、それゆえ超越論的なものであると解釈することができる [9]。しかし『現象学』が立脚する弁証法的な視座からすれば、精神は、あらゆる知の根拠としてあらかじめ前提することはできず、むしろそれ自体が、意識の経験の成果として媒介的に証示されなければならない。したがって、自己意識と存在の統一であるカテゴリーを《統覚の統一》としてではなく「精神」として捉え直そうとするヘーゲルの試みは、カントが明示的に取り組まなかった《共同主観性》の成立根拠の問題を取り上げ、それを基礎づけるという意義をもつのである [10]。

---

(8) この点はとりわけ次の文献を参照。Terry Pinkard, *German Philosophy 1760-1860; The Legacy of Idealism*, Cambridge: Cambridge University Press, 2002, 34.

(9) ウィリアムズは「精神」概念の社会的・共同主観的な解釋を支持するがゆえに、それの超越論的な解釈を批判している。Robert R. Williams, "Hegel's Concept of Geist," in: R. Stern (ed.), *G. W. F. Hegel: Critical Assessments*, Vol. 3, London: Routledge, 1993, 539-554. しかし、両解釈は背反しあうものではなく、むしろ結びつけられるべきものであるというのが本論考の主張である。

(10) もっともこうした方向性はすでにフィヒテが『自然法の基礎』においてその一歩を踏み出していたものである。とはいえ、同書で展開された承認論は「法」の超越論的演繹という問題に限定されており、また、それに先立つ『全知識学の基礎』では、フィヒテは承認の問題に言及しておらず、それゆえ理論と実践双方の基底に共同主観性があることを示していたわけではない。それゆえ、相互承認を介した精神の生成という『現象学』の課題設定のうちには、フィヒテの承認論の制約をも乗り越えよ

3　カテゴリーの充実態としての「事そのもの」

　前節で明らかにしたように、「理性」章の狙いは、ヘーゲルのほんらい考える「カテゴリー」、すなわち《自己意識と存在との統一》を具体化していくという点にあり、その目指す先は、自己意識間の共同性としての「精神」に定められている。しかしヘーゲルによれば、登場したばかりの理性的意識はカテゴリーをまだ一面的に捉えており、この統一は存在（自体存在）の側におかれて自己意識と対立したり（Ａ節「観察する理性」）、反対に、自己意識（対自存在）の側におかれて存在と対立したりする（Ｂ節「行為する理性」）。そうした一面的な理性の形態を経て、「理性」章のＣ節では「自体的かつ対自的に実在的であることを自覚する個体性」が主題化される。「精神的な動物の国と欺瞞、あるいは事そのもの」と題した最初の小節では、各個人が「行為」を通じて自らの本質を「作品（Werk）」として表現しながら、現実のなかでその作品を共同的なものへと高めていく経験が叙述されるが、その過程は、他在を介した否定的な自己関係性というカテゴリーの本質構造を具体化するとともに、それを《共同主観性》の生成としても示すという二重の課題を果たすものとして読み解くことができる。本節では以下、この小節の叙述を検討していこう。

　ヘーゲルによれば、カテゴリーの根本特質が「否定性」にあるとはいっても、はじめに自己意識が確信を抱くカテゴリーは、まだ媒介的に自己関係する「運動」としての否定ではなく、むしろ直接的な「規定」としてのそれにすぎない（216/399）[11]。具体的には、それは各人の「根源的に規定された自然」（216/399）、つまり生まれ持った素質や能力のことを指

うとするヘーゲルの企図を読み取ることができる。

(11) イポリットが指摘するように、ヘーゲルの「否定性」は、一面では「すべての規定は否定である」というスピノザの主張に倣い、無媒介の「存在」においては「規定」であり、他面で「行為」においては否定性の運動そのものである、という二面性をもつ。Jean Hyppolite, *Genèse et structure de la Phénoménologie de L'esprit de Hegel Tome I*, Paris: Aubier, 1946, 291.（市倉宏祐訳『ヘーゲル精神現象学の生成と構造（上）』、岩波書店、1972年、411頁）

している。そうした素質や能力だけがさしあたり個々人に具わる行為の原理であり、目的、手段、結果といった行為の区別項を貫いて自己同一にとどまる本質だとされる。

　そこで個人ははじめ、「動物の生」に比せられる仕方で、この所与の根源的自然の場面で自足しようとする。ところが個人が行為を通じて自らの自然を「作品」として表現すると、状況は一変する。というのも、行為の結果としての作品は「対象的な場面」（221/408）へと移され、「他の諸個人に対して存在する」（221/409）ことになるが、そこで作品は、他の人々の能力や関心の反撃によって解消されてしまうからである。それとともに、目的、手段、結果という行為の諸契機もその統一性を失うことになる。

　しかしヘーゲルによれば、意識が「作品」の消失（否定）を経験するとき、この経験において「消失することの消失」（222/412）が、すなわち否定の否定が生じている。意識は、個々の作品や行為の諸契機が消失しても、それらは行為の「単なる偶然的な側面」であると捉え、それらを包括する「行為の統一と必然性」を行為の本質だと考えるようになる（222/411）。こうした行為の諸契機を統一するものこそ、「事そのもの（die Sache selbst）」と呼ばれるものである。

　　　意識は自分の移ろいゆく作品から、自らのうちへと反省し、行為の偶然性についての経験に抗して、自分の概念と確信とが存在するもの、持続するものであると主張する。〔…〕こうした統一が真の作品であり、この真の作品は事そのものである。（223/413）

　ここで我々は、二つの点に注目しなければならない。第一は、行為の「偶然性」を止揚したものとしての「事そのもの」は、共同主観的な意味や価値を帯びている、という点である。真の作品としての事そのものは、他者との共同の場面で承認されたものとして妥当する行為の「必然性」の側面であり、そこでは個人的な意図や思い込みなど、行為にまつわる「偶然性」は止揚されている。それゆえ第二に、作品のうちに自らを対自化した意識は、もはや「特殊な意識ではなく、普遍的な意識である」（220/407）と言われる。事そのものとは行為の特殊な諸契機を超えつつ、

それらを貫徹する普遍的なものであり、それゆえヘーゲルはそれを「精神的実在（das geistige Wesen）」とも表現するが、自己意識がそうした対象を捉えられる所以は、自らもまた特殊な諸規定を超え出て、それらを統一づける「否定性」だからである。したがって「事そのもの」が生成する過程は、「自己意識が自分の実体を意識する」（223/414）に至る過程なのである。

こうして明らかとなったのは、行為の区別項を貫く同一性であり、自己と存在を統一づけるカテゴリーとは、「根源的な自然」ではなく、「事そのもの」だということである。ヘーゲルは、この自覚において自己意識は「観念論に到達している」（224/415）と指摘する。とはいえ、その自覚はまだ不十分である。なぜなら事そのものは行為の「本質」ではあるが、それはまだ、行為の諸契機に対して「述語」として付与されるかぎりの「抽象的な普遍者」（224/415）にとどまるからである。

事そのものを「述語」と捉える自己意識は「誠実で（ehrlich）」あると呼ばれるが、それは「見かけほどには誠実ではない」（225/418）。誠実な意識は、目的、手段、現実といった行為の内容の契機、あるいは対自と対他といった行為の形式の契機を、個々にそれだけで取り出し、それを「事そのもの」であると述定するが、「諸契機は端的に相互に関係しあっている」（225/418）がゆえに、一つの契機はすぐさま他の契機へと転倒せざるをえず、こうした事態は「諸個人相互の〔欺瞞の〕遊戯」（226/420）として現れる。しかし逆説的にも、こうした諸契機の転倒によって、意識は相対立する契機が等しく本質的なことを経験する。つまり、事そのものが普遍的であると同時に個別的であることが明らかとなり、ここに成立するのが、諸個人のあらゆる行為とその諸契機を包括する「主語」へと昇格した「普遍的な事そのもの」（228/423）である。

　　これによって事そのものは、述語という関係を、そして生命を欠いた抽象的な普遍性という規定を失う。事そのものはむしろ個体性によって浸透された実体であり、それゆえ主語〔主体〕である（228/423）。

では、こうした「述語」から「主語」への転換はなにを意味するのか。ここでヘーゲルは再度カントの統覚論の形式主義的性格を暗に批判しつ

つ、それに置き換わる独自の「主体」観を提示しているのだと考えられる。カントは『純粋理性批判』の「弁証論」のなかで、「超越論的統覚」について、「単純な、内容においてそれだけでは全く空虚な表象である自我」(B404) であると述べ、これを「諸々の思想の超越論的主体〔主語〕＝X」(B404) と呼んでいる。この主体（主語）はあらゆる経験を可能にする働きではあっても、それ自体は決して経験の対象となりえず、「その述語である思想によってしか認識されない」(B404) ものであるとされる。

　しかしヘーゲルからすれば、主語が無内容な形式的同一性であるならば、述語は主語自身が定立したものでなく、むしろそれに外面的に結合されたものとなる。こうした主語と述語の関係理解を批判しつつ、ヘーゲルは『現象学』の「序文」のなかで次のように主張する。「概念は、自らを生成として示す対象自身の自己であることによって、自己は、運動せずに諸々の属性〔述語〕を担っている静止した主語であるのではなく、自ら運動し自らの諸規定を自己のうちに取り戻す概念である」(42/58)。このようにヘーゲルによれば、主体（主語）とは、自分を否定し自分との対立へと分裂しながら、自分との統一を回復する運動である。実体としての「事そのもの」がいったんは行為の諸契機の「述語」へと身を落とし、そこからあらゆる契機を包括する「主語」へと回復するのも、「事そのもの」がこうした概念の運動だからである。このようにヘーゲルは、主語と述語、形式と内容を抽象的に切り離すカント的な主体観を、近代社会のうちで諸個人が陥る欺瞞的事態と巧みに重ねつつ、それを内在的に克服するものとして、独自の主体観を提示していると考えられるのである[(12)]。

---

(12) もっとも、当該箇所をカント哲学を念頭に置いて読み解くことに対しては疑義が向けられるかもしれない。たとえばイポリットは、ここでの「誠実な意識」はまだカント的な道徳的主体のそれではなく、フランス・モラリストのそれであると解釈している。Cf. Hyppolite, op. cit., 300.（邦訳、424 頁）しかし、これにつづく小節で扱われるカント的な「立法する理性」と「査法する理性」について、ヘーゲルが「誠実な諸形態」(234/436)であると指摘している点を踏まえれば、さらにまた、総じてヘーゲルがカントの実践哲学と理論哲学を関連づけて捉えている点を顧慮するならば、「誠実な意識」が陥る欺瞞において、ヘーゲルがカント的な形式的観念論全般をも射程に入れていると解釈することはけっして曲解ではないと思われる。

　もっとも主体としての事そのものとは、カントの統覚のように、各人の意識の内奥にあらかじめ具わったものではない。むしろそれは、そのなかで諸個人が行為を介して交流しあう媒体であり、しかもそれを介することでのみ、各人が自立的な個体となりうるような媒体である。それゆえヘーゲルは、こうした事そのものを「人倫的実体」であるとするが、具体的には、諸個人にとって共通の言語、慣習、規範、制度などが考えられているといえよう。ヘーゲルの説く《自己意識と存在の統一》は、これらを媒体として各人が交わる共同主観的な「事（Sache）」として成り立つのであり、かくして、この小節の末尾では次のように言われる。「現実的な自己意識の諸契機〔...〕は、ここでは単純なカテゴリーと一体のものとして措定されており、それによってカテゴリーもまた同時にあらゆる内容〔を包括するもの〕である」(228/424)。つまり、事そのものは諸個人の行為の内容の契機、形式の契機にあまねく浸透し、それらを意味づけるのであり、また、それらの諸契機によって事そのものは具体的な内実を得て、真に実在的なものとなっている。「理性」章の導入部で説かれたカテゴリーの運動は、このような仕方で、自己意識自身の経験を通じて具体化されるのである。

4　カント的な実践理性の克服と「精神」の成立

　事そのものの経験を通じて、カテゴリーが諸個人の共同空間として働く「人倫的実体」として実在化されるに至った。残る課題は、こうしたカテゴリーの本質を捉える自己意識がいかなるものか、という点にある。なぜなら、人倫的実体があらゆる諸個人の行為を通じて成り立つものであるにせよ、この実体を意識が「自分のもの」として自覚的に捉えられないかぎりでは、それは自己立法的なものであるとはいえないからである。そこで「理性」章のつづく小節では、「人倫的実体の意識」(197/360)としての「道徳性」が論及される。

　ヘーゲルはまず新たな意識をこう規定する。「精神的実在はその単純な存在において、純粋意識であり、また、この自己意識でもある」(228/424)。「純粋意識」であると同時に「この自己意識」でもある意識

形態としてヘーゲルがここで想定するのは、カント的な実践理性、とりわけ「定言命法」の立場である。なぜならこの立場は、理性的存在者一般（純粋意識）に妥当する実践法則を、「この」個々の自己意識が直接的に（アプリオリに）知りうると主張するからである。『現象学』では、新たな意識形態は先立つ意識経験の成果として生成するが、当の意識は自らの成り立ちを「忘却」しているがゆえに、それを直接的な確信として捉える。ここでもヘーゲルは、この方法原理に即して「道徳性」という新たな立場の登場を把握するわけだが、こうした視座にはカント的な実践理性がもつ次のような二側面が捉えられていると考えられる。

　第一は、そこに内包される《共同主観性》の思想である[13]。カントの定言命法は、普遍必然的に妥当する道徳法則であり、「あらゆる理性的存在者に例外なく妥当する」(GS5, 19) ものとされる。実際、カントは『道徳形而上学の基礎づけ』のなかで、定言命法から「目的の国」の概念を導き出している (GS4, 433-434)。「目的の国」では、各人は自ら立てた法則に自ら服従するのであり、そこでは「理性の自律」が共同的な仕方で成り立つ。ここでカント的な実践理性が「人倫的実体の意識」の範型とされるのは、そこに含まれるこうした共同主観性を踏まえてのことだと思われる。

　しかし他面、カントは定言命法を「純粋理性の事実」であると主張している (GS5, 32)。つまりカントは、定言命法のもつ共同主観的な妥当性を「目的の国」の理念として提示しつつも、結局はそれを各人の直接的な自己確信の次元で捉えている。理論哲学における統覚論と同様、実践哲学においても、カントは「理性の自己立法」の共同主観性を基礎づけていないのである。

　ここでのヘーゲルの狙いは、普遍妥当的な実践法則を個別的意識の直接的確信のうちに捉えようとするカント的な実践理性が、いかなる欠陥

---

(13) たとえばトゥーシュンクは、「目的の国」をはじめとするカントの「意志の自律」の思想のうちに、フィヒテ、ヘーゲルの承認論へとつながる共同主観性の思想の先駆を読み解いている。Burkhard Tuschling, *Rationis societas*: Remarks on Kant and Hegel," in: P. J. Rossi and M. Wren (eds.), *Kant's Philosophy of Religion Reconsidered,* , Bloomington: Indiana University Press, 1991, 181-205.

を孕んでいるかを明らかにする点にある。そのさいヘーゲルは、カント
の定言命法を、法則を定立する機能と法則を検査する機能とに区別しつ
つ、別々に論じている。

　カントは、どんな義務内容が普遍的立法にふさわしいかは「最も普通
の悟性」でも容易に認識できると述べているが（GS4, 403-404, GS5, 27）、
ヘーゲルはこれを踏まえ、「立法する理性」を、自らが「直接的に」確
信する命令が「無制約に」妥当するとみなす立場と捉える。けれどもヘー
ゲルは、その命令が具体的に適用される場面を想定することで、実際に
はそれが仮言的なものであることを暴露する。たとえば、「各人は真実
を話すべきである」（229/427）という命法は一見、普遍必然的に妥当す
るように思える。しかし実際の場面ではそうではない。なぜなら、この
命法が妥当するには、各人が真実を知り確信しているという制約が必要
であり、その結果、法則の実現は偶然的なものとなるからである。こう
して立法する理性の企ては挫折を余儀なくする。

　次に「査法する理性」としてヘーゲルが想定するのは、カントが「純
粋実践理性の根本法則」と呼んだものである。それは「君の意志の格律
がつねに同時に普遍的立法の原理として妥当するように行為せよ」（GS5,
30）という仕方で定式化される。この法則の要諦は、行為規範の妥当性
を、自分の行為原則を一般化したさいに自己矛盾に陥らないかどうかと
いう形式面のみを尺度にして吟味することにある。しかしヘーゲルによ
れば、無矛盾性という尺度は実際には尺度たりえない。たとえば、「私
的所有のあること」は自己矛盾しないが、それは私的所有を「孤立され
た規定」として扱うからであって、同様の仕方で孤立させれば、「私的
所有のないこと」という相反する規定も何ら自己矛盾しない（233/433）。
無矛盾性という尺度は「あらゆることに同じようにうまく適合するので
あり、したがって実際にはまったく尺度たりえていない」（234/435）の
である。

　かくして立法する理性も査法する理性も、実際には「人倫的実体の意
識」ではありえず、むしろ両者は、実体的なものを自らの一面的な知の
契機へとおとしめる「誠実〔な意識〕の諸形態」（234/436）にとどまっ
ている。こうしたヘーゲルの主張の含意は、カントでは理性の普遍的共
同性が、純粋な実践理性の立法・査法の能力として捉え返されるなかで、

具体的な行為の状況や他者との社会関係を捨象した、形式的な普遍性へと還元されていること、それゆえ理論理性と同様、実践理性も「空虚な観念論」に陥っているということである。それでは、人倫的実体が「自己」という契機を獲得するには、これらの意識がどう変容すべきなのか。ヘーゲルは次のように述べている。

> これらの態度が互いに止揚しあった（sich aufhoben）のであるから、意識は普遍的なもののうちへと還帰し、かの〔両者の〕対立は消失したのである。（235/438 強調は引用者）

　この「互いに止揚しあった」という表現には、立法と査法の双方が直接的な自己確信を捨て去り、相互に媒介しあうことが示唆されている。ここには、次のようなカントへの批判が認められる。すなわち普遍的な理性は、個人の内面的な意志規定や自己確信の次元のうちに成り立つものではなく、むしろ諸個人の具体的な諸関係を通じてのみ成り立つ、ということである。当該箇所では相互承認がまだ明示されていない。しかし立法と査法の相互止揚という事態のうちに、相互承認による《共同主観性》の成立が示唆されている[14]。両理性はそのように媒介統一するかぎりで「精神的実在」の「自己」（ibid.）へと高まり、ここに十全なカテゴリーとしての「精神」が成立するのである。

　では、「精神」はいかなる構造をもつのだろうか。ヘーゲルは「精神」章の冒頭で、その基本構造を次のように説いている。

---

(14)『現象学』において相互承認は、「精神」章の終局に位置する良心論においてはじめて成立すると解されることが一般的である。しかし精神とは「我々である我、我である我々」とも表現されるような、共同主観性の契機を含み持つ主体であり、「理性」章B節の冒頭部でも精神の境位が相互承認の実現態であることが示唆されている。そうであるならば、精神の境位の成立が語られるこの「理性」章の末尾において、明示されていないにせよ、ある種の相互承認が実現されていると解さなければならない。両理性の止揚のうちに「相互承認」の成立を読み込んでいる数少ない先行研究として、細川亮一『ヘーゲル現象学の理念』、創文社、2002年、152-153 頁を参照。

　　　実体として、普遍的で自己同一的で持続的な実在としては、精神
　　　は万人の行為の揺るぎなく解体されない根拠であり出発点である。
　　　〔…〕しかし同時に、この実体は、万人の、および各人の行為によっ
　　　て、彼らの統一と同一性として生み出される普遍的な作品でもある。
　　　なぜなら、それは対自存在であり、自己であり行為だからである。
　　　(239/732-733)

　このように精神は、実体、自体存在としての客体的側面と、自己、行為、
対自存在としての主体的側面とを併せもっている。先の表現を用いるな
らば、精神は各人を自立的な存在として成り立たせる共同空間であると
ともに、そうした各人の行為を通じてたえず維持され、再生産される「事」
でもある。「精神」が自己立法的なものであることも、これらの二側面
から明らかとなる。諸個人は「実体」に従うかぎりでのみ自己の本質を
受け取るが、この実体は各人が自らの行為によって立てたもの、共同の
「作品」でもある。こうして精神のうちでは、《自ら立てた法則に自ら従
う》という自己規定的な関係性が成り立っている。もちろんこの《自己
立法》は、すでに明らかなように、カントの説くような、個々の自己意
識の形式的な意志規定としてではなく、諸個人の行為を介した共同的な
自己立法として成り立つものであり、しかもこの共同性は、たんなる理
念にとどまるものではなく、諸々の規範や制度として具体的に現存する
ものなのである。

おわりに

　本稿では『現象学』の「理性」章を、カントの統覚の統一を「精神」
へと刷新しようとするヘーゲルの試み、という視角のもと、カテゴリー
という概念に着目してその叙述を読み解いてきた。当該の章の導入部で
語られた「統覚の統一のみが知の真理である」という理性の確信は、ヘー
ゲルでは、いわば《精神のみが知の真理である》という立場へと刷新さ
れる。ヘーゲルが統覚の統一に代わり、あらゆる意識の制約として提示
する「精神」は、たんなる形式的な「私は考える」ではなく、むしろ共

同主観的な「我々である我、我である我々」である。このことが意味するのは、『現象学』における自我の自己同一性の問題は、カントが提示し、フィヒテも十分には抜け出せなかった自我理解、すなわち経験が成り立つ前提としての、アプリオリで形式的な自己同一性という理論構成からははっきりと脱却し、むしろ複数の自己意識間の実践関係を通じて形成される共同的な自己同一性の問題となる、ということである。以下では、本稿を締めくくるにあたり、このことの意義を二点指摘しておきたい。

　第一は、ヘーゲルにおいて、思考と現実を統一づける諸カテゴリー、すなわち諸個人の認識や行為の活動を首尾よく成り立たせるための諸々の規則や規範は、社会的な実践の所産として把握される、という点である。カントにおいて、諸カテゴリーは純粋悟性の概念として認識主体にあらかじめ具わったものだとされ、また、道徳法則は純粋理性の事実として実践主体に直接与えられているものだとされていた。しかしこのように、具体的経験に先立つ認識や意志規定の枠組みを明らかにしようとするカントの超越論的観念論の試みに対しては、ヘーゲルが後に、「水に入る前に泳ぎ方を習得しようとすること」（GW20, §10）になぞらえて批判したことが思い起こされる。つまりヘーゲルからすれば、諸カテゴリーは、諸個人の経験に先立って確定することはできず、むしろ諸個人の具体的な経験を介してはじめてその存在や妥当性が示されるのである。そしてこのことは同時に、諸々の規則が社会的所産であることを意味している。なぜなら諸個人の実践はつねに他者との共同の場面で展開され、規則はそのうちでその妥当性が試され、確証されるからである。

　第二に、諸カテゴリーが社会的な実践の所産であることは、それらが歴史性をもつことを意味している[15]。この点で注意すべきは、ヘーゲルはいかなる社会でも思考と現実を統一づけるような十全な規則や規範が働いているとは考えていない、ということである。つまり、その統一のあり方には、諸個人が安らかな信頼によって実体的なものと無媒介に一体化している「美しい」形態もあれば、そうではなく、「世界がそこに

---

(15) カテゴリーの歴史性を指摘する先行研究として次のものを参照。Cf. Gerd Kimmerle, *Sein und Selbst: Untersuchung zur kategorialen Einheit von Vernunft und Geist in Hegels „Phänomenologie des Geistes“*, Bonn: Bouvier, 1978.

存在するのは自己意識のなした作品でありながら、それが同時に〔…〕自己意識には疎遠な現実」(264/786) であるような、「疎外された」形態もありうる。それゆえ精神が自己立法的なものでありうるためには、そうした不十分な形態を内在的に克服しつつ、自己意識が現実のうちに真に「自己」を見いだすような境位へと至らなければならない。周知のように、『現象学』は構想の一貫性をめぐる問題を抱えているが、ヘーゲルが意識の諸形態の叙述で本書を完結しえず、精神の諸形態の叙述にまで踏み込まざるを得なかった要因の一つは、この点に認められるのである。

〔注記〕
　本稿は、拙著『ヘーゲルの実践哲学構想——精神の生成と自律の実現』(法政大学出版局、2021 年) の第六章の内容を縮約したものである。

『精神現象学』と『ドイツ・イデオロギー』
——物象化をめぐって

明石　英人

　ヘーゲルとマルクスは、市民社会における私益と公益の対立・矛盾に着目し、それと社会的分業における個別的・普遍的な意識との関わりを考察した。ここでは、『精神現象学』「理性」章と『ドイツ・イデオロギー』を比較してみよう。

　ヘーゲルにとって問題になるのは、個人と社会全体の関係性が、個別者の主観的意識にとってどのように現われ、把握されるかということである。それは、近代の社会的分業から生じる物象化を主観的意識が、どのように認識しているかという問題を含んでいる。欲求の体系において、利己心にもとづく特殊利益の追求が、社会全体の利益と何らかの形で結びついていること（個人性と普遍性の相互浸透）は、個別意識にも直観的に捉えられている。しかし、どのようにして個別意識は、欲求の体系の一員となり、他者との承認関係に入り、自己確証と社会認識をおこなうようになるのか。このような問題が扱われているのが、「理性」章Cにおける「事そのもの（Sache selbst）」＝社会的関係性についての叙述であると思われる。実際に他者とともに働く以前には、行為の諸契機（目的、手段、結果など）は、主観的には調和しており、社会と自分の仕事の結びつきも見通しがつけられている。しかし、行為の結果（仕事）が他者の評価にさらされると、当初の見通しは崩れる。主観的に連結していた行為の諸契機が分裂し、自己にたいして疎遠なものとして現われてくる。

　自己意識は、この予期せぬ事態を自身と社会の必然的な連関として再度把握しようとする。他者との関係において、あらゆる目標、手段といった契機は分裂したとしても、主観的にはそれぞれを普遍性と結びつけなおすことはできる。その意味で、諸契機が主語となって、「事そのもの」が「抽象的普遍者」としてそれらの述語となる。したがって、諸個人相互でだまし、だまされる関係が不可避的に生じる。特殊利益の追求に関して自己正当化が起こる一方で、意図せざる結果として普遍利益の実現が語られる。

　労働する諸個人が織りなす普遍性と自己の労働との関係性が、彼

ら自身によって十全に把握された段階ではじめて、「事そのもの」が主語となる。近代的な社会的分業が形成する普遍性は、いまだ潜在的な主語としての「事そのもの」なのである。

『ドイツ・イデオロギー』においては、社会的分業によって発展する生産諸力と交通諸形態が、諸個人にとって、制御不能なものとして自立化し、「物象的強制力」として敵対するという事態が分析されている。自分たちが織りなす社会的関係性を自分たちで把握できないという、一種の疎外・物象化状況である。だが、それは諸個人が「世界史的な定在」として現存する時代に生きているということでもある。生産諸力の「普遍的発展」にともなって、「世界交通」が現出したいま、未来社会においてそれらを制御し、獲得する主体は、労働する諸個人以外には考えられない。その意味で、プロレタリアートが「普遍性（Universalität）」の立場におかれるのである。生産諸力と交通諸形態の制御と獲得は、彼ら自身の社会的力能を自覚的に発現させることにほかならない。

プロレタリアートに対抗して、ブルジョアジーは個々の特殊利益を追求しながらも、階級的な共同利益を一般的なものとして主張し、支配関係を正当化する。そのために、ブルジョアジーは国家権力を利用する。ただし、ブルジョアジーの共同利益が、個々の特殊利益とは一致しえず、つねに流動的なものとならざるをえない以上、「一般性（Allgemeinheit）」を標榜すること自体もブルジョア階級内部の不安定な力関係のもとにある。国家の「一般性」は、ブルジョア階級内の駆け引きや妥協、譲歩といった関係性に大きく左右されるものである。

ヘーゲルとマルクスは、それぞれ視座は異なるが、私益と公益の予定調和的な一致という社会経済認識を批判し、個人性と普遍性の関係を自覚的に統御する諸個人という意味で、主体的自由（主語としての事そのもの、普遍的プロレタリアート）を展望した。この点において、二人の問題関心は大きく重なっていたのである。

第4章

人倫的行為の限界と可能性
——無限的な中項としての行為の可能態と現実態

服部　悠

はじめに

　個と普遍を結びつける中心にして全体としての「精神」を解明することが、ヘーゲル哲学全体の主題であると言って良いだろう。そのためのキーワードと目される自己意識の「相互承認」や「陶冶形成」は、行為の所産を通して実現する自他の媒介関係という文脈で論じられる。個と普遍が切り離され抽象的に取り扱われるのではなく具体的・現実的に観想される場面は、実際に行為し自らの所産へと歩み出る人間の実践に他ならない。

　ヘーゲルの行為論においては、行為者の意図に基づく「行動（Handlung）」と、行為者が必ずしも意図しなかったことをも含んで実現する「所産（Tat）」との用語法的分節が示され、両者の関係に光が当てられている。行動する意識と所産との間に生じる分裂と連続性を包括的に解明するその用語法の有効性は、近年改めて注目されているところである[1]。そしてこの行動・意識と所産との関係は、精神における個と普遍との関係に通じている。ヘーゲル行為論は、精神への問いをバックグラウンドとする。また同時に、その問いが遂行される際立った現場でも

---

[1] たとえば、ネオプラグマティストと呼ばれる論者らによる論及が挙げられる。Robert Brandom, *A Sprit of Trust. A Reading of Heagel's Phenomenology*, Cambridge: The Belknap of Press of Harvard University Press, 2019, 489; John McDowell, "Towards Reading of Hegel on Action in the Reason Chapter of the Phenomenology," in: *Hegel on Action*, London: Palgrave Mcmillan, 2010, 91.

ある。

　本稿では、こうした特徴をもつヘーゲル行為論の際立った事例として、『精神現象学』「精神」章の人倫的行為の叙述を取り上げる。後に詳論するように、当該箇所では、個と普遍が有機的に結びつく「人倫的精神」の要の位置にある「中項」として行為が規定される。具体的には、古代のポリス世界のモチーフを含意する人倫的精神において、「埋葬」という行動が個と普遍、家族と共同体を結びつけ統一する。共同体の成員である個人に対して家族が行う埋葬は、人倫的精神の統一を存立させる人倫的な使命に即した人倫的行動である。

　さらにヘーゲルは、共同体が特定の家族員の埋葬を禁止するというソポクレース悲劇のモチーフによる舞台設定により、諸要素を結びつける中項としての埋葬行動がその所産において諸要素の分裂・相互破壊に転じる事態を叙述する。人倫的行動としての埋葬により、行動した当人と人倫の全体がもろとも没落する。この当人には思いもよらなかった悲劇的運命の叙述により、ヘーゲルは個人の意図ないし意識の範疇を超える所産の性格をこの上なく際立たせその本質を炙り出す。さらに、意図に反する運命を当人が自分の「最も本来的な本質」として承認するという、表面的に見れば理不尽とも思える事態を通し、行動と所産を貫く論理の必然性を示す。中項としての行動の潜在的な本性は、行動の所産において、諸要素の有限性を破壊しながら現実化する「無限的な中項」として展開することになる。

　ただし、『現象学』全体の道程の中で人倫的精神という一段階に与えられた限界が人倫的行為を規定している点に注意しなくてはならない。個人と普遍的実在との「無媒介の統一」によって構成される人倫的精神においては、直接与えられた自分の一面的立場を否定し自己を高める陶冶形成や個として他者と向き合う相互承認といったヘーゲル的な媒介運動つまり近代的な主体性が、鳴りを潜めている[2]。こうしてみると、人倫的行為の叙述はヘーゲル行為論の有効性を十分に発揮しないようにも

---

(2) Ludwig Siep, *Aktualität und Grenzen der praktischen Philosophie Hegels: Aufsätze 1997 - 2009*, München: Fink, 2010, Georg W. Bertram, *Hegels》Phänomenologie des Geistes《 Ein systematischer Kommentar*, Stuttgart: Reclam, 2017.

思える。

　その一方で、人倫的精神の限界を体現すると同時にその解体・没落の過程でもある人倫的行為には、当該段階の限界内にある自己を否定し次の段階へと展開する精神の原動力を導く役割が帰される[3]。先行研究でも、人倫的行為の遂行を近代的主体性の先取りとして評価する解釈が呈示されている[4]。また、当該箇所の行為論の積極的意義と限界とを是々非々の仕方で抽出し人倫的精神のアクチュアリティを吟味するといった試みもなされている[5]。

　しかし、ヘーゲルの叙述は、人倫的精神の限界とポテンシャルとを重ね合わせて考える必要を示していると思われる。そこで本稿では、諸要素が対立・没落・解体を通じてこそ根源的に結びつき現実態へと至る「無限的な中項」の論理をヘーゲル行為論の核心と見定め、これをヘーゲルがあくまで人倫的精神の限界に即して叙述している通りに見届ける。無媒介の人倫の限界は、行動から所産へと展開する行為の本性を具体化し、これが後に陶冶形成や相互承認において本領を発揮する媒介の根底ないし地となる。こうした観点から、以下では人倫的行為をテキストに即して検討し、当該箇所の行為論の意義がその限界にもかかわらず、というより、その限界によって示されていることを確認する。

---

(3) 実体─主体説で語られる主体の否定性の具体相が行為の根源において目撃されるという点 は、人倫的行為の叙述の際立った意義として着目される。山口誠一『ヘーゲル哲学の根源』、法政大学出版局、1989 年、234-235 頁。

(4) 人倫的行為の遂行において人倫的精神の一面性が露呈すると同時にその一面性を反省する視点が生じ、これをもって普遍者に埋没した一面的な性格を超脱した主体性の先取りとみなされる。Christoph Menke, *Tragödie im Sittlichen*, Frankfurt am Main: Suhrkamp, 1996, 鈴木亮三「ヘーゲルにおけるオイディプス問題」『ヘーゲル哲学研究』第 19 号、こぶし書房、2013 年、155-167 頁。当該箇所を反省的な主体性の先取りと解釈する Menke の議論については、久冨がその要点と問題点をまとめている。久冨峻介「『アンティゴネ』における「共同体のイロニー」── Ch. メンケの主体形成論としてのヘーゲル悲劇論解釈から」『Scientia:Journal of Modern Western Philosophy』第 2 号、京都大学大学院文学研究科西洋近世哲学史研究室、2022 年、30-48 頁。

(5) Ludwig Siep, *Aktualität und Grenzen der praktischen Philosophie Hegels: Aufsätze 1997 - 2009*, München: Fink, 2010, 175-193.

1　議論の前提——「精神」章の行為概念の基本的特徴と人倫的精神に固有の限界

以上の課題に取り組むため、まず以下で二つの準備をする。第一に、行為と世界の実体性との連関という「精神」章の行為論の要点を把握する。第二に、「精神」章の中でも人倫的精神の段階に特有の限界である「自然による規定性」について把握する。

さて、「意識」、「自己意識」、「理性」の章を経ていよいよ「精神」が語られる章に入った当該箇所の議論では、以下のことが前提されている。すなわち前の段階で「理性」としての自己意識は目の前の世界とは対立した理想、当為として自己を実現しようとしていたが、これに続く現段階では、世界は実現された理性の現実態であるという意義をもっており、自己意識と世界は対立していない。自己が実現されるのはこの世界をおいて他ではないということが、理性の段階での意識の経験によってすでに示されているのである。こうして「理性が自分自身を自分の世界として、また世界を自分自身として意識している」(238/731) かぎりにおいて、理性ないし自己意識は「精神」である。

精神の段階での意識のあり方は、実在から断絶した形式的なあり方を脱し、普遍的な実在としての世界に所を得た内容あるものとなっており、また世界の実体性も、普遍的な実在であると同時に、個としての意識の活動を通して現実的になっている。世界から分離抽象された個を起点とする行為概念の限界を示した「理性」章の行為論からさらに進み、「精神」章の行為論は人間の実践をより具体的に考察する手掛かりを示している。「理性」章の段階では、個体の行為によって生み出されたのではなくもともと個体に与えられていた素質としての「根源的な自然」(172/309) がいかにして外的な世界において表現されるか、という問題設定がなされていた。しかし「精神」章においては、このような問題設定の前提が取り払われている[(6)]。つまり、抽象的に区別された個と普遍、内面と外

(6) Bertram は、この点に理性の段階から精神の段階への移行における「ラディカルな転換」を認めている。すなわち、理性においては「自己規定

面が事後的に関連づけられるのではなく、諸要素が常に既に有機的に連動している運動性として行為が論じられているのである。

「精神」章の序論で以上のようにその基本的なあり方が示された精神は、章の本文でA「人倫」、B「陶治形成」、C「道徳性」という順に展開していく。本稿で扱う人倫的行為が登場する「人倫」節は、a「人倫世界」、b「人倫的行動」、c「法状態」へとさらに区分される。すなわち、人倫的精神は個人と実在が有機的に結びつく人倫世界として存立するのであるが、その存立の中核である人倫的行動が人倫世界の解体をもたらす事態へと転じ、人倫の没落およびそれに続く法状態に移行する。

人倫世界において、実体・実在の普遍態は個人の恣意に左右されない「人倫的な掟」というあり方をとり、個人はこれにしたがうからこそ人倫世界において「人倫的意識」として妥当する。そしてこの掟は、諸個人の行動を通してこそ、人倫的実在として現に威力を保つ。このように意識の実践と実体が活きた連動を示す点は、「精神」章全般に通底する特徴に当てはまる。しかし人倫的精神には特有の限界が設定されており、これが解体・没落の顛末をもたらす。そこで次にこの限界の内実を把握することにする。

この限界は、「自然が男女両性を各々の掟へと割り当てる」（252/760）ことによるものである。人倫世界においては、男性が司る公共的な共同体の領域を規定する「人間の掟」と、女性が司る家族の領域を規定する「神々の掟」という二つの掟が、二つの普遍的な「人倫的実在」として並存する。両実在が相互の存立を支え合いながら結びついた統一体が、人倫的な実体の全体的本性である。しかし意識は男性か女性のいずれかとして、両実在のうち一方にのみ帰属する。そしてこの男女の区別・配分は、自然によって一方的に規定されるものである。

このように自然によって決定的に制限された人倫的意識のあり方を、ヘーゲルは「性格（Charakter）」と呼ぶ。自然によって割り振られた性格として常に各自の実在・掟に埋没している人倫的意識は、実在・掟とい

が実践の前提である」ことが原則であったが、この原則が崩れ去り、精神の段階ではむしろ「自己規定は実践という枠組みそのものの中でのみ成立する」ことになる。Georg W. Bertram, op. cit., 160.

う普遍者から個として距離を取って生存しえない。また性格は自然に与えられた一面性に常に支配され、自分の掟を相対化する反省的視点を持ち合わせない。人倫世界は等しく本質的な二つの実在が並存しつつ互いに補い媒介しあって成立しているのだが、性格としての各々の人倫的意識は、区分された二つの領域のうち一方だけに埋没しているため、二つの実在の並立と媒介関係を知ることがない。

　人倫の段階における「性格」は、「理性」章の「根源的な自然」とは異なり、実は他の性格との媒介関係を反映した構造をもっている。しかしやはり各性格の自然的な一面性のゆえに、媒介関係が自覚されることはない。こうした状態とは逆に、他者との媒介関係が顕在化し、それを意識が自覚するに至る場面が生じる時には、意識はもはや自然によって一面的に規定された存在ではなくなる。つまり自然的な配分・区別によって規定された人倫的精神はもはや解体される。こうして人倫は没落し、性格に縛られない個人の「人格」が登場する「法状態」を経て、「陶冶形成」、「道徳性」へと向かう精神の展開の必然性が示される。

　以上のことを踏まえ、以下では人倫的行為の叙述の具体相を分析する。上述のように、人倫的精神は、そのことが意識によって自覚されるにせよされないにせよ、両方の実在の媒介関係によって成り立っている。人倫的意識の行為は、まさにその媒介関係を成立させる「中項」として要の位置を占める。先取りして述べると、本稿の２節から３節ではこの中項としての働きが無自覚に遂行される行動の局面を論じる。これに続き、４節から５節では、この働きが行動の所産において顕在化し意識が自覚するところとなる局面を論じる。前者の局面から後者の局面への移行においてヘーゲルは、「無限的な中項」として現実化する行動の本性を、意識と読者である我々とに対し提示する。そしてこれが以降の精神の展開を駆動する軸となる。こうして、人倫的行為が有する決定的意義が確認されるはずである。

２　「埋葬」という「行動（Handlung）」——個と普遍の中項

　さて、まず「精神」章Ａの序文の冒頭では「精神はその単純な真実態においては意識であり、自分の諸契機を互いにばらばらにする」（241/737）と述べられる。ヘーゲルによれば、意識には、意識する自分自身と意識される対象との区別をはじめとする諸々の区別を立てる働きがある。「自分自身のうちに区別を立てる」（241/737）ことは、「意識の本性（Natur）」（291/737）である。さらに、当該箇所の精神が現に存立するのはその「本性」が「行動」として現れることによってであると論じられる。すなわち、行動においては、行動する意識の「個別化した現実態」と行動によって実現されるべき目的としての「普遍的な実在」とが、互いに分離・対立する要素として区別される。こうして当該箇所の精神は、意識の行動を通して普遍と個との両側面に分かれて現れることになる。しかしその直後には、行動は分離・対立した諸契機を結びつける働きでもあると論じられる。ヘーゲルによれば、行動する自己意識は互いに対立した普遍態と個別態とを結びつける「無限的な中項」（240/737）である。行動は「ただ思考されていた実体」を「実現する」。この「実現」とは、「個別化された現実」を普遍的な「目的」へと高めると同時に「目的」を「現実」へと引き下ろし、両者を結びつけることであるという。

　このように、行動における個と普遍の分離・対立と結びつきとの両側面が、「精神」章 A.a「人倫世界、人間の掟と神々の掟、男性と女性」から b「人倫的行動、人間の知と神々の知、罪責と運命」にかけて叙述される人倫的精神の構造と展開を規定する。

　しかしこれから詳論するように、a と b の両局面には決定的な違いがある。すなわち、a では、行動する人倫的意識自身が自分の行動の本性を意識することはない。これに対し b では、分離・対立が、「行動することの展開された本性」（255/765）として、当の人倫的意識がこれを自覚するに至るような仕方で顕在化する。この時、「自己意識は自己と実体との統一を自分の所業（Werk）として、したがって現実態として生み出す」（241/737）。つまり、自己意識は顕在化した分離に直面しつつ、自分の所業として統一を自覚的に生み出すことになる。

この引用文で「現実態」と表現されている点は重要である。aでは潜在的であった対立と結びつきとの両側面がbで顕在化・現実化するという展開は、人倫的精神の叙述の基軸である。さらに本稿の結論に関わる話まで先取りするならば、この顕在化・現実化において件の対立と結びつきの在り方が根本的に転換する点こそ、人倫の行為論の要点である。顕在化・現実化という行為の核心をなす事態はいかなるものであるか。これを理解するために、その具体相をまずaの議論から跡付けていく。

　人倫世界の叙述の基本的な枠組みを確認することから始めよう。その枠組みとは、男女両性の自然的な区別を通して語られる個別と普遍との関係に他ならない。すなわち、普遍的な実在は「人間の掟」・「共同体」と「神々の掟」・「家族」とに二分され、行動する個としての意識は共同体を司る男性と家族を司る女性とに二分される。この両性の領域の区別が、人倫世界の構造を規定する。そしてヘーゲルによれば、共同体—男性、家族—女性の二つの領域において、各々個と普遍が結びつく「推論」が成り立っている。二種類の普遍的な人倫的実在は男女各々の意識の個体性において存立・現実態を得ており、逆に男女の個別者は掟に忠実に生きることによって普遍的に妥当する人倫実在の内に所を得る。

　さらに、共同体と男性、家族と女性、各々を結びつける二つの推論は、互いに合一することによってこそ、各々が中項を得て推論として成立するという。すなわち、「男性と女性が結びついて合一することが、全体の活動的な中項と場（Element）をなしている」（250/757）。男女どちらの領域にせよ、その領域において普遍的な実在と各個人とが結びつくためには、他方の領域と合一し補い合うことが必須なのである。具体的には、女子が「神々の掟」にしたがって埋葬を施すことによってこそ、共同体の成員として命を賭して戦う男性の死が共同体への普遍的な奉仕として確証され、共同体における個と普遍の結合が成立する。また逆に、「人間の掟」にしたがう男性が共同体の成員として普遍的なものに身を捧げることによってこそ、彼を生み送り出し埋葬する女子の活動が人倫的な使命となり、個が根付く領域である家族に人倫的な普遍性が確証される。

　そしてこの両極の合一・中項という核心が形成されるのは、女性による「埋葬」という「行動」においてに他ならない。ヘーゲルは埋葬について、「実体に即す、つまり全的かつ普遍的である」（243/743）という「人

倫的行動」の条件を完全に満たすと同時に「個別者に対する積極的な人倫的行動」（245/746）でもあるという際立った特徴を見出す。さらに埋葬行動は、人間が個人として生まれ死んでいかざるを得ないという「自然的否定性」（244/745）ないし「それ自体において慰めも和解も欠いている抽象的否定性」（244-245/745）を制御し、人倫的な必然性へと結び付けるのだと論じられる。

　ヘーゲルの叙述によれば、死とは「それへと個別者としての個別者が達するところの普遍態」（244/744）である。生者がその都度の生の現実の個別的な諸局面の「系列」（244/744）の中で現存するのに対し、死者はそれを脱して「単一の普遍態」（244/744）に移行している。しかし、そのように個別者として現に存在することから脱し普遍態へと移行する際には、個別と普遍との間の断絶ないし分裂が伴う。共同体の成員として命を賭す男性の死は、彼があくまで個別者としてその都度の状況の中で活動した限り、それが普遍的なものを担う所業として成立するかどうかは「偶然的」である。さらに、死んで普遍態へと移行した個別者は、死んでしまっているのだから、行き着いた普遍態において自分を意識することができない。こうして、普遍的なものに殉じ人倫的必然性へと高まったはずの男性の死には、自然的な偶然性の産物であるという「外観（Schein）」が付きまとう。

　この外観から自己意識を救い出し、個と普遍の結びつきが保証される人倫的な必然性へと迎え入れるのが、死者に施される埋葬である。死における件の移行が単に自然の中で進行する場合、死んだ個別者は自然的な「諸元素」や「下等な諸生命体の諸力」（245/746）に分解・破壊されることにより、普遍の中で保存されることなく単に否定される。これに対し、埋葬は彼を祖霊という具体的普遍態として確証する。つまり、埋葬された者は個別者としての現存から普遍的な存在へと移行するが、それでいて、共同体の祖霊に列せられる一員として「普遍的な個体性」を保つことになる。このようにして、男女双方の領域を結びつけ普遍と個別とを結びつける核心的な働きが、埋葬という行動に帰されるのである。

3 自然による無媒介の統一 ——個別者の埋没

このように、人倫世界においては二つの実在が互いの威力を生み出し維持している。これについてヘーゲルは A.a の末尾の段落で次のように表現している。「たしかに我々はこの世界が二つの実在とそれら各々の現実態へと分かれているのを見る。しかし、二つの実在の対立はむしろ一方を他方によって確証すること（Bewährung）であり、また二つの実在が真なる実在として無媒介に触れ合うところ、つまり二つの実在の中項、場は、両者の無媒介の相互浸透である」(250/757)。両方の実在の実在性を成立させるこの「中項」、「場」、「相互浸透」は、埋葬という「行動」によってもたらされる。「行動」が占めるこの決定的な位置づけを前節で確認した。

ところで、件の「相互浸透」は「無媒介」であると引用文で述べられている。この「無媒介」という規定は「自然的な区別」と関連付けられ、人倫世界の構造を決定づける。またこれらの規定は、人倫世界に「個別的な個体性」が欠如しているという事態に結びつく。

まず「無媒介」と「自然」との関連については、「人倫世界の両方の普遍的な実在は、各自の規定された個体性を、自然的に区別された自己意識においてもつ。なぜなら、人倫的精神は、実体と自己意識の無媒介の統一だからである。——この際の無媒介態は、実在と区別の側面からすれば、同時に自然的な区別の定在として現れる」(248/753) とされる。すなわち、人倫世界においては男女の自然的な区別によって二つの領域がはっきりと区別されており、男女各々の意識はこの自然的区別によって与えられた限界内に制限されている。したがって、二つの実在が並存しつつ互いに補い合って成立するという媒介関係は「無媒介の相互浸透」の内に埋没し、基本的に意識によって自覚されることがない。

このように一つの実在に埋没する人倫的意識の性格は、さらに「個別的な個体性」の欠如を示す。すなわち、「精神」章 A.b に入って最初の段落では、A.a の議論を振り返り、「この人倫の国において、個別的な個体性は、一方の側では普遍的な意志として、また他方では家族の血縁として妥当するにすぎない。つまり、「この」個別者は、ただ非現実的

な影として妥当するにすぎない」（251/758）と述べられる。人倫的意識の行動は、個別者が何か個人的に目的を立てて為すのではなく、普遍的な掟と一体化している性格によって決定づけられている。女性が個人である家族員を弔う埋葬行動にしても、「人倫的な行動の内容は実体的であらざるをえず、言い換えると、全的かつ普遍的なものとしてあらざるをえないので、この行動はただ全的な個別者にのみ、言い換えると普遍的なものとしての個別者にのみかかわる」（243/743）ことになる。埋葬行動によって確証され妥当する祖霊の「普遍的個体性」は「この個別者」の個別的個体性ではない。人倫世界において個別者が妥当するとしても、それは現に生きている生者としてではなく「非現実的な影」（251/758）、「死別した精神、幽霊（der abgeschiedne Geist）」（257/771）としてのみである。

　二つの人倫的実在が分かちがたく合一する人倫世界の調和的な日常において、両実在の区別は表面化せず、あくまで潜在的なものであるにとどまる。また人倫的意識は実在に埋没して一体化しており個別者として独立することがなく、個別と普遍の区別も現れない。こうした事態は「一重の（ein Sache）無媒介態」（254/763）と表現される。A.a でのヘーゲルによる叙述は、こうした「一重の無媒介態」としての調和的構造の中で「行動」が中心的役割をなすことを示している。しかしこの段階では、当の人倫的意識は統一される諸要素の区別を意識することがなく、したがって統一をもたらす自分の行動の働きを知る由もない。これに対し A.b では「人倫的な自己意識は自らの所為（Tat）において現実的な行動すること（Handeln）の展開された本性（Natur）を経験する」[7]（255/765）と述べられるように、前の段階では潜在的なものにとどまっていた「本性」が展開され現実的に経験される。その時に、行動する人倫的意識は個別者としての自己を知ることになる。

---

(7) 前の箇所では「所産」と訳した Tat というドイツ語を、ここでは「所為」と訳した。本稿 4 節以降で詳論するように、ヘーゲルは行動する意識と行動の所産との独特の関係を語っており、そのニュアンスに焦点を当てる上ではこの訳語が適当であると思われる。詳しくは本稿 4 節および注 8 を参照されたい。

4 「所為（Tat）」における分裂・二重性——現実の襲来

　人倫世界では個別者の個体性が埋没している点に関して「「この」個別者は、ただ非現実的な影として妥当するにすぎない」(251/758) と述べられている箇所を先に引用した。これに続く文では、次のように述べられる。すなわち、「まだ何らの所為 (Tat) もおかされていない。しかし所為こそは現実的な自己である」(251/758)と。このように A.b では「現実的な自己」が登場する局面への展開がなされる。そしてこの展開は、「自己意識は自分で自己として所為へと歩み出るのであるが、まさにこの時に自己意識は一重の無媒介態から立ち上がって、二つに分裂することを自分で定立する。無媒介の真理の一重の確信であるという人倫の限定を、自己意識は所為によってやめにして、自分自身を、為し働きかけるものとしての自分とこれに対立し否定的な現実との二つに分離することを自分で定立するのである」(254/763) と表現される。

　「現実的な自己」や「二つに分裂すること」という新たな事態が、「所為」という、行為に関する「行動」とは別の用語をもって語られている。金子武蔵の邦訳[8]に倣いここでは「所為」と訳した Tat というドイツ語を辞典で引くと、「行い，行為，行動」、「実行」、「所業」、そして法律に関する用語として「犯行」[9]という意味が記載されている。

　「所為」には、当人が実行し、当人の責任が問題となりうる「犯行」というニュアンスが含まれる。それでいて、先ほどの引用文にある「為し働きかけるものとしての自分とこれに対立し否定的な現実」との「分

---

(8) 金子は翻訳の訳注で次のように説明している。「要するにタートというのは、語義のうえでは為されたもの Getanes のことであるが、このさいの為されたものは責任が問われるところの、また問われる限りのものである。ところで所為（ショイ）という語は為されるところのものを意味すると同時に「せい」と訓ずるときには、この為したものに責任を帰することを意味しているので、以下においてはタートを所為、為されたもの、実行などと訳したが、この「所為」はギリシア語では αἰτία にあたるだろう」。ヘーゲル『精神の現象学　下巻』金子武蔵訳、岩波書店、2002 年、1190 頁。

(9) 国松孝二（他）編『小学館独和大辞典　第二版』、小学館、1998 年。

裂」という表現が示すように、この所産としての「所為」は、行為者自身から独立した現実を含意する。「完遂された所為は人倫的意識の見解を転倒させる」（255/767）と語られるように、所為は行為者自身が思いもよらない仕方で現象しうるのである。

　そして A.b における所為の展開は、ソポクレースの悲劇『アンティゴネー』で描かれる二つの掟の対立に即して語られる。劇でポリス共同体の主クレオーンは、ポリスに牙をむいた敵であるポリュネイケースの埋葬を禁ずる命令を、自分が準拠する人間の掟にしたがって下す。一方アンティゴネーは、兄であるポリュネイケースの埋葬を、神々の掟にしたがい断行する。この時、両者は自分が準拠する掟だけがもっぱら人倫的に正当なのだと確信している。しかし二つの掟はどちらも人倫的な必然性をもつ本質的・実在的な掟である。したがって両者の抗争は、一方の人倫的な掟を遵守する行動の所為により他方の掟が侵害される事態を意味する。そこで侵害された掟が「敵意を抱き復讐を要求する実在」（255/765）として立ち上がることにより、初めて人倫的意識は自分が属していない方の掟の実在性に直面する。つまり、二つの実在が並存しているという人倫の二重性があらわとなる。

　このことについて、ヘーゲルは「性格は、一方ではそのパトスないし実体の側面からすると、一方の威力にのみ帰依している。他方で知ることの側面からすると、一方の性格も他方の性格と同じように意識されたもの（知られたもの）と意識されていないもの（知られていないもの）とに分裂している」（256/769）と述べている。人倫的意識ないし自己意識の一面的な知、つまり人間の知には、それが知り及ばない無知の領域が付きまとうのである。分裂をもたらす所為は、実在の二重性を顕現させるとともに、人倫的意識の一面的な「知」とこの二重性とのギャップとして展開する。A.b のタイトルに「人間の知と神々の知」とあるゆえんである。

　このようにして、行動する人倫的意識の確信ないし知の一重性は、所為によって顕現した現実の二重性に対置される。しかし人倫の一重性を確信して人倫的に行動するという人倫的意識の「決意」そのものが、疎遠なものとの対立つまり二重性を顕現させるゆえんを含意している。したがって、「自己意識は知としては自分の為すことについての知と無知

とに分かれるが、この知とは無知でもあることにより一つの欺かれた知である」(241/738) ということになる。

　しかし、この人倫的意識の一面的な立場は単なる恣意的なものではなく、人倫的意識と実体との「無媒介の統一」にその根拠をもつ。「意識にとってはただ一方の掟だけが実在である」ということは「人倫的意識の権利（Recht）」だと表現される。すなわち、「人倫的意識は絶対的な権利をもつことになるが、この権利は、この意識が人倫的な掟にしたがって行動する限りにおいて、行動というこの現実化のうちにはただこの掟自身を成し遂げることがあるだけであって、これ以外のなにか他のことを見出すはずはなく、所為が人倫的に為すこと以外の他のことを示すことはないということである」(253/762)。たしかに人倫的意識は人倫の二重性を知らず一面的な立場で行動し、自分が属していないもう一方の掟を侵害するという犯行に及んでいる。しかしそれでもなお、人倫的意識はあくまで人倫的な必然性に即し人倫的に行動したこともまた事実なのである。

　この「人倫的意識の権利」が固持される時、それに対し、現実において二つの掟に分かれ二重の仕方で存在するという「実在のもつ神的な権利」(253/761) が対立する。人倫的意識は、所為において他方の掟を侵害すると同時に、実在の神的な威力との対立に突入しているのである。

5　「為すこと（Tun）」の「罪責」
——可能態と現実態の重なり

　このようにして、いまや両実在の分裂・対立、そして実在と意識との分裂・対立が所為において実現している。先には人倫的行動が「精神」章 A.a で諸要素を結びつける中項として働いていることを確認した。すなわち、人倫的行動は諸要素の区別を包みこむ無媒介の統一の要であった。これに対し、A.b で語られる所為はこれまで潜在的であった区別を徹底的な対立として顕現させる。しかしこの際、a で論じられた中項としての人倫的行動とは無縁の新たな事態が持ち込まれるわけではない。そうではなく、所為の局面で経験されるのは、あくまでそれまでに論じ

られてきた中項としての「行動」の「展開された本性」(255/764) である。

　この展開について、ヘーゲルはaからbへと移った最初の段落で、「この世界において秩序と一致というあり方をした二つの実在として現れたものは、一方が他方を確証し補完するのだが、こうしたあり方は、所為によって、対立したものどもが互いに入れ替わる一つの移行となる。そしてこの移行においては、対立した両者は互いを確証するどころか、むしろ自らを自ら自身の空しさとして、また相手の空しさとして示すことになる」(251/758) と述べている。

　すなわち、所為における対立は、アンティゴネーとクレオーンが各自の性格によって定まった立場を貫くことで両者およびポリス全体の破滅に至る悲劇に即して語られる。さらにaの議論で示されたように、性格としての人倫的意識の行動が各々の実在を実現しえるのは両方の掟が補い合う合一ないし相互浸透の関係によってであるのだから、他方の掟の侵害は自己破壊でもあることになる。つまり、各々の掟の完遂により当の掟自身の根本にある矛盾が顕在化し、解体に至るという事態が生じている。こうして、以前には「相互浸透」・「無媒介の統一」という仕方で諸要素を結びつけ「確証」していた中項としての行動は、所為において各要素が相互移行を通して解体し合う「無限的な中項」としての本性を示す。

　自分が属する実在との一致に基づいて確証するはずであった人倫的行動がこのように破壊・否定に転じる事態は、人倫的行動の「罪責」として語られる。すなわち、ヘーゲルは「人倫的行動はその内容からいって犯行の契機を自分でそなえている。なぜなら、この行動は両方の掟が両方の性に自然的に配分されていることを廃棄せず、かえってむしろ掟への二つに分かれていない方向として自然的な無媒介態のうちにとどまりつつ、為すこと (Tun) としては、実在のただ一方の側面だけを掴みとって他方の側面に対しては否定の態度をとるという、言い換えると、これを侵害するという一面性を罪責 (Schuld) となすものだからである」(254/764) と語っている。ここで「為すこと」という語は、可能態としては一重であった人倫的行動の性格を所為の二重性という現実態へとつなげる働きを示している。すなわち、人倫的意識は性格として自分が確信している一重性に即し人倫的に「行動」する。しかし同時に、人倫の

二重性という現実においてそれが「為すこと」は他方の掟の侵害であり、そこに罪責がある。

　このように、性格の一重の在り方に即した「行動」と、分裂・対立つまり二重性としての「所為」とが、「為すこと」において重なる。人倫的意識の権利と実在の権利が対立するといっても、二つの権利は表裏一体である。一重性を確信する人倫的意識の権利の貫徹によってかえって二重の仕方で存在する実在の権利が顕在化するという仕方で対立が生じるのである。たしかに自然に規定された一面的な性格としての人倫的意識にとって、分裂・対立という所為の現実は思いもよらないものである。しかしそれにもかかわらず、分裂・対立は人倫的意識の為すことに属し、人倫的意識自身の所為（せい）である。

　こうして自分と両実在をもろとも没落させる罪責を人倫的意識は否認しえない。ヘーゲルは「自己意識は所為によって罪責になる（wird zur Schuld）。なぜなら、この罪責は自己意識にとっては自分の為すことであり、しかも為すことは自己意識にとって最も本来的な本質だからである」（254/763）と語り、アンティゴネーにも「私たちは苦を受ける。それ故に私たちが誤ったこと私たちは承認する」（256/768）と語らせる。

　この事情について、自己意識が罪責を承認せざるを得ないのは、性格として実在との一体性に即して行動したがゆえに実在の分裂という現実からも自分を切り離せないからである、と捉えるのは間違いではない。しかし「為すこと」が「最も本来的な本質」であるという文言は、事態のさらに深層を語っている。すなわち、「為すこと」は、性格と人倫的実在の無媒介の統一という次元にとどまらず、両実在の媒介関係という人倫的実体の根源的かつ全体的な本性を現実化させているのである。性格としての人倫的意識は自分の属する一つの人倫的実在だけを指向し行動する。それまでは、他の実在との媒介関係は「無媒介の統一」に覆蔵され意識があずかり知らない可能態にとどまっていた。これに対し所為の罪責は、両実在を実在たらしめる根源である媒介関係を一挙に現実化させる。

　このように人倫的意識の罪責と相即し、相互破壊、自己破壊、空しさという否定的な事態として実現する人倫的実体の現実化の運動性を、ヘーゲルは「運命」、「必然性」と呼ぶ。すなわち、潜在的な統一性から

二重化・分裂へと歩み出て、さらにこの二重のあり方を否定し真の単一態へと還っていくという「恐ろしい運命の否定的な運動、言い換えれば永遠の必然」(251/758) として人倫的実体の本性が顕現している。罪責の承認とは、自分の為すことにおいて現実化している実体のこの否定性を自分のものとして自覚することである。

　人倫的意識は運命として現実化した実体の「否定的威力」(256/769) に呑み込まれる。しかしその際には、両方の人倫的実在が否定され、個別者の自己は普遍的実在への埋没を脱し「自分の内面から現実へと歩み出ている」(261/777) とされる。人倫世界の中で個別者は「自己を欠いた死別した精神 (der selbstlose abgeschiedene Geist)」(261/777) であったのだが、いまや個別者の自己がその非現実態を脱している。さらに端的に、「空しい運命というかの必然性こそはまさに、自己意識の自我に他ならない」(261/778) とも語られる。

　たしかに、この段階で出現した自己が独立した自己として没落の運命を乗り越えて生き残るわけではない。自己を露開させた運命はあくまで性格としての人倫的意識が実在との一体性のもとに為した人倫的行動の所為であり、人倫的意識は二つの人倫的実在もろとも没落せざるを得ない。しかし人倫的意識は、まさに自分の為すことにおいて没落すると同時に、一つの普遍的実在による制限を脱した自己に目覚めるのである。こうして人倫世界全体の没落に続いて A.c で語られる「法状態」では、「人格」としての意識が男女いずれかの自然的な規定性に制限されない自己として妥当することになる。

おわりに

　最後に、人倫の没落によって帰結した法状態の特徴を踏まえた上で、人倫的精神の行為論の意義を改めて振り返ることにする。

　法状態では、個人が自然の規定性に左右されるのではなく理性的な行為主体として自らを認識しうる社会空間が成立し、ここに「近代」の出

発点が語られているとも解釈される[10]。しかし各個人が普遍的実在において所を得ていた人倫的実体の崩壊後の法状態は、アトム的個人としての人格が普遍的なものから切り離された「没実体性」(263/783) をその特徴とする。各個人の平等な人格が妥当するとはいっても、その人格は現実世界の内容から退いた「確信」(261/777-778) であるにとどまり、それが現実においてもつ妥当性はあくまで形式的なものである。

　この点についてヘーゲルは「〔人倫世界における〕自然によるこの規定性 (Bestimmtheit) は定在のうちに定立されるならば制限であるが、しかし同時に否定性一般であり、個体性の自己である。そしてこの規定性が消滅する時には、精神の生命、全ての成員において自己を意識していた実体が喪失されている」(260/776) と述べている。精神の自己が、自然による制限としての規定性を離れてそのままただちに実体性を保つわけではない。むしろ自然によって制限された普遍的実在を解体する自己は、当初は潜在的であった実在との一体性・媒介を現実化する行為においてこそ顕現するのである。そして本稿では、このように自然によって男女いずれかの領域に制限された規定性が普遍的な実在を解体する自己に転じる事態を、行動—所為の展開において目撃した。

　もう一度、本稿の議論を整理しよう。人倫的行動は二つの実在ないし個と普遍が結びついて互いを確証することを成立させる「中項」であった。「精神」章 A.a の議論によれば、この中項は当初、自然によって与えられる両性の区別と統一とがともに意識によって自覚されず潜在的な在り方のまま重なる「無媒介の相互浸透」(250/757) であった。しかしこの段階では、両方の実在の表裏一体性ないし媒介関係は自然の無媒介性のうちに埋没している。この事態は、各々自然による規定性に制限された両方の実在が「互いに没交渉に存立している」(256/769) 状態であるとも表現される。つまりこの時点では中項としての行動の本性は潜在的なものにとどまり、それは両極の区別・制限を温存したまま外面的に結びつけるにすぎない。

　これに対し、b において行動が遂行され所為に転じた場面では、両極

---

(10) Terry Pinkard, *Hegel's Phenomenology: The Sociality of Reason*, Cambridge: Cambridge University 1994, 150.

の媒介関係を意識自身が自覚する形で中項が現実態へともたらされる。その現実態とは、両極と自分自身とを解体・流動化させながら結びつける「無限的な中項」（240/737）に他ならない。それは「対立したもの同士が互いに入れ替わる一つの移行」であり、両者の「空しさ」の証示である。すなわち、現実化する無限的な中項としての「現実的な自己」は、人倫的精神を構成する諸項が対立関係の中で互いに他方を破壊しつつ自分自身を破壊する運命として登場するのである。また運命を実現する人倫的意識の為すことは実体の根源にある媒介関係の現実化と相即し、無限的な中項の論理は行為する自己と実体との連動性を規定していることも明らかになる。

　両極と自分自身とを解体・流動化させながら結びつける無限的な中項は、この箇所においては顕現すると同時に没落・消滅する。無限的な中項としての精神が定在をもって妥当するのは、後の段階で主題化される「陶冶形成」を経なくてはならない。しかし本稿で明らかにしたように、没交渉な両極を外面的に結びつけるのではなく両極と自らを解体しながら媒介を現実化する無限的な中項の論理が、人倫的行為の叙述を通して示されている。さらに、その現実化は行為の遂行によってこそ経験されるという点を、ヘーゲルのテキストの中でも際立って人倫的行為の叙述が明らかにしている。

　人倫的行為にあっては、その遂行は自然によって与えられた限界に規定されながら行われざるを得ない。自然の制限を克服した形で陶冶形成や相互承認を成立させる行為の在り方の追及は、人倫の没落以降の『現象学』の叙述の課題であり、またヘーゲル哲学を解釈する現代人にとっての課題でもあるだろう。少なくともその課題の答えが示されるのは人倫的行為の叙述の中ではない。しかし、精神の現実において行為が占めている決定的な位置を示し、またそこに生じる根本的な課題を課題として呈示する人倫的行為の叙述の意義は、決して既に消化済みのものではないと思われる。

第5章

『精神現象学』における「犠牲」の意味

——「宗教」章を中心に

小島　優子

はじめに

　犠牲とは、通常、目的のために大切なものを断念して損失を蒙ること
と捉えられている。普遍的なもの、全体性のために何かを断念するのだ
が、その際に、自分自身や自分が価値を見いだすものを断念することに
よってむしろ普遍的なもの、全体性が生かされることになる。すると、
犠牲とは、個別的なものと普遍的なもの、全体性との関係性が把握され
たときになされるものだと考えられる。個人が自分のことだけを考えて
いる集団では、犠牲は一見すると生じていないように見える。しかし、
個人が自らの目的を成し遂げるためにはむしろ普遍的なものや、全体性
との関わりの中で、損失を厭わずに何かを断念しなければならないこと
に気づく、そのときに「犠牲」がなされる。

　一般的には犠牲とは自分から自分を切り離すことである。しかし、ヘー
ゲルの『精神現象学』においては、自分から切り離されたものもまた自
分に関係づけられたものとされ、それゆえに自分自身として捉えられる。
するとヘーゲルにとって「犠牲」とは、自分から切り離されたものとし
ての自分が再び自分へと還帰するという双方向性を取るものではないだ
ろうか。そして、『精神現象学』「啓示宗教」では、実体の主体化が神の
受肉とイエスの犠牲死という表象のもとに論じられているために、この
「犠牲」の二重構造が明瞭に現われているのではないだろうか。

　このように考えるのは、フランクフルト時代のヘーゲルは、「キリス
ト教の精神とその運命」草稿では、人間的な生という有限性を断念し分

裂状況から離脱する過程を描き、それをイエスの犠牲として捉えていた[1]。それに対して、『精神現象学』では、イエスの犠牲死は自分から切り離されたものが再び自らへ還帰するという二重構造において、実体の主体化が理論づけられていると考えられるからである。

　本稿では、『精神現象学』における「犠牲」について考察したうえで（1節）、「宗教」章の位置づけを確認する（2節）。次に「主体」の意味を検討し（3節）、「B　芸術宗教」における「供物」を考察する（4節）。さらに、「C　啓示宗教」における「啓示」の意義を明らかにし、イエスによる贖いという犠牲（5節）について検討する。

1　『精神現象学』における「犠牲」について

　『精神現象学』における「犠牲」は、広義には、意識の各々の段階が新たな段階を認めるために自らを否定し、あるいは犠牲にしなければならない、という意味に捉えられる[2]。ブランダムは、ヘーゲルにおける「経験」（Erfahrung）の過程は、自己認識と「犠牲」の形態として理解されるべきだと主張する。歴史的に次々と継起する自己認識を伴う自己―変容を通じて、諸要因は後に犠牲にされて、各々の局面は前の局面の上に形成される[3]。ブランダムは、広義の犠牲を捉えており、『精神現象学』における意識の段階が新たな段階に進む過程において、常に「犠牲」が必要だとみなしている。「意識」章から「VI　精神」章まで意識は自分自身の思い込みを廃棄するが、この廃棄も、ブランダムの言うように、一種の「犠牲」（広義の犠牲）と解釈できるだろう。

　まず、『精神現象学』において広義の犠牲、意識の段階が新たな段階に進む過程が「犠牲」と捉えられるのは、精神のその都度の「外化」

(1) 小島優子「ヘーゲルにおける「贖い」の思想」『立命館哲学』第 29 集、2018 年、1 -26 頁参照。
(2) Cf. Paolo Diego Bubbio, "Sacrifice in Hegel's Phenomenology of Spirit," in: *Britisch Journal for the History of Philosophy*, 20(4), 2012, 800.
(3) Cf. Robert Brandom, "Structure of Desire and Recognition," in: *Philosophy & Social Criticism*, 33 (1), 131.

（Entäußerung）には「犠牲」という意味があるからである。すなわち、「絶対知」章で、「自らの限界を知ること」は、自らを犠牲にすることを知ることであり、この際の「知を伴う犠牲」が「外化」だとヘーゲルは述べている。

> 知は自らを知っているだけでなく、自分自身を否定するもの、言いかえれば、限界を知っている。自分の限界を知ることは、自らを犠牲にすること（aufzuopfern）を知ることである。この犠牲（Aufopferung）が外化であり、ここにおいて精神は、自ら精神になることを自由な偶然的な出来事の形式で表現し、自らの純粋自己を自らの外部にある時間として、また自らの存在を空間として直観する。（433/1163）

　それに対して『法哲学』「第一部　抽象法」「第一章　自分のものとしての所有」「c 所有物の譲渡」において entäußern が所有物を「譲渡する」（GW14-1, 70）という意味において用いられる場合には、Entäußerung は「犠牲」の意味を持たない[4]。なぜならば、法的物件の「譲渡」は「外面性」（ibid.）を持つものに対してのみ行うものだからである。例えば「人格性の譲渡」（GW14-1, 71）によって奴隷になることがあったとしても、「人格性」は本来「譲渡できないもの」（GW14-1, 70）であるのだから、誰でもこの契約を取り消す権限を持つとヘーゲルは述べている。このように考えると、『精神現象学』の「外化」は精神の内面的なものを現実にもたらし、自分自身から自分自身を〈切り離さなければならない〉ために、「外化」は「犠牲」という意味をもつと捉えられる。例えば、財産を譲渡した場合に、財産は人そのものではない。しかし、人が自身の思想信条を表明して「外化」した場合には、その思想信条が他者によってどのように理解されるかに関わり、その人の評価につながる。このために、表明した人は自分の存在を犠牲にし、その代償として世間という普遍的なものに貢献することとなる。

　次に、『精神現象学』における狭義の「犠牲（Aufopferung）」について

---

(4) 以下、小島優子『ヘーゲル　精神の深さ』知泉書館、2011 年、60 頁以降参照。

考えてみよう。この場合に「犠牲」は、①社会的な場面において個人が自らを「犠牲」にするという意味、および、②宗教的な場面においてイエスによる犠牲死として議論される。すなわち、「宗教」章では「外化」が聖書の物語という表象の形式において現れてくるために「犠牲」という形をとっている。

　①社会的な場面については、「理性」章「B　理性的な自己意識の自己自身による実現」節で議論される。目標とする人倫の国では、実在は個別的なものを「犠牲にし（aufopfern）」（194/355）、そのことによって「普遍的な実体」（194/355）を自らの「魂」（194/355）とする。そして社会の中で個人はそれだけでは自立することができず、結局のところ普遍的なものへの従属のうちにあることが露呈される。具体的には、「b 心胸の法則と自負の錯乱」では、自己意識は高貴な目的を抱いて、人類の福祉を実現しようと試みる。しかし、世間の法則とは、各人の理想や意図が満たされたものでなく他の人の法則が満たされたものであることを見出すことになる。自己意識が自らの心胸の法則を実現する中で経験するのは、意識の個別性は「犠牲（aufopfern）」にされざるをえないということである。しかしこの箇所では、「悪しき普遍」の帰結としての「犠牲」が議論されているにすぎない。「理性」章では自己意識は普遍に従属するものとされているために、個別を犠牲にせざるをえないと考えられる[5]。

　また「理性」章「B　理性的な自己意識の自己自身による実現」「c 徳と世路」では、「徳は個体性を犠牲（Aufopferung）にすることで善を現実にもたらすことによって存続しようとするが、現実という側面は、それ自身個体性という側面に他ならない」（212/391）ということが明らかになる。この箇所では、犠牲とは、全体的なものに関係づけられたものとしての自らの限界を知ることという意味である。限界を知らない意識は自らの理想を掲げようとするが、具体的な行為を通じて自らの限界を知ることになり、徳の意識の試みは失敗することになる。

　これに対して『精神現象学』の「宗教」章が他の章と異なるのは、②

---

(5) Cf. Peter-André Alt, *Klassische Endspiele: Das Theater Goethes und Schillers*, München: Verlag C. H. Beck, 2008. 45.

宗教的な場面において、個別的なものを普遍的なもののために犠牲にするだけではなく、普遍的実在もまた自らを犠牲にするという点にある。具体的には、「宗教」章「B　芸術宗教」では、所有者が所有物を「供物（Opfern）」として犠牲にする。この際に所有者は所有物を自分ではなく、神という普遍に帰させようとする。すると供物が「神のしるし」として捧げられたのであるから、同時に神的実在もまた犠牲となっている。さらに、「宗教」章「C　啓示宗教」においては、神が人になるという受肉、さらにイエスによる贖いの死により、普遍的な実在の側からの犠牲もまた議論されている点が、「宗教」章における「犠牲」の特徴である。

　『精神現象学』「宗教」章における「犠牲」は狭義の犠牲であるが、はたして目的のために何かを断念するということのみを意味するのだろうか。犠牲とは、特殊の側が何ものかを失うことによって損失を得るのだが、そのことが同時に、普遍の側、実体の側が実際には、特殊のために自分を犠牲にしていたことが明示されるという双方向の過程と捉えられるのではないだろうか。そして、このことによってこそ、「宗教」章において、実体の主体化が実現されるのではないだろうか。ヘーゲルにおいて実体とは、基底に横たわる社会や人倫などの共同体、さらに神として捉えられる、自己意識の運動を通じて生成する主体としてのあり方を持つ。このため、ヘーゲルの実体はアリストテレス以来の実体のように静止するものではなく、自ら運動するものである。『精神現象学』「序文」で「真なるものを、実体としてではなく、主体（Subjekt）としても把握し表現する」(18/16) と述べられるように、『精神現象学』の全体において固定的な性格を持つ実体が自らを現わして展開する。『精神現象学』の「意識」章、「自己意識」章、「理性」章、「精神」章では、歴史的世界の中で人間が行動を介して実体に関係づけられる過程が論じられる。それに対して、「宗教」章では、宗教的世界における神という実体が主体として現れる過程が論じられていると捉えることができる。

　このように考えるならば、ヘーゲルにとって犠牲とは、特殊的な存在を失うことを通じて普遍的なものを得ると同時に、普遍的なものの側が自らを犠牲にする過程である。「実体」の側が自らを廃棄する過程が描かれるところが、「宗教」章が『精神現象学』の他の諸章と異なる点である。

2 「宗教」章の位置づけ

『精神現象学』の「宗教」は、「意識」「自己意識」「理性」「精神」の契機の「全過程を前提している」(365/1007)。精神のこれまでの諸形態を「内包」するのが、「宗教」である。「意識」から「精神」までの個々の諸契機は、「宗教」という「精神の完成態」(366/1008)を「自分たちの根底として、これへと帰って行き、また帰ってしまっている」(366/1008)「精神」章までの形態において、それぞれの契機が「自分の内へと深まりつつ、自分の固有な原理の中で一つの全体にまで自分を形成した」(367/1009)。すなわち、「意識」章、「自己意識」章、「理性」章、「精神」章という過程では、意識が自らを外化して実体へと前進し、自らを普遍的なものへと関係づけていく。

そしてこれらの諸契機が「自分たちの実体を持っていた深さ」(ibid.)が宗教の精神であったことを認識するのである。というのは、「精神」章までの意識の経験から明らかになったのは、自己自身が行動や言葉を通じて表出することによって多数の共同体という「実体」が成立することである。しかし、各々の自己意識が自己を表出し、そこに相互批判や批評がなされたとしても必ずしも意見の一致が成立するとは限らないからである。このためにヘーゲルは、「実体」が成立する基盤として、神、さらに神が発する言葉を共有する宗教的な基盤を要求している。この意味では、「宗教」章においては、「実体」である神の側から、「精神」章までの過程で意識が到達した「実体」のその根底となる議論がなされるのである[6]。

それゆえに、「宗教」章では、これまでの諸形態における「実体」(ibid.)が「深さ」から歩み出てくることになる。宗教の「実体」とは、『精神現象学』におけるそれまでの過程を全て内包した「深さ」である。『精神現象学』において、「意識」章から「精神」章までは意識が自分自身の思い込みを廃棄するというその都度の過程においてなされる。それに対して、「宗教」章ではそれまでの章とは異なり、「実体」である神の側が自らを廃棄する

---

(6) 小島優子、前掲書、207頁参照。

という過程を辿っており、それゆえに、「宗教」章における思い込みの廃棄の過程は、「犠牲」というかたちで現れることになる。

　また、『精神現象学』では、精神の「深さ（Tiefe）」（433/1163）が明らかになるという「啓示」（433/1163-1164）がなされるとヘーゲルは述べる。精神の「深さ」とは、「宗教」章ではイエスの犠牲死という「表象」において捉えられる。すなわち、神は彼岸にある超越者としての絶対性を廃棄し、教団のうちで人々と共にあるものとして営みの中で追体験される。しかし、神と人間との一致を真に理解し概念的に把握するのは哲学的考察者であるところの「われわれ」である。というのは、「宗教」章で議論されることは、概念的に理解されるレベルではなく、人びとが宗教的意識において神を具体的生活の中でどのように理解しているかが問題とされているからである。

　「宗教」章では、「第一の現実態」である「意識の形式」として自然宗教、「第二の形態」である「自己意識の形式」として芸術宗教、「第三の形態」においては、「両方の現実性の統一」としての啓示宗教という形態を経験する（368/1012-1013）。宗教章においては、それ以前の過程を内包した実体である神が人となること、実体が主体となることが遂行される。例えば、芸術宗教では、神が彫像において人としての姿を得て個体化すると言われている。「彫像」において、神は「創造する夜の深さから反対のものである外面性の内へと、自己意識的ではない物という規定の内へと下っていく」（380/1041）。

　それゆえに、「宗教」章では、「実体」が「外化して自己意識となる」という側面と、「自己意識が自分自身を外化して自分を普遍的な自己に為すという」二つの側面が遂行されている。すなわち、自己意識という主体が自らを犠牲にすることによって、主体の外化が成し遂げられる。実際、ヘーゲルは、「宗教」章における自己意識による自らの放棄、すなわち外化について次のように述べている。

　　　自己意識は意識を備えて自分を放棄するのだから、自己意識は自分を外化する際に維持されており、実体の主体であり続ける。しかし自己意識は自分を外化したものとして、同時に実体の意識を備えている（400/1087）。

結論から言えば、「宗教」章「C　啓示宗教」における「犠牲」とは、神が絶対性を犠牲にして人に受肉するという実体による犠牲である。このため次に、「宗教」章全体の基本となる実体と主体との関係について検討する。

3　『精神現象学』「宗教」章における「実体」と「主体」

　「宗教」章において、「実体」の「主体」化がなされる。イェシュケは、「主体」の根本的特徴として「活動、生成、自己関係、知と──知の最高の形式としての──知の自己関係、知るものと知られるものとの同一性」[7]を挙げている。しかし、「実体」が「主体」になるとは、どのようなことだろうか。

　「宗教」章では、一方では、自己意識が自分を普遍的な本質として知り、実体へと外化する。すなわち、「自己意識にとって、実体は自己意識であり、まさにそのことによって精神である」（403/1094）ことが成し遂げられる。また他方では、実体が自己意識へと外化する。「表象」（408/1105）をヘーゲルは、「感覚的な直接性とその普遍性、言いかえると思考との総合的な結びつき」と捉えており、まだ「概念的に捉えられていない」（ibid.）ものとしている。この点においてイェシュケは、ヘーゲルは表象を批判的に捉えていると述べている[8]。イェシュケによれば、「表象は『絶対的な実在』を分離された主体の形態に固定して、まさにそれにともなって、キリスト教を『啓示宗教』とする精神の自己意識への洞察を遮る」[9]。「宗教」章の内容は表象の形式に留まったものとしての、神の受肉でありイエスの犠牲である。

　このようなイェシュケの解釈を踏まえるならば、「宗教」章における基本的な実体─主体関係は、次のような事態を表すと考えることができ

---

(7) Walter Jaeschke, *Hegel-Handbuch : Leben, Werk, Schule*, J.B. Metzler Verlag, 2003, 183.

(8) Cf. Jaeschke, op. cit., 196.

(9) Jaeschke, op. cit., 196.

る。すなわち、「宗教」章は、実体の側からは「意識」章に始まり「精神」章に至るこれまでの章を根拠づけることが、「表象」という聖書の物語の中で、神による世界の創造とその中での人間の存在を通じて行われる。そして、「表象」において、創造と受肉、キリストの犠牲的な死と復活として、神である実体の主体化が現れてくる。そして、この過程は、同時に自己意識の側からは「洗礼」と「聖餐」を通じて神の言葉、すなわち「啓示」を自らの物として経験する過程である。このように実体の側からの主体化が同時に、自己意識の側から経験されることを通じて、彼岸にあったよそよそしいものとしての神が、意識自身に対して顕われたものとして出現し、神の啓示が遂行されることになる。通常、「啓示」とは超理性的な神秘と見なされるのに対して、ヘーゲルの解釈はその逆であり、彼岸にある神が意識自身に対してさらけ出されることがヘーゲルの意味する「啓示」である。

　この際に、絶対的なものとしての神（父なる神）がそれまでの在り方を離れて脱するのであるが、受肉によって神はより広い人間の世界へ入っていくと同時に、神としての本性を失わない。このような神の人間の側への降臨を、ヘーゲルは「宗教」章の中で哲学的に描き出す。以上の概観を下敷きにした上で、「宗教」章の「B　芸術宗教」と「C　啓示宗教」の具体的な叙述に即して、「宗教」における「犠牲」のあり方を見ていきたい。

4　「芸術宗教」における「供物（Opfer）」

　「芸術宗教」は、古代ギリシアの祭祀、パンとぶどう酒の、ケレスとバッカスの密儀を自己意識が行う段階である。ケレスとバッカスの祭祀の中で人間は「供物」として自分の所有物を犠牲にするので、この際に何が犠牲にされているのかについて考察することにする。

（1）「B　芸術宗教」における供犠
　ヘーゲルによれば、古代ギリシアの宗教的儀式では、自己意識は個別的な所有物を供犠として灰塵に帰すことによって、神に捧げて普遍者に

帰す過程が描かれる。祭祀で供物を捧げるときに、行為者は自分の財産や飲食物を犠牲にしても構わないと考えている[10]。

> それゆえに、儀式そのものの行動はある所有物を純粋な供犠とすることで始まる。所有者は所有物を見かけ上は自分には全く無用なものとして注いでしまうか、灰に帰す。(383-384/1049)

供犠において、所有者は、所有物の「享受」、「人格」、「行為」(384/1049)を自らのものとすることを断念して、神に捧げることを意図する。

> しかし反対に、存在する実在(Wesen)も根底に行く。犠牲にされた(aufgeopfert)動物は神のしるしである。食べ尽される果実は生きるケレスとバッカスそのものである。前者では、血と現実的な生命をもつ上界の正義という威力が滅びる。しかし後者では、血はないが狡猾な威力を秘めた下界の正義という威力が滅びる。神的実体の犠牲は行為である限りにおいて、自己意識的な側面に属している。しかしこの現実的な行為が可能になるには、実在自身がすでに自体的に犠牲にされていなければならない。(384/1049)

このように人間が神に収穫物を奉納する際に、自然の実りは人間にとって「非本質態」であり、自己が「犠牲」にするものである。自然の実りは、神からの恵みであるのだから、神という「実在」も「自然の非本質的な側面を自分自身に向かって犠牲として捧げる」(383/1048)。したがって、ヘーゲルの描く宗教的儀式そのものの行動は、神が犠牲とした「非本質的なもの」を人間がまた神に対して感謝をもって、自己の「非本質的なもの」として捧げるという双方向の「精神的な運動」を表すと解釈することができる。すなわち、神が我々人間に豊かな実りを賜ったことを神に感謝し、人間は神に供物を捧げる。それゆえに、一見すると「上界の正義」と「下界の正義」という威力が滅びているように見えるが、実際のところは自己意識が感謝を通じて神から与えられた豊かな恵みを

---

(10) Cf. Bubbio, op. cit., 806.

受け取り享受しているのである。したがって、人間が神に捧げる犠牲を介して、神と人間との間に双方向の運動が生じることになる。

　ここで、儀式という「行動」は二重の意味を持つことになり、「犠牲」もまた二重化する。第一に、献身は抽象的であり目に見えないものであるが、犠牲を捧げることによって、人間の抽象的な信心を現実のものとして具体化することができる。第二に、犠牲を捧げることによって、単なる飲食物を神への捧げ物という意味を持つ「普遍的なもの」へと高めて宗教的なものと変容させることができる。

　このように考えるならば、「供物」を通じた犠牲とは一方向的な贈与や提供とは異なり、神から与えられたものを感謝をもって承認して、自分の収穫物を手放すという自己意識の「行為」であると言える。そして、これによって、「供物」は単なる生命や自然物という意味を失い、神によって「犠牲」にされた豊かな恵みであるという普遍的な意味を持つものとなる。

（２）「供物（Opfer）」について

　ここで、バッカスの密儀における「供物」の役割について、詳しく考えてみよう。「供物（Opfer）」は、宗教的な概念であり、引き換えとしてより価値のあるものを受け取るために、何かを失うか、あるいは断念するものを意味する[11]。しかし、ヘーゲルによれば、「供物」を捧げる場合には、最初の供物以外の大部分は宴会で享楽するために残されている。ヘーゲルによれば、このような供物の「享楽（Genuß）」こそが、飲食による個別性の廃棄であり、供物を自己意識的なものへと化するという積極的な意味を持っている。

　　しかし同時に供物はほんの一部であり、他の供物（Opfern）は使用できないので破壊され、むしろ犠牲にされたもので会食の調理がされて、この宴会に行為の否定的な意味は欺かれる。犠牲を捧げる者は、最初の供物の大部分を、その内の有用なものを自分の享楽のために残す。この享楽こそが実在と個別性を廃棄する否定的威力であると同時に、実在の対象的な定在を自己意識的な定在に変えて、自

---

(11) Cf. Buppio, op. cit., 800.

己に実在との統一の意識を持たせる肯定的現実である。(384/1050-
1051)

　こうして、供物を捧げる人は供犠を通じて個別的な所有物を犠牲にし、
そのことによって「感謝する神からの返答を受けて、神の御心に適い、
労働によって神と自分が結ばれていることを証明する」(385/1052)。し
かし、所有物を一旦放棄して神のものとすることによって、人は神との
結びつきを築くことができるのだが、この所有物は神に捧げられるだけ
でなく、人に食べられることによって、自然に腐敗させることなく自己
意識と一体化させられる。こうすることによって自然の恵みは神のもの
と見なされるとともに、自己意識的なものとなるとヘーゲルは考えてい
る。つまり、神に捧げられた供物が人に食べられることによって、人が
直接的に神的なものと関係づけられることになる。

　このように、供物を捧げるという意味での犠牲には、消極的な意味だ
けでなく、積極的な意味が込められていると考えられる。ピンカードに
よれば、犠牲には損失という消極的な意味があるが、しかし積極的な意
味として、絶対的な価値あるものへの反省であり、自然と精神の基礎を
なす普遍的な本質の承認という役割を伴っている[12]。さらにピンカード
は、祭儀は神と一体であるという意識を培うことによって、自己を形成
するにあたって重要な貢献をなしていると主張する。すなわち、祭儀の
中で、人間は供物を食することによって普遍的なものと媒介され、神と
一体であるという自然と精神との承認を得ることができる。ここに、生
産物の損失という消極的な意義が、神と人間との一体性という積極的な
意味へ転じる意義を見出すことができる。

　しかし留意する必要があるのは、キリスト教の聖餐式と異なり、古代
ギリシアの密儀ではパンやぶどう酒には精神的なものがそこに宿ってい
るのではないということである。キリスト教の聖餐式において「精神」
と深く関わるパンとぶどう酒には精神的なものが宿っている。それに対
して、古代ギリシアでは自然の実りは人間のために役立つ有用なものと

---

(12) Cf.Terry Pinkard, *Hegel's Phenomenology: The Sociality of Reason*,
　　 Cambridge: Cambridge University Press, 1996. 329.

して存在している。

　だが、なぜ、キリスト教聖餐式の供物には「精神」が深く関わっていると言えるのだろうか。ここで重要なのは、キリスト教的世界では、古代ギリシア世界とは異なり、対象世界がそれ自体で「内化（想起）」して、精神的なものとして意味づけられる過程が描かれるという点である。そこで次に、キリスト教世界において実体そのものが行う「犠牲」について考察することにする。

5　「啓示宗教」における「犠牲」

　『精神現象学』「宗教」章、「C　啓示宗教」節では、神が人となるという第一の外化が受肉、「堕罪」、「自分の内へ行くこと」、さらに第二の外化が、イエスによる贖いの死という表象として議論される。ヘーゲルは、キリスト教の教義としての受肉や犠牲を議論しているのではなく、あくまでも『精神現象学』における実体が主体性を得る過程として論じている。ヘーゲルが「表象」を議論している点において、ヘーゲルによるイエスの犠牲はキリスト教の教義と明瞭に区別される[13]。キリスト教の教義においては、イエスの犠牲は自由で歴史的な現象であり、必然ではない。それに対して、ヘーゲルは、実体による外化の過程として、意識が和解を実現するための過程として、イエスの犠牲を捉えているからである。

　ヘーゲルは、あくまでも「表象」における「神の人間化」を議論している。それゆえに、イェシュケは、神の人間化とは、「神が人間の形態の内に、また『自己意識として表象されている』」ということでは決してない。さもなければ、宗教史とは、すでにその始まりにおいて完成していただろ

---

(13) Cf. Luis Mariano de la Maza, *Knoten und Bund: zum Verhältnis von Logik, Geschichte und Religion in Hegels "Phänomenologie des Geistes"*, Bonn, 1998, 195; Harald Schöndorf, "Anderswerden und Versöhnung Gottes in Hegels *Phänomenologie des Geistes*: ein Kommentar zum zweiten Teil von Ⅶ. C. "Die offenbare Religion"," in: *Theologie und Philosophie*, 57, 1982, 559.

う」と述べる[14]。神が人間の内に自己意識として表象されるのであれば、キリスト教以前の宗教において既に完成されていたはずである。そうではなく、「『神の人間化』は、まさに表象された自己が現実的な自己によって次々に段階的に置き換えられることとしての宗教史である」[15]とイェシュケは述べる。すなわち、イエスの受肉と犠牲という表象を介して、神的実在が分裂に陥り、その分裂を経て和解に至る過程が、現実的な自己によって次々と置き換えられる過程である。

　「宗教」章「啓示宗教」における「表象」は、個人の偶然的な内容ではなく、教団の内で意識はイエスの経験を自らのものとしてもっており、自分自身の経験を精神が確信している。それゆえに、イエスは架空の物語の存在としてではなく、人々の間で語り継がれ、教団の生活を通して集団の内で経験することのできる普遍的なものとして捉えられる。「自己意識」章の「不幸な意識」は経験の内容を待ち焦がれて熱望しただけであり、「精神」章の「信仰する意識」は「表象」の内容を現実一般から逃避することとして捉えていただけである。それに対して、「宗教」章「啓示宗教」における「表象」は、イエスの経験を過去のものとして意味を振り返ることによって、実在との関わりの中で人が日々生きていることを知るものである。

　というのは、「啓示宗教」の「表象」においては、意識がイエスを感覚的に見たり聞いたりする現在の偶然的な経験ではなく、「見てしまったのであり、聞いてしまった」（407/1104）ものとして過去の経験を追体験し、普遍的なものとして教団の中で共有できるようになるからである。このことによって、意識は彼岸の内容を「不幸な意識」のように憧憬したり、「信仰する意識」のように現実一般から逃避したりするのでなく、自らの経験の意味を知ることができる。

　たしかに「啓示宗教」における「表象」は、イエスの経験が教団の中で語り継がれて共有され、日々勤行を営む生活の中にあり、その中で人は宗教的な経験をする。このために、意識にとって課題であるのは、現実の日々の生活と概念把握される絶対的な実在との「分裂」（408/1105）

---

(14) Cf. Jaeschke, op. cit., 194.

(15) Cf. Jaeschke, op. cit., 194.

をどのように和解させるかということである。意識は絶対実在である神を直観的に把握しているにすぎないのだが、どのようにして神を概念的に把握することができるのか。また「我々」哲学的考察者の立場から見るならば、意識が神という対象についての意識と、自己自身についての意識、すなわち自己意識とを同一にすることが、分裂状況にある意識にとっての課題であることになる。

　表象を聖書の物語に留めるのではなく概念的なものとして把握するならば、実在である神を抽象的で架空の存在ではなく、具体的で現実的なものとして捉える必要がある。しかし、神が具体的で現実的なものであるならば、それは神ではなくなってしまう。というのは、「我々」哲学的考察者にとっては、実在としての神はあくまでも絶対的なものとして存在しているからである。そこで、「宗教」章「啓示宗教」の課題は、「表象」されたものとして神が意識にとってどのように経験されていくかであり、この意味においてキリスト教の宗教史とは異なるものとして描かれる必要があると考えることができる。

（1）第一の純粋思考の境地

　教団の中で表象される宗教の精神は、第一に教団の実体である純粋思考の境地、第二に表象の境地、第三に自己意識の境地において、議論される。この際に「表象」は、「宗教」章全体の内容が「表象」であると使われる場合と、第二の「表象」の境地として使われる場合がある。というのは、「表象」は一方では、第一の純粋思考の境地と第三の自己意識の境地との媒介項として、一つの境地にすぎないが、他方では、絶対的な実在が定在と外面的に結合されている状態は、「啓示宗教」のすべての境地に共通するからである。

　第一の純粋思考の境地からすると、受肉と犠牲とは、「言葉（das Wort）」（410/1110）である「実在」が言い表され、言葉が聞き取られることによって定在するという、「自己内回転運動」（410/1110）の過程である。この回転運動において、「諸々の区別」（410/1110）は設けられるとすぐに解消してしまう。実在は、精神として運動し、自分自身を言い表す形式である。「言葉」が言い表され、聞き取られるという過程が論じられるので、この境地ではあまり「犠牲」に関して触れる必要はない。

（2）第二の表象の境地──善と悪の分裂

　第一の純粋思考の境地は抽象的であるのに対して、第二の「表象」の境地で諸契機は「実体としての定在（ein subsutantielles Dasein）」（411/1113）を獲得すると同時に、自己の内に還帰する「主体」（ibid.）でもある。この「表象」の境地で主体が生じてくるのは、意識が善悪を認識し、「悪となる」（413/1116）ことによっている。仮に意識が善悪を知らない無垢に留まるならば、主体は生じてこないだろう。しかし、何が善であり、何が悪であるかを意識が知り、「自分の内に存在すること（das Insichsein）」（413/1116）という悪になることによって、自らを外化して「他的存在」（413/1116）となりながら自分自身を保つ精神の「運動」（413/1116）を、自己が示すことになる。

　このように表象の諸契機が「主体」であることによって、楽園追放による「堕罪」（413/1117）や父なる神の「息子」（413/1117）という表象は、概念を表象に転落させるだけでなく、表象を思惟の必然性へともたらす役割を果たすことができるとヘーゲルは述べる。すなわち、一方では、純粋概念における絶対実在は見られたり聞かれたりすることができないので、「善」である息子が「定在する自己意識」（414/1119）として登場する。しかし他方、「善」である息子と「怒れる神」（414/1119）としての「悪」との対立は表象におけるものであり、「概念」（415/1120）においては「真実の存立を持っていない」（415/1120）。概念において、善はただ悪との対立においてのみ善として規定されるのであり、善と悪とはそれだけで真実の存立を持つことはない。このことから、「善」は自分を外化して他となり、「死」（415/1121）へ赴くという「必然性」（414/1121）が生じるのである。この必然性の運動において、「善」である息子は、自らを精神として呈示することができるのであり、教団の内で普遍的な定在を得て蘇ることができる。

　しかし、第二の表象の境地を「我々」が概念的に考察する場合には、「悪」は神的実在とは切り離されたものではないことが明らかになる。もし悪が神的実在から無関係なものであるならば、悪が実体的に存在する善悪二元論の立場に陥らざるをえない。しかしそうではなく、我々が悪に陥るのは、そもそも根源において神的実在そのものが善と悪とに分裂せざ

るをえないものであり、そのことによってのみ、息子を通じて行動する神的実在が現れることができるからである。それゆえに、悪は外部から付加されるものではなく、神的実在の内にあり、現象として現れてくる。

> 神的実在と他者一般との和解、さらに限定すると、他者についての思想であるところの悪との和解はそれでは犠牲的な死の中で表象される。――この和解をその概念に従って表現すると以下である。和解が成立するのは、悪そのものが自体的に善と同一だからであり、あるいはまた神的実在が全範囲にわたって自然と同一だからであり、これは神的実在から分かれた自然は無にすぎないのと同一だからだと表現されるならば、――それは誤解が避けられない反精神的な表現の仕方と見なされるべきである（415-416/1123-1124）。

　すなわち、実体の主体化とは、神的実在もまた「悪」を内包しているために、「自分の内に存在すること」という悪とならざるを得ないことである。この際に、実体における悪の側面とは、「自然的な定在」(417/1126)と「個別的な対自存在」（417/1126）を本質とする人の子のことである。具体的に言うならば、父なる神から人間として離れ堕ちた息子は、非本質的なものにすぎず、実在との分裂に晒されることになる。それでは、分裂が分裂のままに晒されておかれないのはなぜであろうか。それは、善と悪とは、それぞれが関係し合いながら存立しているからである。このために、悪が悪だけで存在し、善が善だけで存在することはできずに、互いに対立しながら分裂を経験することになると捉えることができる。
　神的実在もまた自分の内に存在するためには、他となり、受肉とイエスの行動を通じて人間に知らしめる啓示を通して、自ら「犠牲」を払う必要があるとヘーゲルは言う。すると、実体の主体化とは、自分を自分自身から手離した神的定在が、贖いの死を通じて再び自分の内へと還帰するという「犠牲」の過程と捉えることができる。
　このように、ヘーゲルは、イエスの死を絶対的な実在が受肉するという「第一の外化」と、さらに身体的な定在を持つことを止めるという「第二の外化」として捉えている。イェシュケが指摘するように、ヘーゲルはキリスト教の受肉を神が人となるという教義として論じているのでは

なく、外化の運動、表象として捉えている。

　ブッピオは、「Ｃ　啓示宗教」において、ヘーゲルにとって本来的な意味での犠牲が成し遂げられるという。本来的な犠牲とは、意図的になされるものであり、犠牲の代償を求めないものであり、行為者の結果を求めない滅私的なものである[16]。啓示宗教におけるイエスの犠牲以外の犠牲は、必ずしも犠牲の代償を求めないものではなく、また滅私的なものではない。滅私的な犠牲は代償を求めないものであり、双方向的な犠牲ではないように見える。というのは、犠牲を経験する自己意識の立場からすれば犠牲は結果を求めないものであり、犠牲が双方向的なものとして捉えられるのは「我々」哲学的考察者の立場から明らかになることだからである。イエスの犠牲に特徴的であるのは、自分にとって本質的なもの、主体を構成する神的な絶対性を犠牲にすることである。ブッピオは、神は自分の絶対性を断念して犠牲にし、人間との連続を受け入れることによって人間を受け入れると述べている。そして、このことはイエスの受肉によると言う[17]。「Ｂ　芸術宗教」のケレスとバッカスの密儀では、自己意識は「供物」の大部分を人間にとって有用なものとして残して享受していた。それに対して、イエスの犠牲は有用性を残さない、身体的なものを犠牲にする。この意味において、イエスによる犠牲は滅私的な犠牲であるということができる。

　すなわち、イエスの犠牲死において経験されるのは、実際には絶対実在が自らを犠牲にして、イエスが下されるという、双方向的な犠牲である。このように実体が自らを外化し、さらに外化された自己意識が定在を犠牲にするという双方向の過程を介して、実体の主体化という過程が遂行される。この際イエスの犠牲において、人間の身体性という非本質的なもののみが犠牲にされているように見えるけれども、実際には神的な実在が自らを犠牲にして（「第一の外化」）自己意識として下したものが、再び（「第二の外化」）自らを犠牲にするのである。それゆえに、双方向的な犠牲においては、犠牲を払うものは犠牲によって、自分が関係づけられていたものに再び還帰することができる。

---

(16) Cf. Buppio, op. cit., 808.

(17) Cf. Buppio, op. cit., 813.

『精神現象学』において、意識が実体に関わることを通じて実体からの双方向的な働きかけを見出すのは、「啓示宗教」の段階に限ったことではない。しかし、「啓示宗教」の特徴は、実体である神的な実在が自らを犠牲にして、自己意識が再び還帰するという実体の側からの「外化」が成し遂げられることである。ここに、自己意識の立場から神を憧憬する立場と、神が自身を「啓示する」啓示宗教との相違があると考えられる。「宗教」章における実体は「意識」章から「精神」章までの意識の経験の過程を内包したものとしての実体であり、この実体が自らを犠牲にすることの意味は、「精神」章までの過程の根底にある深まりを表象の中で描きだすことである。

（3）第三の自己意識の境地——教団における行事

　第二の表象の境地では、実体の側から議論されていた善と悪との分裂と犠牲が、第三の自己意識の境地では自己意識自身によって教団の中で経験される。第三の自己意識の境地では、神の子イエスが善であるのに対して、人の子は「自分の内にあること」という悪の側面に置かれている。人の子は「即自的に悪である」（417/1126）が、自分が悪であることをまだ知っていないものである。この際に悪とは、「自分の内へ行くこと」（417/1126-1127）である。それでは、「自分の内へ行く」とは、どのようなことであろうか。ヘーゲルは、意図して自分の内へ行くことがなければ、それだけでは自分であることはできないと考える。なぜならば、無垢に留まるならば自分がどのような存在であるかを知ることはできず、また神的実在から善と悪とがこの世に分かたれたことを知ることもできないとヘーゲルは捉えているからである。それゆえに、自分が悪であることを知ることによって初めて人は洗礼を受けるのであり、自己意識は「和解」（417/1127）の可能性を得るとされる。

　教団では自己意識は聖餐式を通じてイエスの贖いを追体験し、聖別されたパンとワインを食べて自ら犠牲を行うことになる。この際に教団の中で、自己意識は行事をなし聖餐式を通じて、表象としてのイエスの贖いによる死を生き、「日々に死ぬとともに蘇る」（418/1130）という経験をする。

　この際、教団の中で、イエスは神と人とを媒介する「中保者（Mittler）」

（419/1130）の役割を果たす。キリスト教では、罪を犯した人間を神と和解させて救済するために、「中保者」としてイエスが父なる神から下されたとされる。「中保者」とは、人間の救済のために遣わされたイエスのことであり、この「中保者」を介して受肉と贖いによる神との和解という双方向的な犠牲が行われることになる。すなわち、教団の自己意識はイエスによる贖いを現実の死と捉えるのではなく、特殊者が普遍性へ至ることであると知ることよって、イエスの表象は「概念」（419/1130）の内へ還帰し、「止揚」（419/1130）されることになる。

　さらに「中保者」としてのイエスが死ぬことは、自己意識と分断された彼岸にある限りでの抽象的な神の死であるので、反対に、今度は普遍的なものが自己意識となることになる。これによって、神的実在は、人間から離れた彼岸にある限りでの神ではなく、「自分自身であることを純粋に確実に知り確信する」（419/1131）実体となる。すなわち、ここに「実体」の「主体」（419/1131）化が成し遂げられ、「実体」は自分自身であることを知ることになる。

　実体の主体化とは、純粋自己の「深み（Tiefe）」（420/1134）において、自己は他であるものがあっても自己であることを知るという「精神化（Begeistung）」（419/1131）とされる。自己が主体になるためには、まず、悪によって「自分の内にあること」と善とに分裂しなければならなかったが、中保者の死という犠牲を介して、自己が自己であるという主体性へと至り、自己内還帰するという精神化の運動がなされるのである。したがって、この際の犠牲とは、初めから実体の内にあったものが、自己意識の側から取り戻されるという、自己意識と実体との双方向の運動として捉えることができる。

　以上から、神的実在が「啓示されていること」（405/1098）とは、実体が主体であり、自己であるということが明らかになる。すなわち、啓示とは、神が人間の側に「降臨してきた」（406/1100）ように見えるが、しかし実際には「実在が至高実在に達した」（406/1100）ことだとヘーゲルは述べる。というのは、純粋性の極致において、思考と存在が同一のものとなっているために、下降と同時に上昇がなされるからである。それゆえに、「最低のものが同時に最高のものであり、それゆえに表面に現れ出た啓示はまさに最も深いものである」（406/1100-1101）。というのは、

犠牲とは、神が人間のために下っていると同時に上っており、しかもそれは、「純粋性」（406/1100）の極みにおいて、「純粋な思考」が「存在」（406/1100）でもあるからである。

おわりに

　『精神現象学』の他の箇所と「啓示宗教」が異なるのは、「概念」においては、「犠牲」は神的実在が自らを知らしめると同時に、自己意識が神と同一であることを知るという「啓示」に基づくというところにある。しかし、「表象」において自己意識は「犠牲」におけるより高次の目的を把握しておらず、ただ教団の中で過去の出来事を知るだけである。それゆえに、「表象」においては神的実在の「犠牲」とイエスの「犠牲」は滅私的であり、自らを取り戻すことを顧慮しているわけではない。というのは、「概念」は自らを分裂して再び自己内還帰する運動を行うのであるが、人は抽象的な神を把握できないために、「表象」の力を用いて、受肉と犠牲という出来事を自らのものとして経験する必要があるからである。「表象」における「犠牲」は贖いの死であるが、ヘーゲルは「犠牲」を必然性の内で捉えるゆえに、双方向的な犠牲の運動をその内に見出すことのできるものである。

　「啓示宗教」において、一方では、自然的な意識が日々の営みを経験し、他方では、哲学的考察者である学による概念の捉え直しが行われる。「宗教」章で扱われる「表象すること」（408/1105）は、神が見られ、聞かれた内容が記憶の内に保存されることである。しかし、ただ神について見聞きされただけでは、まだ「啓示」の内容が理解されているわけではない。そこで、神が人間のもとに下されて、人に見聞きされた内容が教団での勤行を通じて追体験される必要があり、すなわち、過去の「表象」を自分自身のものとして追体験する必要があることになる。

　以上の考察から明らかになったのは、『精神現象学』の「啓示宗教」におけるイエスの犠牲死は双方向的な二重構造を備えている。それゆえに、フランクフルト時代の犠牲や、『精神現象学』の他の箇所の犠牲と異なり、「宗教」章では実体の主体化が犠牲という「表象」において議論されると考えられる。

はじめての『精神現象学』
——高校倫理における扱い

鈴木　覚

　哲学思想にはじめて触れたのは高校の倫理だった、という人が世の中には少なくないだろう。その高校倫理の中で『精神現象学』（以下『現象学』）はどのように扱われているか、すなわち、多くの人にとってのはじめての『現象学』とはどんなものか、これを調べてみた。調べたのは、文部科学省『高等学校用教科書目録（平成 30 年度使用）』（平成 29 年 4 月）に載っている七種類の教科書すべて（東京書籍、実教出版、清水書院（二種類）、山川出版社、数研出版、第一学習社）である。調べる観点は、①『現象学』という著作名が挙げられているか、②『現象学』という著作全体についての内容説明があるか、③『現象学』本文からの引用、もしくは、引用ではないものの、『現象学』の部分的な内容についての言及があるか、とした。この際、③は『現象学』という著作名が明示されているものに限った。

　まず『現象学』という著作名の有無であるが、七種類すべてにおいて、ヘーゲルの主著として挙げられている。『現象学』以外の著作としては、『法の哲学』が『現象学』と同様、すべてで挙げられているが、一冊の教科書（清水書院『高等学校　新倫理　新訂版』）で、主著ではなくその他の著作扱いとなっている。『法の哲学』以外では、『大論理学』、『エンツュクロペディー』、『歴史哲学』が、主著として挙げられたり、挙げられなかったり、という扱いになっている。『現象学』は高校倫理の教科書の中で、ヘーゲルの一番の主要著作として扱われていると言ってよいだろう。

　次に『現象学』という著作全体についての内容説明の有無であるが、これはどの教科書にもなかった。著作についての説明がないのは、『現象学』に限ったことでも、ヘーゲルに限ったことでもないのでやむを得ないのかもしれないが、『現象学』は、その名称から内容がイメージしにくい著作であるため、不親切な扱いであると言えよう。

　そして『現象学』本文からの引用、もしくは、『現象学』の部分的な内容についての言及の有無であるが、二種類（前掲清水書

院、数研出版）に引用があり、一種類（清水書院『高等学校　現代倫理　新訂版』）に部分的言及があった。それらの引用ないし言及は、すべて同じ箇所からの、もしくは、同じ箇所についてのものであった。それは、序文の「蕾は花が咲き出づると、消え失せる。そこでひとは蕾は花によって『論駁』されるともいうことができるであろう」(10/4)以下の箇所である。この箇所は、ある哲学説が別の哲学説によって否定されることで真理が発展していくことを、植物に喩えて説明した箇所である。この植物の喩えの引用、もしくは、それへの言及は、三つとも、弁証法を説明する文脈で行われている。『現象学』は、弁証法を説明するための原典資料としてのみ取り上げられている。弁証法の説明という文脈であるため、参照資料が『現象学』でなければならない必然性はない。また内容的にも、この箇所は「実体＝主体説」、「主奴の弁証法」などの、『現象学』の主要思想、有名思想が述べられている箇所ではない。多くの人にとって、はじめて触れる『現象学』がこの箇所であることが残念でならない。

　以上、三つの観点から、高校の倫理の教科書における『現象学』の扱いを見てきた。調べたすべてにおいて主著扱いされているものの、その内容説明はなく、引用ないし言及は、主要思想や有名思想についてではないため、その魅力を伝えるものとはなっていない。高校倫理という制約上、難しいかもしれないが、『現象学』がもつ豊かな思想や魅力が伝わるような扱いが今後増えていくことを望みたい。

　最後に私が高校生に勧めたい『現象学』序文の言葉を引用して終わりとする。これから人生に立ち向かう若者へのメッセージとして理解することもできるであろう。

　「精神の生というものは、死を避け荒廃からおのれを清く保つ生のことではなくして、死に耐え死のただなかに己れを保つ生のことである。精神がその真実態をうるのは、ただ四分五裂のただなかにありながら、そのうちに己れ自身を見出すことにのみよっている。〔...〕精神がかかる威力であるのは、ただ否定的なものを面と向かってまざまざと見詰め、そのそばに足を止めることにのみよっている。しかしこの足を止めるということこそは、否定的なものを存在に転換するところの魔法の力なのである」(27/31)。

第6章

「絶対知」章

原崎 道彦

はじめに

　「絶対知」章が『精神現象学』をここまで読みすすめてきた読者をもっとも失望させる章であることはまちがいない。

　いまさら言うまでもないことだが、『現象学』はもともと「意識の経験の学」というタイトルのもとで書き始められた書物だった。意識の経験には、つねに、意識が確信していることと意識がほんとうのこととして見いだすことのあいだのズレがともなう。そのズレに直面することが、意識を困惑させ、その困惑を解決しようとすることが意識の経験をさきへすすめるきっかけとなる。そのようにして意識は、そのズレが完全になくなる地点、ズレがもたらす困惑が完全に解消される地点をめざして、意識の経験の歩みを延々と続けてゆくことになる。そして、ついに（というか、ようやく）そのズレがなくなる地点、つまり、意識の経験の歩みが最後にたどり着くべき地点、意識の経験の歩みのゴールともいうべき地点であるのが、絶対知なのである。絶対知が絶対知と呼ばれるのは、そこがそうした地点だからなのだ。

　ところが、その絶対知をあつかう「絶対知」章に入るやいなや、ヘーゲルは、意識の経験の歩みを叙述することをぱったりとやめて、そのかわりに、意識の経験のこれまでの歩みを振り返るということだけを延々とおこなうのであり、そしてそのことをとおして、絶対知がすでに成立していたことを確認するのである。

　もちろん、これまでも、意識が経験していることが何を意味するもの

であるのかについてヘーゲル自身が解説というかコメントをそえるという
ことは、しばしばされてきたことだった。しかしそれは、あくまでも、
意識が経験していることが何を意味するものであるのかについての解説
というかコメントなのであり、意識が経験していること、経験したこと
を前提とした解説でありコメントだったのである。意識が経験している
こと、経験したことの叙述が『現象学』の本体なのである。

　ところが、「絶対知」章では、その絶対知が意識のどのような経験と
して意識に経験されるのかについては、いっさい何も語られることはな
い。かわりに、意識の経験のこれまでの歩みを振り返るということだけ
がなされ、そのことをとおして、絶対知がすでに成立していたことを確
認するのである。

　話をより正確にしておけば、もちろん、絶対知がすでに成立していた
としてもかまわないのである。ただ、そのとき、意識はそのことに気づ
くことができなかったのである（気づくことができたら、そこで意識の経
験の歩みは終わりとなる）。とすれば、そのことに意識がどのようにして
気づくことになるのか、それは意識にとって意識のどのような経験とな
るのか、ということが、あらためて叙述されなければならないはずなの
である。そしてそれが「絶対知」章の中身ということになるはずなので
ある。

　これまでこの書物を読みすめてきた読者ならば、当然、そのことを期
待する（私がはじめて『現象学』を通読したときもそうだった）。意識の経
験の歩みをひたすら描き続けるということは、この『現象学』という書
物のルールなのである。ところが、ヘーゲルはみずからルールをやぶる
のである。しかも、絶対知というゴールを目前にした地点で。ヘーゲル
が書くことはすべて正しいし、正しいはずだ、という立場にでも立たな
い限り、その事実は誰もが認めないわけにゆかないだろう。

　なぜヘーゲルは、絶対知が意識にとって意識のどのような経験である
のかについて語らなかったのか。あるいは、語れなかったのか。これは、
おそらく「絶対知」章の最大のテーマである。それは『現象学』という
書物にとっても最大のテーマの（少なくとも）ひとつかもしれない。あ
りとあらゆる仮説が可能だろう。が、ここでは、そうした考察を（私な
りに）試みる前に、「絶対知」章がどのような構成で書かれた章である

かといったことを確かめておくことにしたい。

1　「絶対知」章の構成

　この「絶対知」章は、意識がおこなう経験についての叙述をまったく含まないこともあり、ひじょうにコンパクトである。ちなみに、章の分量を見ると、オリジナルでは「意識」章が79ページ、「自己意識」章が61ページ、「理性」章が214ページ、「精神」章が267ページ、「宗教」章が117ページあるのにたいして、「絶対知」章がわずか24ページとなっている。

　章の全体はおおきく五つに分けることができる。

　最初の部分は段落1である。

　まずヘーゲルが語るのは、「宗教」においては、あらわれてきたものがすべて「表象という形式」をまとっていたが、その「表象という形式」が克服されなければならない、ということである。

　が、ヘーゲルによれば、「表象という形式」がどのように克服されるかについても、意識はすでに経験済みなのである。ただし、とヘーゲルは念を押す。「表象という形式」の克服は、たんに「表象という形式」のうちにあるものを否定することではないのであり、「表象という形式」のうちにあるものを意識が自分自身として見いだすという肯定的な意味をもつこととしてなされなければならない、と。が、これも、『現象学』をここまで読みすすめてきた読者にとっては、「またか…」と思わないわけにゆかないほどの、おなじみの論理である。目の前にある対象をただ否定するだけでは、その対象にかわってあらたな対象があらわれるだけなのであり、対象がよそよそしいものとしてあらわれることそのことが克服されることはない。それが克服されるのは、その対象が意識自身にほかならないものであることが（＝自分が対象というかたちをとったものにほかならないことが、つまり、それが自分が生みだしたものにほかならないことが）知られるときなのだ、という論理である。もちろん、意識にとってすでに経験済みのこととしてあるのは、そうした、意識が対象を自分自身にほかならないものとして知る、ということなのである。

第二の部分は、段落2から段落7である。

　ここでは、意識が対象を自分自身にほかならないものとして知るということを意識がこれまでどのように経験してきたか、ということが振り返られる（ヘーゲル自身のことばによれば、「回想」される）。ヘーゲルによれば、対象が意識自身にほかならないということが意識自身によって端的に経験されたことは、三回あったという。ひとつは「観察する理性」においてであり、つぎが「純粋洞察と啓蒙」においてであり、おしまいが「道徳的な自己意識」においてである。ヘーゲルは、それぞれにおいて、対象が意識自身にほかならないものであるということが意識にどのように経験されかたを、あらためてふりかえる。

　第三の部分は、段落8から段落10である。

　さきの段落でヘーゲルが「道徳的な自己意識」と呼んでいたのは、「精神」章の「C　自分自身のことに確信をもつ精神。道徳性」のおしまいの場面「c　良心。美しい魂、悪とその赦し」のことなのだが、それが「宗教」章の内容がまとっていた「表象という形式」を克服するものであるのは、それが意識のおこなう「行動」であったからなのである。意識がおこなう「行動」こそは、「表象という形式」を克服することを意識に可能とするものなのである。『現象学』においてすでにヘーゲルがくりかえし語ってきたことではあるが、ヘーゲルはあらためてそのことを確認しながら、「良心」において意識がおこなった「行動」の内容をふりかえるのである。

　第四の部分は、段落11から段落12である。

　ヘーゲルにとって、すでに絶対知の境地は実現している。そこでは、よそよそしい対象が意識にたいしてあわれることはもはやなく、意識にあらわれるのはどこまでも意識自身なのである。意識が意識自身とたわむれる、と言うか、意識が意識自身を意識自身とたわむれさせるのである。そしてそのようにしてくりひろげられるものが、ヘーゲルが「学」と呼ぶものなのである。出版された『現象学』の正式のタイトルは、「学の体系。第一部、精神現象学」だった。ヘーゲルがここで「学」と呼んでいるのは、その「学の体系」のことである。言うまでもなく、「学の体系」の「学」とは哲学のことである。

　第五の部分は、段落13から（最後の）段落21である。

　分量的にも「絶対知」章のメインとなる部分だが、そのテーマをひとことで言えば「歴史」である。ヘーゲルは、歴史とは何にかについて絶対知の立場から語ろうとする。

　この部分はしばしば、『現象学』に続くはずだった哲学体系について語ったものと解釈される。が、その解釈には無理がある。つまり、語られていることが、あまりにも『現象学』それ自身のことでありすぎるのだ。つまり、ここで語られているのは、ひとつの歴史哲学としての『現象学』それ自身のことなのである。『現象学』とは、ひとつの歴史哲学にほかならないものなのである。狭い意味での歴史哲学（国家の歴史にかんする哲学）だけではなく、哲学史、芸術史、宗教史を含む歴史哲学だ。『現象学』はこのときのヘーゲルの体系においては、歴史哲学として位置づくものだったのであり、『現象学』という名の歴史哲学を生みだされなければならない必然性も、もともと体系のうちにあったのである。

　この第五の部分から、そのもっとも簡潔な要約となるセンテンスを探し出すとすれば、それは以下のセンテンスだろう。「学は、学自身のうちに、純粋な概念という形式を外化する必然性を含むものとしてある。つまり、概念が意識へと移行するということを含むものとしてある」（段落19）。『現象学』はそのようにして体系（＝学）から生みだされたものなのである。

　以上は、「絶対知」章の（私なりの）もっともコンパクトなまとめである。実際の「絶対知」章では、『現象学』固有のジャーゴンがこれでもかと最終動員され、そうしたジャーゴンにそれなりにつうじたものにしかとうてい理解できないような表現が延々と続く。

　サンプルとして、「絶対知」章のなかではまだジャーゴンの密度が低い段落一の私訳を試みておこう。「絶対知」章の約18分の1の分量だ。

　　啓示宗教の精神においては、意識が意識としてあるということがまだ克服されていなかった。同じことを言い換えれば、啓示宗教の精神が現実的な自己意識としてあるとき、意識の対象となっているのは、自己意識ではないものなのである。啓示宗教の精神そのものもそうなのだが、その精神のうちで互いに区別されたものとしてあるもろもろの契機もまた、表象することに陥っており、対象として

あるという形式に陥っているのである。が、表象することの内容としてあるものは、絶対的な精神なのであり、これからなされなければならないこととして残っているのは、表象することというたんなる形式でしかないものを廃棄することなのである。つまり、表象することというたんなる形式でしかないものは、自己意識としてあるのではなく意識としてあるのでしかない意識に属するものであるから、たんなる形式でしかないものが、ほんとうはどのようなものであるかは、意識としてあるのでしかない意識がそのもろもろの形態をくりひろげたときに、すでに明らかになっていることなのであり、そのことを確かめるということが、これからここでなされなければならないことなのである。―意識としてあるのでしかない意識がそのもろもろの形態をくりひろげたときになされたのは、意識の対象であるものが克服されるということだったわけだが、それは、対象が自己意識の自己のうちへと還帰すべきものとしてあることが証されたというような、一面的なこととして理解されてはならない。より端的に言えば、対象そのものが意識にたいして消失するものとしてあらわれる、ということは、物であるものとして立てられているものは、自己意識がみずからを外化したものである、ということでもあるのである。自己意識がみずからを外化するということは、たんに否定的な意味だけではなく、肯定的な意味をももつこととしてあるし、しかも、たんに我々にとってそうしたものとしてある、つまり、そのものとしてそうしたものとしてある、というだけではなくて、意識自身にとってもそうしたものとしてあるのである。そのことによって、自己意識にとっては、対象が否定的なものとしてあるということ、つまり、対象が自分自身を廃棄するものとしてあるということは、肯定的な意味をもつこととしてあるのである。もう少し詳しく説明しておこう。自己意識が対象が無にひとしいものであることを知るのは、一方では、自己意識が自分を外化することによってなのである。――というのも、自己意識が自分を外化するとき自己意識がおこなっているのは、自分を対象として立てるということだからである。自分を対象として立てる、ということは、言い換えれば、対象を自分として立てる、ということでもある。自己意

識が自分のちからで存在するものとしてあるとき、自己意識は不可分の統一としてあるからであり、そこでは対象と自分とは分離されたものとして存在しはしないからである。が、自己意識が自分を外化するとき、他方では、それとは別の契機がそこに存在する。つまり、自分を外化し、外化された自分が対象として存在するということを自己意識自身が廃棄し、自分のうちに還っており、それゆえ、自分ならざる他のものそのものとして存在しながら、自分のもとに存在している、という契機である。——これが意識がいまおこなっている運動なのであり、そしてそのとき、意識は意識をかたちづくるもろもろの契機の総体となるのである。——同様に、意識は対象にたいしても、対象を対象をかたちづくるもろもろの規定の総体としてあつかうという態度をとらなければならないし、対象をそれらの規定ひとつひとつをもとに把握するときも、それらの規定のひとつひとつをそうした総体をかたちづくるものとしてあつかわなければならない。対象が対象をかたちづくるもろもろの契機の総体として存在するということが、対象を、そのものとして精神的な本質としているものなのである。対象がそのものとしてそうしたものであるだけではなく、意識にとってもほんとうにそうしたものであるためには、意識は対象のもつもろもろの規定のひとつひとつを自分自身として把握していなければならないのである。つまり、それらの規定にたいして、いま述べたような精神的な態度をとらなければならないのである。

　いかがだろうか。このあと「絶対知」章では、この約17倍の量のこういった文章が続くことになる。私の解釈をはっきりさせるためにやや饒舌に訳してみたが、この段落1が、あたりまえの話としてそれなりにすらすらと読めるようでないと、段落2以降はなかなか歯がたたないだろう。

　ヘーゲルの文章には、複雑な数式をことばで表現しようとするようなところがある。ヘーゲルがもちいるさまざまなタームは、ことばで数式を組み立てるためのジャーゴンと言ってもいいかもしれない。私の印象を言えば、ヘーゲル学とは、ヘーゲルのあやつるそうしたジャーゴンに

それなりにつうじるための努力と苦労のことである。ちなみに、ヘーゲルのテクストは、たとえドイツ人であっても、ヘーゲルのジャーゴンにつうじていなければ、まったくちんぷんかんぷんのドイツ語である（もちろん、何らかの雰囲気は伝わるのだろうが）。それをいかにニホン語に訳そうとも、ヘーゲルのジャーゴンにつうじていないものでも読めるようなものになるはずがないのは当然なのである。

2　草稿「Ｃ　学」と「絶対知」章との関係について

　実は、この「絶対知」章は、『現象学』のなかで異稿をもつただひとつの章である。「Ｃ　学」というタイトルをもつ草稿である。一読して誰もが感じないわけにゆかないのが、やはり「絶対知」章との内容的な重複なのである。無数のこまかな修正がなされた草稿であることや、中断したたまま終わっていることなどを考えると、これが『現象学』の下書き（の一部）として書かれたものであることはまちがいない。

　もちろん、出版された『現象学』にもその「絶対知」章にも、「Ｃ　学」というタイトルをもつ個所は存在しない。そのため、この草稿を読む誰もが考えないわけにゆかないのが、この草稿と「絶対知」章との関係のことである。たとえば、「Ｃ」にさきだつ「Ａ」「Ｂ」は何だったのかとか、さらには、その「Ａ・Ｂ・Ｃ」から構成される章が『現象学』のなかでどのような位置をしめていたのか、といったことだ。

　が、そこ問題についての私の考えは、私が30年ほど前に出した『ヘーゲル「精神現象学」試論　埋もれた体系構想』（未來社）の第一章ですでにそれなりに詳しく書いた。ひさしぶりに読み返してみたが、修正が必要なところは何もなかった。つまり、この問題について私の考えていることを書こうとすれば、『ヘーゲル「精神現象学」試論』の第一章をここにそのままコピペしなければならないことになる。が、それはやめて（あたりまえのことだが）、そのかわりに、その章の結論をここに記しておこうと思う。

　まず、「絶対知」章と草稿「Ｃ　学」の対応関係だが、以下のような対応関係を見いだすことができる。

「絶対知」章	草稿「Ｃ　学」
段落1	段落1
段落2〜7	段落2〜5
段落8〜10	
段落11〜12	段落6〜8（テキストはここで中断）
段落13〜21	

　つまり、草稿「Ｃ　学」には、「絶対知」章の段落8から10にあたる部分が欠けているわけなのである。私の推測は単純だ。「絶対知」章のその段落8から10こそは、もともと「Ｂ」だったものなのではないか、それには「道徳性」といったタイトルがつけられていたのではないか、そして「Ａ」は、出版された『現象学』の「宗教」章にあたるものだったのではないか、というものである（ただし、その「Ａ・Ｂ・Ｃ」からなる章がどのようなタイトルをもつ章であったかを知るための手がかりは、草稿「Ｃ　学」にはない）。ヘーゲルはもともと「Ｃ」にさきだつ「Ｂ」であったものを「Ｃ」に組み込みながら、それに「絶対知」というタイトルをつけ、さらに、もともと「Ａ」であった「宗教」を、独立した「宗教」章とした、ということになる。

　それにしても、なぜヘーゲルは、もともと「Ｂ」であったものを「Ｃ」に組み込むことにしたのか。そしてそのさい、「Ｂ」を「Ｃ」の内部に組み込むことにしたのはなぜなのか。

　最初の疑問への答えは単純だ。「Ｂ」でなされるのは「道徳性」の「良心」の内容をふりかえることだけなのだ。それだけのものでしかないものを、「Ｂ」という独立したパートとすることをヘーゲルはためらったのではないか。

　ふたつめの疑問への答えもやはり単純だ。「Ｃ　学」の段落2から5は「良心」の内容をふりかえるところでおわっている。そして「Ｂ」の内容もその「良心」の内容をふりかえることなのだ。だからヘーゲルはふたつを連続させることにしたのではないか。

　そのことはともかく、この草稿「Ｃ　学」が書かれたとき、『現象学』は以下のような章だてのものとして構想されていたことになる。

（Ａ）意識
（Ｂ）自己意識
（Ｃ）（ＡＡ）理性
　　　（ＢＢ）精神
　　　（ＣＣ）？

　実は、『現象学』の原稿の執筆開始のころとほぼ同時期に書かれた草稿『自然哲学・精神哲学』のなかに、「思弁哲学」のスケッチが記されており、それを見ると、その「思弁哲学」がどのような構成をもつものであるかが推測できる。そしてその「思弁哲学」の構成が、『現象学』のこの構成と対応するのである。そのことから私は、『現象学』のこの構成こそが、『現象学』の執筆開始当初の構想であったはずだと推測したのだが、そのことにはここでは（必要がないので）立ち入らないことにする。
　私が『ヘーゲル「精神現象学」試論』を発表したときもそうだったのだが、こうした考察は、しばしば、ヘーゲル哲学へのアプローチとしては非本質的で文献学的すぎるものとみなされ、さげすまれることがある。が、私が今も思うのは、そうしたさげすみは、やはりヘーゲル哲学にたいする真剣さの欠如にほかならない。ヘーゲル哲学の根幹に迫ろうとしながら（あたりまえの話だが、ヘーゲルもまたひとりの人間でしかないし、『現象学』もその人間が書いた一冊の本でしかない）、「絶対知」章なら「絶対知」章に書き連ねられたすべてのことばを容赦なく分析し、さらにその「絶対知」章の異稿である「Ｃ　学」に書き記されたすべてのことばを容赦なく分析するつもりでテキストにあたろうとするとき、私が考えようとしたことは、誰でも考えないわけにゆかないことなのである。むしろ、ヘーゲルのテキストのすみからすみまでを容赦なく分析しきろうとすることがないまま、そのなかのお気に入りのフレーズだけをとりだして、意味ありげなことを考えるといったことにどれほどの時間を費やしたとしても、かりにヘーゲル学(のようなこと)をおこなっていることにはなったとしても、残念ながら、ことばのほんとうの意味での哲学をおこなっていることには永久にならないのである。

3　宗教から哲学へ

　話を最初の問いにもどそう。なぜヘーゲルは「絶対知」章で、これまでの内容を振り返るということしかおこなわなかったのか、おこなえなかったのか、という問いである。つまり、なぜ、意識の経験のさらなる歩みを叙述することをおこなわなかったのか、おこなえなかったのか、という問いである。

　ヘーゲルは、絶対知をなりたたせるような意識の経験を思い浮かべることができなかったのではないか、というのが、おそらく、考えることができるもっとも単純な答えだろう。絶対知へと至る意識の経験の最終的な歩みを叙述したくても、それが思い浮かばなかった、というわけである。

　それでは、それを思い浮かべることができなかったのはなぜなのか。ヘーゲルはヘーゲルの言う絶対知をなりたたせるものを時代に見いだすことができなかったのではないか、というのが、やはり、考えることができるもっとも単純な答えだ。

　ヘーゲルの言う絶対知とは哲学のことであるわけだが、ヘーゲルにとって哲学とは、歴史やそのひとコマとしての時代を超越したものではなく、どこまでもそこに内在するものだった。もちろん、ヘーゲル自身の哲学も例外ではない。つまり、ヘーゲルが言う絶対知がなりたつのは、しかるべき時代においてなのである。が、『現象学』を書きすすめていたヘーゲルは時代にそうしたものを見ることができなった。

　ヘーゲルが生きた時代はヨーロッパ全体が激動した時代だったが、とりわけヘーゲルが『現象学』の執筆をおこなっていた時期というのは、その激動がヘーゲルの身にリアルに迫ったときでもあった。『現象学』は全体の原稿ができるのを待たずに、できあがった部分から印刷所に送られ印刷にかけられてゆくという、きわめて異例のかたちで執筆がすすめられていった書物であるわけだが、ヘーゲルがようやく『現象学』の原稿の最後の部分（おそらく「序文」）をしあげることができた 1806 年 10 月 13 日というのは、ヘーゲルのいたイェーナがナポレオン軍によって占領された日であり、ヘーゲルは印刷所に送られるべき原稿を送るこ

とができずに（郵便馬車はとまっていた）、その原稿をポケットにイェーナの街を逃げまどわなければならなかったのである。

　もちろん、時代のそのような激動そのものこそは絶対知をなりたたせるものそのものだ、ということであれば、話は別かもしれないが、少なくともヘーゲルの言う絶対知とはそうしたものではなかった。『現象学』を執筆しているときのヘーゲルが、のちのベルリン大学時代のヘーゲルのように、「私の哲学とは哲学史における哲学の最終段階のものであり、それは、人類の歴史がその最終段階に到達したときに可能となるものなのである」と考えていたかどうかはわからない。しかし、そうした究極の完成をもとめるのがヘーゲルのメンタリティであり（そうした究極の完成こそがヘーゲルにとっての絶対的なものにほかならない）、時代の激動そのものに、絶対知をなりたたせるものを感じるということはヘーゲルにはできないことなのである。絶対知をなりたたせるものが感じられるためには、その激動がしかるべき秩序へとことごとく回収され、完成したもの、完結したものがあらわれなければならないのである。

　実は、この問題について私はずっとそのように考えていて（『ヘーゲル「精神現象学」試論』を書いていたときもそうだった）、いま書いているこの原稿を書き始めたときも、それをそのまま結論にするつもりでいた。が、この原稿を（そうした予定された結論へむかって）書きすすめながら、私は、ヘーゲルが宗教と絶対知のあいだを、それまでの意識の経験の内容を回想するというかたちでしか埋めることができなった、より深い事情があったのではないか、ということに気づいた。

　『現象学』のそれぞれの章は、時間的な連続性をもったストーリーとして書かれている。たとえば「意識」で言えば、「感覚的な確信」が否定されて過去のものとなり、そのかわりに「知覚」があらわれ、そして、その「知覚」が否定されて過去のものとなり、そのかわりに「悟性」があらわれる、というようにだ。「知覚」にとって「感覚的な確信」は過去のものであり、「知覚」は「悟性」にとっては過去のものなのである。あるいは「自己意識」章で言えば、「主人と奴隷」は、「ストア主義」にとっては過去のものであり、「ストア主義」は「懐疑主義」にとっては過去のものであり、「懐疑主義」は「不幸な意識」にとっては過去のものなのである。この事情は「理性」章でも、「精神」章でも変わらない

（ただし、章と章とのあいだには、そうした時間的な連続性はない。時間的な連続性があるのは、それぞれの章の内部だけなのである）。

　『現象学』のもともとの構想における最終章は「Ａ　宗教」「Ｂ　道徳性」「Ｃ　学」という構成であったわけだが、ということは、「宗教」は「道徳性」にとって過去のものとなり、そしてその「道徳性」は「学」にとって過去のものとなる、ということになる。「道徳性」は「宗教」を否定し克服するものとしてあり、「学」は「道徳性」を否定し克服するものとしてある、ということになるのである。

　「学」とは絶対知のことであり、哲学のことである。つまり、『現象学』のもともともとの構成における最終章は、あからさまに、哲学が宗教を否定する、というストーリーであることになるのであり、哲学は宗教を否定する（＝過去のものへと葬る）ものとしてあらわれ、そうしたものとして存在することになるのである。

　ちなみに、すでに見たように、出版された『現象学』の「絶対知」章においても、ヘーゲルはその冒頭で「宗教における表象という形式が克服されなければならない」ということをしきりに語っている。もちろん、そのさいにヘーゲルは「その克服は一面的であってはならない」ということもしきりに語ってはいるのだが、それはあくまでも「表象という形式」の克服のしかたにかんすることであり、「表象という形式」が克服されるべきものであることにかわりはないのである。

　が、宗教が宗教であるのは、それが「表象という形式」のうちにあるからなのだ。したがって、「表象という形式」を否定するとは、宗教そのものを否定する（＝過去のものとする）ことにほかならないのである。だがそれは、ヘーゲルののちに続く（いわゆる）ヘーゲル左派のものたちの立場ではあっても、ヘーゲル自身の立場ではない。ヘーゲルにとって宗教と哲学とは次元を異にしながら共存すべきものとして存在するのである。

　その限りで、ヘーゲルが宗教と哲学とのあいだを回想でつなげようとしたことは、ヘーゲルにとって正しいことだったのである。宗教と哲学のあいだにあるのは、哲学が宗教を否定するという関係ではなく、次元の違いだけなのである。つまり、「表象」という次元か、「知」という次元かの違いだけなのである。意識の経験の歩みが絶対知（＝哲学）にさ

しかかるさいにヘーゲルがおこなわなければならなかったのは、そのことを確認することだけだったのである。そこにあるのは「すでに」の関係である。宗教のなかみは、すでに哲学そのものだったのである。そして、そのことを知るきっかけも、すでに「道徳性」にあったのである。何もかも、「すでに」なのである。それが、ヘーゲルが「回想」というかたちでおこなったことなのである。

　そしてその限りで、『現象学』のもともとの最終章の構成には問題があったのである。宗教と哲学とをひとつの章において連続させようとすることは、哲学が宗教を否定する（＝過去のものとする）ものとしてあるということを語るのに等しいことだったのである。

　そしてその限りで、ヘーゲルが最終章における宗教と哲学とを切り離し、それぞれを独立の章としたこと（＝哲学が宗教を否定するものとしてあらわれるというストーリーを回避したこと）は、ヘーゲルにとって、正しかったことなのである。

　が、それにしても、と私は思わないわけにゆかない。「絶対知」章のもっとマシな始めかたはなかったのか、と。あるいは、うまく「絶対知」章につながるような、「宗教」章のもっとマシな終わらせかたはなかったのか、と。

　よけいなおせっかいかもしれないが、たとえば、「宗教」章のいちばんおしまいに、「道徳性」の内容をそれとなくもちこんでもよかったのではないだろうか。「宗教」章は、キリスト教の教団についての話で終わっているわけだが、まさにその教団でおこなわれているのは、教団に所属するものたちがおこなう許しという行為であり、その行為こそが、「表象という形式」を超えることを可能とするものとしてあるといったことをほのめかす、といったような終わらせかたをしてもよかったのではないだろうか。

　ヘーゲルはもともとの最終章を「宗教」章と「絶対知」章とに分離したのだが、ただ二つにわけただけなのである。「Ｃ　学」と「絶対知」章とのそれぞれの書き出しを読みくらべればわかるように、内容は悲しいくらいいっしょなのである。だとすれば、なぜヘーゲルはそうしたのか。ただ二つにわけるということしかしなかったのか。それしかできなかったのか。

　おそらくその理由は単純だった。そのための時間がなかったのである。ヘーゲルが原稿をしあげることができた 1806 年 10 月 13 日というのは、原稿の絶対的な締切日に間に合わせるためにヘーゲルが原稿を郵送しなければならない絶対的な期限だった。一日でも遅れたならば、ヘーゲルは出版社から出版の中止を宣告され、しかもそれだけではなくて、すでにおこなわれていた印刷の費用も弁償しなければならなかった。

　時間がなかったのだ。残された時間のうちでヘーゲルにおこなうことができたのは、最終章を二つの章にわけることだけだったのである。それ以上のことをおこなう時間がヘーゲルにはもうなかったのである。そしてそのようにして、私たちが今目にしている「絶対知」章ができあがり、その「絶対知」章を最終章とする『現象学』なる書物ができあがったのである。

　そろそろ、かってな妄想にふけるのもほどほどにすべきではないか、とのお叱りをうけるころかもしれない。が、そうした妄想をどこまでもふくらませることこそ、『現象学』という書物のもっとも高級な楽しみかたであると私は思うし、私がいまだに『現象学』という書物を忘れることができない、どころか、かなりの愛着をおぼえないわけにゆかないのは、『現象学』がそうした楽しみにふける時間を私にとめどもなくあたえてくれる書物だからなのである。

おわりに

　私に与えられたスペースがもう少しだけ残っている。おしまいに、「絶対知」章の最終段落を訳出しておこう。「絶対知」章のまちがいなくもっとも難解な段落だ。

　ここまで『現象学』を読みすすめてきたものであれば、おしまいに、巨大なシンフォニーの最終楽章のコーダにおけるような圧倒的なクライマックスを期待するのは当然かもしれない。が、その期待は裏切られる。ヘーゲルがおこなうのは、あまりにも淡々とした作業だ。『現象学』はすでに終っているのだ。「絶対知」章が始まるまえに、すでに終ってい

たのだ。終りが終りであることを確かめることしか、ヘーゲルにはすることがないのである。ここにあるのは、すでに終った宴の味気なさだ。それは破壊につぐ破壊のなんとも暴力的な宴だった。その宴の終りは、味気なさをとおりこして、どこか陰気でさえある。最後のシラーの引用は、おしまいをおしまいらしく演出するためのものだったのかもしれない。が、味気なさは、いかんともしがたい。

　が、精神の生成のもうひとつの側面である歴史では、生成が、知るということをおこないながら、そのことをとおして自分を自分と媒介するというかたちですすむのであり——それは、自分を時間において外化する精神として存在する。けれども、精神がおこなうその外化は、外化することそれ自身を外化することでもあるのである。否定するということが、否定するということをおこなっている自分自身を否定することとしてなされるのである。そのようにしておこなわれる生成が描くのは、もろもろの精神がかたちづくるひとつの緩慢な運動であり連続である。それはもろもろの像からなるひとつの画廊であり、その像のひとつひとつが、精神の完全な富をそなえたものとしてあり、緩慢に運動するものとして存在する。運動が緩慢であるのは、自己は、自分の実体であるものがもつ富のすべてに浸透しながら、それを消化しなければならないからである。精神が完成するということは、精神であるところのものを、つまり精神の実体であるものを、完全に知るということにおいてなされることとしてあるから、精神がそこでおこなう知るということは、自分のうちへとゆくということとしてなされる。自分のうちへとゆきながら精神がおこなうのは、外化によって生じていた自分の存在を放棄しながら、外化のさいに自分がまとっていた形態が記憶のうちで内面化されてゆくにまかせる、ということである。そのようにして自分のうちへとゆきながら、精神は、自己意識の暗闇へと沈み込んでゆくのだが、消失していった精神の存在は、その暗闇のうちで保存されているのである。精神の存在の廃棄はそのようになされるのである——つまり、廃棄されるということは、以前のものが、精神がおこなう知るということのなかから新たに生まれるということなので

ある。精神の廃棄された存在は、そのようにして、新たな存在となるのであり、ひとつの新たな世界、精神のひとつの新たな形態となって存在するのである。精神の新たな形態がそのようにして生まれるたびに、精神は、生まれたままの状態で無邪気に一からやり直さなければならならず、自分をそうした状態からふたたび育て上げなければならなくなる。それはあたかも、先行していたもののすべてが精神にとって失われており、精神は先行するもろもろの精神からは何も学ばなかったかのようである。しかし、精神はそれらの先行するものを記憶のうちへと内面化しながら保存しているのであり、記憶のうちへと内面化されたものは、実体の内なるものとなっているのであり、そして、実体のもつ形式が、実施にはより高次のものとなっているのである。それだから、自分を形成するということを精神がふたたび一からやり直すとき、生まれたままの自分から出発しているかのようにしか見えないとしても、自分を形成するということを精神がやり直すということは、同時に、より高次の段階においてなされているのである。もろもろの精神からなる国が、そのようにして存在のうちで形成されることになるのだが、その、もろもろの精神からなる国はひとつの継起をかたちづくるものとして存在する。つまり、そこにおいては、ひとつの精神があらわれ、その精神に先行する他の精神と入れ代わりながら、あらわれたどの精神も、それに先行する精神から、世界という国を受け継ぐ、ということがなされるのである。そのような継起が目標とするのは、深みにあるものを啓示することであり、そしてそのようにして啓示されたものが、絶対的な概念なのである。深みにあるものを啓示することは、精神の深みを廃棄するということ、つまり、精神を広がりもつものとすることなのだが、それは、自分のうちに存在している自我がみずからを否定することとしてなされ、精神が自分を外化し、実体として存在するものとなることとしてなされるのであり──そのことが、精神に広がりだけではなく時間をももたらすのである。つまり、精神がおこなう外化そのものが、外化するということ自身を外化することとしてあり、そのため外化は、広がりをもつと同時に深さをもったものとなり、時間のうちで自己が営む活動となるのである。

精神が向かう目標は、絶対知、つまり、自分が精神であることを知る精神であるが、その目標に至る道のりでおこなわれるのは、もろもろの精神を記憶のうちに内面化するということである。もろもろの精神のそれぞれがそれ自身においてどのようなものであり、もろもろの精神からなる国をどのように組織し完成させるものなのかが、記憶のうちに内面化されるのである。記憶のうちで内面化されながら保存されているもろもろの精神を、偶然のできごとという形式で現象する自由な存在として見るならば、そこにあらわれるのは歴史であり、概念的に把握された組織として見るならば、そこにあらわれるのは、現象する知にかんする学である。その二つをひとつにまとめたものが、概念的に把握された歴史であるのだが、その二つは、絶対的な精神がこれまでくりひろげてきたことの記憶をかたちづくるものとして存在し、そしてその記憶こそが、絶対的な精神がくりひろげてきたことのすべてが葬られているゴルゴダの丘なのである。その二つは、絶対的な精神の支配権が、どのような現実として存在するものであり、そのほんとうのすがたがどのようなものであり、それがどれほど揺るがないものであるかを証すものとして存在する。もしその二つが存在しなかったならば、絶対的な精神は支配権を失い、生命を欠いた孤独な存在となることだろう。ただ――
――

　　もろもろの精神からなる国という杯のなかからのみ
　　精神の無限のすがたが泡立つのである。

　古典学は最終的に翻訳にゆきつく。神は細部に宿る、ではないが、ヘーゲルのことばのひとつひとつ、フレーズのひとつひとつをどのように訳すかには、ヘーゲルをどのように読み、どのように解釈し、そしてヘーゲルに何を求めたかの、すべてがあらわれる。が、そもそも、ヘーゲルのテクストをニホン語に移そうとすることが不可能なことなのである。それをおこなおうとするのが翻訳である。そこには、ヘーゲルでもないし、ヘーゲルでないものでもないような、なにかが生まれる。その限りで、翻訳ほどクリエイティヴなものはない。

第7章

〈精神とは何か〉の経験と近代
——『精神現象学』の実践哲学的テーマ

滝口　清榮

はじめに

　『精神現象学』は哲学史上の奇書であり、そのライトモチーフは、ま
だ学の境地にない意識がさまざまな経験の舞台をへて、教養形成を重ね
て、学の境地に到達する点にある。この書は「意識の経験の学」という
タイトルをもって書き始められた。しかし、それに続くはずの——体系
の立場に立つ——『論理学』執筆の見通しが立たなくなり、その穴埋め
をするために、意識の諸形態だけでなく、世界の諸形態をも扱うことに
なった。そうして実体の生成というテーマまで抱えこむことになり、著
作のタイトルは「精神現象学」に換えられた。最初のプランがどのよう
に変わっていったのか、これについては不明な点が多い。また本来の体
系に到るための予備学は本当に必要なのか、あるいはヘーゲルはこの位
置づけをもち続けたのかどうか、これについても不明な点が多い。

　『精神現象学』の成立そしてその体系的位置について、このように込
み入った事情がある。そこにナポレオンのイェーナ進攻と重なったこと
で、この書はいっそう劇的な雰囲気に包まれる。難産の末に生まれたこ
の書は、人類のさまざまな知的遺産をとりあげて、読む者に知的刺激を
発信し続けている。

　さて、『精神現象学』には、相互承認や主と奴をめぐる問題（「自己意識」
章）、自己意識が自己実現をめざす諸形態、道徳性と人倫をめぐる問題
（「理性」章）、自己意識と世界の諸形態をめぐる問題（「精神」章）など、
実践哲学的に興味深いテーマが配置されている。これらは、実践哲学的

にどのような基本的なストーリーのもとで配置されているのか。基本的なストーリーがあるとするならば、それぞれどのような位置価をそなえているのか。そもそもヘーゲルは実践哲学の面で何を提示しようとしているのか。筆者はこの問題について納得いく研究に出会う機会がなかった。本稿はこれらの問題に対して、筆者なりの見解を示すことをめざしている。そこには、イェーナ期ヘーゲルの実践哲学的思索の評価が、そしてヘーゲル法哲学のライトモチーフをどう捉えるかということがかかわるであろう。

さて「自己意識」章は「精神の概念」を示し、これから「精神とは何かの経験」が始まることを告げている。しかしその着地点については語らないままであった。本稿は、当初は着地点を「理性」章末尾としていた可能性を指摘しつつ、さらに「理性」章B冒頭の読解を通して、着地点を「良心」におくこと、「良心」に本来の「人倫的実体とは何かの意識」という意義を与えていることを明らかにする。そうして実践哲学的コンテクストにおける『精神現象学』のモチーフは、現代において人倫的共同体を構想するための知的立脚点が、この現代において誕生したことを宣言する点にあることが明らかになるであろう。

ところで「良心」に到って初めて、「精神の概念」（「自己意識」章）の純粋な構成契機、すなわち（個としての）**対自**（**Für sich**）、（他者との関係としての）**対他**（**Für anders**）、（普遍としてのそれ）**自体**（**An sich**）が、はっきりと示される。本稿は、「精神とは何かの経験」の出発点である「自己意識」章から「精神」章にかけて、三つの契機がどのように設定されていくかを浮かび上がらせてみる。このことで、意識の経験における、それぞれの舞台の特徴と段階的進行が明らかになるであろう。

1　「精神とは何かの経験」──その着地点をどこにおくか

（1）「精神」概念の特異性
──『精神現象学』と『イェーナ体系期構想Ⅲ』

「自己意識」章が示す「精神」概念はきわめて特異なものである。

> これから意識に生成してくるのは、精神とは何かという経験である。
> 精神という絶対的実体が、その対立者、つまり相異なり独立に存在
> する自己意識が完全に自由であり自立していながら、両者の統一で
> あること、すなわち我々である我と、我である我々との統一の経験
> である。(108/182)

　諸個人が互いに自由を制限しつつ共存しあう関係と体制はどのように
可能かという問題に、近代の思想家たちが関心をよせていたときに、ヘー
ゲルは「相異なり独立に存在する自己意識が完全に自由であり自立して
いながら、両者の統一であること」という独特の精神概念を対置してい
る。この「統一」や「我々」は、ルソーにならうならば、特殊意志の寄
せ集めである共通意志ではなく、一般意志のレベルにある。個人の自由
とこの統一は位相を端的に異にしている。しかるに、二つのレベルが一
致するとは、いったいどういうことなのか。このあり方はいったいどの
ような境位で成立するのか。またそのリアリティをどう考えたらよいの
か（そのためには『イェーナ体系期構想Ⅲ』(1805/06 年)「精神哲学」を検
討する必要がある）。この統一をいきなりリアルに考えるならば、その
現実性は夢想に近く、あとで見る「絶対自由と恐怖」(「精神」章) とい
う事態をまねくであろう。

　それでは「精神とは何かの経験」の着地点はどこにあるのか。この「精
神の概念」は、自己意識の自由に関わることから、神的実体に関わる宗
教章以前を想定していると見てよいだろう。

　さて、この「精神の概念」と同じものが、『精神現象学』と執筆時期
が重なる『イェーナ体系期構想Ⅲ』の「精神哲学」にある。「個別者の
完全な自由と自立性における普遍性」(GW8, 254) がそれである。この「精

神哲学」はこの精神概念を実在性において示そうとする。そこでは普遍意志（法）と個別意志（権利）が独自の意義をもつ領域として人倫的共同体の二極をかたちづくっている。自己意識の知る働きと労働が土台となって、自己意識は〈自分を対象化する〉労働をとおして、他者と関係をもち、交換をとおして相互に所有の主体として承認しあう（個別意志の外化）。この承認が権利の承認にとどまらず、不法という媒介をへて、普遍意志である法そのものを喚起し、法の意識をもたらす（普遍意志の外化）。普遍意志と個別意志は、公共的精神にもとづく国家的領域と、欲求と充足のかかわる市民社会的領域として——互いに他に媒介されて——具体像を結ぶことになる。

　『イェーナ体系期構想Ⅲ』は、ヘーゲルが近代における人倫的共同体のアウトラインを描きだせることを示している。この点からすると、『精神現象学』の「精神とは何かという経験」は、「精神の概念」を実在性において示すというプランをそもそももっていないと解するのが自然であろう。

（2）「精神とは何かの経験」と「精神」章「道徳性」の「良心」

　さて、「自己意識」章が示す「精神の概念」は、どこで意識に対して明確な姿をとるのか。「自己意識」章を執筆する時点では、「理性」章Ｃの成果である「事そのもの（Sache selbst）」と「事そのものの意識」を考えてよいであろう（ヘーゲルはこれを「人倫的実体」、「人倫的な意識」とする）。行為する自己意識は、世界のなかで自己実現をめざして、挫折を味わいながら、「世界経験」（197/359）を深めて、「個体性によって浸透された実体」である「事そのもの」を明確に意識するようになる。そして理性は、この「事そのもの」がまだ内容をもたないので、具体的な規定を与えようとする（「立法理性」）。

　ヘーゲルが本来の体系にかかわる『論理学』構想を固めていたならば、「精神とは何かという経験」の着地点をここにおき、なんらかの締めくくりを行ったうえで、「意識の経験の学」を閉じて、『論理学』に筆を進める道もあったであろう。しかし『論理学』執筆のめどがたたなくなり、出版社とのトラブルをかかえて、ヘーゲルは『論理学』に代わってその穴を埋めなければならなかった。

ヘーゲルは「理性」章を閉じることなく、カントの実践理性を念頭に
おいて、「法則を立てる理性」と「法則を審査する理性」をとおして、
自己意識が「事そのもの」を個体の知と意志にもとづいてとらえようと
しても、事そのものの、すなわち人倫的実体の本質的内容をとらえる
ことができないという事情をあばきだして、「理性」章の限界を示して
みせる。こうして「精神」、すなわち自己意識が自分のよりどころとし、
その内で行為するところの実在、そしてみずからの意識的担い手を自己
意識というかたちでもつところの実在が姿を現わす。これは「対象的な
現実的世界」、「人倫的現実態」(238/732)であって、まず「直接的な人倫」
として姿を現わす。「精神」章冒頭に次の一文がある。

> 精神は、美しい人倫〔ギリシア的人倫〕を止揚し、そして一連の〔世
> 界の〕諸形態をへて、自分自身の知に到達しなければならない。
> (240/735)

世界の諸形態(「精神」章A、B)のなかで、自己意識はさまざまな「世
界経験」をへて、自己意識がかかわる対象的世界という舞台をこえて、
精神の純粋知にかかわる「精神」章C「道徳性」にうつる。この一文は、「道
徳性」の完成形態である「良心(Gewissen)」を到達点として想定している。
精神をかたちづくる契機が、(個としての)対自(Für sich)、(他者との関
係としての)対他(Für anders)、(普遍としてのそれ)自体(An sich)として、
「良心」の場面ではっきりと示される。「良心」はこの三つの契機の統合
を自覚的にはたす意識形態であって、「精神とは何かの経験」の着地点は、
明らかに「良心」にある。

(3) 良心──「精神」章までの集約点、精神の自己知の開始点

さて、宗教章冒頭の回顧もこの事情を物語っている。そこにはこうあ
る。
「これまで考察してきた系列のなかで、それぞれの契機〔意識、自己意
識、理性、精神〕は、自分の深みへとすすみ、それぞれ自分の固有の原
理をもちながら、一つの全体にまで自分を形成するにいたった。こうし
た認識する働き〔の成果〕は深み Tiefe であり、〔...〕こうした(これら

の根底をなす）実体が今や姿を現わしたのである。〔…〕この実体は自分自身を確信する精神〔道徳性〕の深みである。」(367/1009)

　道徳性とくに良心には、それまでを総括する地点にあるとともに、宗教 - 絶対知という「精神の自己意識」(363/1005) への入り口という位置が与えられている。さらに、「絶対知」章が語る二つの外化も良心に大きな転換があることを示している。絶対知を成立させる二つの外化のうちの一つ、「自己意識の外化」は、自己意識が対象の諸規定を自分の規定とするはたらきであり、「意識」章から「精神」章の最後「良心」までをフィールドとし、そしてもう一つの「実体の外化」は「宗教」章にかかわるものであり、神的実在の人間化をあつかう啓示宗教を主なフィールドとしている (403/1093) からである。

2　『精神現象学』の実践哲学的コンテクスト
　　──「理性」章B冒頭、人倫的実体の生成と
　　　道徳性の生成というテーマ

（1）実践哲学的コンテクストのなかの良心──事そのものと良心

　「精神とは何かの経験」の着地点という意義のほかに、良心は、「人倫的実体とは何かの意識」という意義ももたらされるのであるが、この事情は、「理性」章B冒頭の正確な読解ならびに次の「良心」の一文から明らかになる。

　　　事そのものは、そこでは〔「理性」章では〕述語であった。しかし良心においてようやく主語〔主体〕である。〔…〕事そのものは実在性一般を人倫においてもち、外的現存在を教養においてもち、思惟の自己自身を知る本質態〔義務〕を道徳性においてもち、良心においてこれらの契機を自己のもとで知る主語なのである。(345/960)

　良心は内面奥深くからの確信（対自）が普遍的義務（自体）にストレートに結びつくとともに、普遍的義務をかかげる以上、厳密な意味で他者による承認（対他）を必須のものとする意識形態である。この一文は、

この良心の場面で、人倫的実体である事そのものがその自覚的な担い手をえて、主語となったことを告げている。良心は「精神とは何かの経験」にかかわり、同時に人倫的経験ともかかわりをもつ。『精神現象学』のこの複線的な叙述を読み解く必要がある。

またこの引用文はもう一つのことを告げている。自己意識が行為し知る働きをとおして、時間のなかに現象する「世界の諸形態」をくまなく遍歴して（「自己意識の外化」(422/1138)）、世界のさまざまな規定を自己の規定としてきたことから、良心は内容貧弱な意識形態ではなく、たいへん内容豊かな意識形態だということ、これである。

では、良心が実践哲学的コンテクストのなかで重要な意識形態であることを明かす「理性」章B冒頭の検討に入ってみよう。「理性」章B冒頭の叙述は、その時点ですでに「良心」までの執筆プランをもっていたことも明かしてくれるであろう。

（2）二つの道徳性──「対自存在から出てくる面」と「人倫的実体自身から出てくる面」

ヘーゲルは「理性B、理性的自己意識の、自分自身による実現」の冒頭で、「人倫的実体の生成」と「道徳性の生成」という二つのテーマを示している（この個所は『精神現象学』の実践哲学的コンテクストを考えるうえで、きわめて重要であるが、これまできちんとした考察がなされていない個所である）。「理性」章Aの「観察する理性」から生まれたのは、「他の自由な自己意識のうちで自己自身を確信し、このなかに自己の真理をもつ、承認された自己意識」(194/353)の概念であった。この概念を実在性のなかでとらえるところに、「人倫の国」が登場してくる。

さて、意識の経験というコンテクストで見てみよう。行為する実践的理性は、今あげた概念の実在性のなかで、幸福を達成したことがないので、そうした「人倫の国」をもとめて、世界に足を踏み入れることになる。行為する理性はさまざまな世界経験のなかで、失敗や挫折をとおして世界と自己との関係について理解を深めていく。この点で、理性の目標は「人倫的実体の生成」となる。ただし、理性は人倫について何ひとつ経験していないのだから、そこで到達する人倫は、「直接的な人倫」にならざるをえない。

ヘーゲルはさらにもう一つの論点をあげる。「理性」章Bに入ると、自己意識に「人倫の国」が開けてきた。ここを出発点にすえてみると、自己意識はそういう実体のうちにあるという幸福からたちまち離れて、歩み始めなければならない。「自己意識はようやく直接的に、概念のうえで精神であるにすぎないからである」(195/357)。この視点からすると、「諸個体は、みずからの普遍性を、自分自身によって満たして、みずからの使命は何であるかを、みずから配慮しなければならない」(196/360)。これは「人倫的実体の生成」に対して、「道徳性の生成」の面である。「理性」章BとCの特徴は、これら二つを同時に展開する点にある。そしてすでに指摘しておいたように、それぞれの成果が、「事そのもの」（人倫的実体）ならびに「事そのもの」の意識（人倫的実体の意識）であった。さらに、ヘーゲルは「人倫的実体とは何かの意識」としての道徳性について、きわめて重要な発言をさりげなくおこなう。

　「理性」章に生成してくる諸形態は「道徳性の生成の一つの面、つまり〔個別的〕対自存在に属する面をなすにすぎず、〔...〕道徳性が人倫的実体自身から出てくる面なのではない。これらの契機は、失われた人倫に対抗して目的とされるだけの意義をまだもつことができない」(196/360)。

　この叙述にきわめて重要な論点がはいっている。二つの道徳性のうち「対自存在に属する面」は「立法理性」や「査法理性」を指すこと、そしてこれまでの行論から「人倫的実体自身から出てくる面」としての道徳性が、「精神」章Cを指すことも明らかであろう。Cの末尾「良心」は、「対自存在に属する面」の道徳性とはっきりと異なる性格をもっている。すなわち「失われた人倫に対抗して目的とされるだけの意義」である。このことは前節で示した事そのものと良心の関係が示している。良心は、「人倫的実体とは何かの意識」として、新しい人倫的共同体の構想と構築の拠りどころとなる知が――現代において――登場したことを告げている。こういう積極面を読みとる必要がある。

　ここで『法（権利）の哲学』(1820年)を視野にいれてみよう。制度の体系をとる人倫的共同体は、自己意識的自由にもとづく主観性に浸透されるときに、はじめて人倫の意義をもつものとなる。「道徳性」部は『法（権利）の哲学』のたんなる一章ではなく、人倫の土台となるものである。

ヘーゲルは良心の形式性を批判し、良心がその極北で悪に転化するものと批判するとともに、この良心の形式性に対して「即かつ対自的に善であるところのものを意志する志操」である「真の良心」(§137) を対置する。『精神現象学』の人倫的意識として積極的意味をもつ「良心」は、『法（権利）の哲学』の「真の良心」に通じていくであろう。

3　「精神とは何かの経験」をめぐる舞台設定
──精神の契機の展開と意識の経験

　それでは次に「精神とは何かの経験」のなかで、「精神」の三つの契機が「自己意識」章、「理性」章、「精神」章にどのような特質をもって立ち現れるか、そしてそこでどのような舞台が設定されているかを見ていこう。

（1）「自己意識」章──主-奴関係は対自-自体の関係を登場させる

1）生命的自然との関係から自己意識が登場する──対他を設定する
　「自己意識とともに、われわれは今や真理の故郷ともいえる国にはいっている。」(103/172)「自己意識」章にはいり、自己意識は「自我は自我である」という深い確信をもって、外の対象に向かい、〈否定〉の力をつらぬいて、この確信の手ごたえをつかもうとする。この章は短いながらも、生命的自然とのダイナミックな関係、他の自己意識の導出、テーマとしての〈承認〉の提示、主と奴の展開、ストア主義、懐疑論、不幸な意識など、たくさんの内容を含んでいる。「精神」の三つの契機については、主と奴の関係から〈対自-自体〉という基軸的関係が設定される点に、「自己意識」章Aの特徴がある。
　ここで自己意識は欲望として、対象は生命ある自然として現われる。欲望としての自己意識は、自分の生命を維持するために、生命ある自然に〈食べる〉ことを通してかかわる。食べるというかたちで、目の前にあるものをわがものとして、〈自我は自我である〉という確信を手にする。しかし、この食べる（欲望）-食べられる（生命的自然）の関係は、たち

どころに反転する。欲望としての主体は、大いなる生命的自然から、存在を与えられるものであり、それぞれが個体として姿をとることができるのは、大いなる自然の「生命の過程」のなかだからである。全体としての生命的自然のなかで、形態が生みだされて、そして解消されていく。そのなかで自己意識と生命的自然の統一が浮かび上がるが、それはもはや初めにあった統一ではない。ヘーゲルはこのようにして意識にのぼる全体を「類（Gattung）」と呼び、ここで自己意識はこの「類」を意識した存在となる。フィヒテ的「純粋な自我」を、ヘーゲルは非有機的自然と欲望との関係をとおして導きだして見せる。人間 - 自然関係の原型的場面を、これほどダイナミックに取りあげた哲学者はヘーゲルが初めてであろう（この異色の議論はのちにK・マルクスの思想にも影響を与えるであろう）。

　欲望は、向かう対象が欲望をはねつけるほど自立的であるときにも、またただ消尽されるだけのときにも、満足を得られない。欲望は、対象が自立的であるとともに、その対象が否定性をそなえたときにはじめて、満足を得ることができる。そのようなあり方は、「他の自己意識」（108/181-2）を指し示している。かくして自己意識は根本的に自と他の相関概念であることから、〈承認〉の運動が現われる（**対他の設定**）。

２）主 - 奴の展開——対自 - 自体関係を設定する

　さて次いで、自立的な個としての自己意識と自己意識が向かい合う。自己意識は個として自立しているという確信を、自分の否定の力を他のものに行使することによって、確かめようとする。これは他の自己意識も同じである。ここに自分を他者に認めさせようとする運動が生まれて、ついには互いに他者の死をめざしつつ、自分の死を賭するという地点に立たざるをえない（承認をめぐる生死を賭した闘争）。ヘーゲルは、この場面をぎりぎりまですすめて、死の恐怖に耐え抜いた自己意識と、自分の生命にこだわった自己意識をみちびきだす。ここに、よく知られる〈主人と奴隷〉あるいは〈支配と服従〉の展開とその転倒という場面が現われる。ヘーゲルは、この関係のなかに起こる死の恐怖、奉仕、労働という三つのはたらきを介して、奴隷に大きな可能性をみてとる。すなわち死の恐怖と奉仕は奴隷の内面を奥深くから揺さぶり、あらゆるものへの

執着を断ち切らせるという。形成作用としての労働にもとづいて、ヘーゲルはさらにこう言う。

　　奉仕する意識は、純粋な〈個としての自立存在 Fürsichsein〉として、自覚的に〔第二の自己として対象となって〕存在するものとなる。形成作用〔労働〕はこのような積極的な意味をもつ。それだけでなく、恐怖を否定するという意味をもっている。(115/195)

「われわれ」の立場からではあるが、「〔形成された物の〕形式と〈個としての自立存在〉は同じものである」(116/199)という確信が、すなわち「自体存在の側面、つまり労働のなかで形式を受けとった物のあり方の側面は、意識とは別の実体ではない」(116/199)という確信が、ここに生まれる（**対自 - 自体関係の設定**。なおこの労働論は1805・06年の「精神哲学」の労働論にもとづく）。この対自 - 自体関係の設定は、自己意識が世界性をもつものとなっていくことを予感させる。

3）不幸な意識──〈自体のうちに自己を見いだす対自〉を設定する

　ついで「自己意識」章Bでは、これらの統一を確信する意識として、思想の自由をうたうストア主義が、そして現われてくるものの否定を徹底して、思想の自由を手にしようとする意識として懐疑主義が現われる。そこでは、あることに対して、たちどころに別の反対のことが語りだされる。すべてが不確実とされながら、確実がもとめられる（アタラクシア・心の平静）。懐疑主義はたえず矛盾におちいり、分裂を経験する意識であるが、この分裂をはっきりと意識して、その統一を果たそうとする意識、これが「不幸な意識」である。純粋な心情は、変らざる不変に、はてしない憧憬の気持ちをもち、この不変を〈触れ感じる〉。しかし不変はするりと離れ去る。この意識は、〈不変〉にかぎりなく近く、かぎりなく遠いという〈不幸〉のなかに身をおいている。不幸な意識は純粋な思いでありつつ、欲求をもち労働をおこなう。そのとき、この欲求と労働がむかう現実はたんなる現実ではなく、その背後の変らざる〈不変〉が自分を犠牲にして、意識にさしだしたものという面をもっている。不幸な意識は、〈不変〉がおこなう犠牲に感謝し、みずからの内面奥深くから

―第三の聖職者をはさんで――自分を空無なものとして、〈不変〉と一体をなしているという肯定的な態度をもつようになる。もちろん、これは「われわれ」の立場から言えることである。ともあれ、ここに主体的な行為をとおして、普遍的な対象的存在と個としての対自存在の統一をめざす場面が開けてくる（〈自体のうちに自己をみいだす対自〉の設定）。

（2）「理性」章――その成果、〈対自 - 対他 - 自体〉の統合
＝「事そのもの」とその意識

１）個体の行為の挫折をとおして、〈対自 - 自体〉の相互浸透の意識が生まれる

　「理性」章に入り、意識の経験は大きく変わる。理性のモットーは、自分が「あらゆる実在であるという意識の確信」（133/233）にあることから、意識は世界のなかに自分を見いだそうとする。ヘーゲルはこの確信をカントやフィヒテを念頭において「観念論」と名づけて、理論的立場の自然の観察からはじめる。「理性」章Ｂで理性は自分の行為をとおして、世界のなかに自分を見いだそうとする「行為する理性」となる。

　まず「行為する理性」は、世の中にはじめて身をのりだして、自分の快をストレートに実現しようとして「世の定め」を思い知らされる。あるいは自分と世の秩序を対立するものと見立て、「心情の法則」をそのまま実現しようとして、かえって自分を拘束する現実化のなかで「錯乱」するはめになる。ついで自分の個体性を放棄して普遍的善を実現しようとして、かえって世の中の別の側面、すなわち世の中は多数の個人からなりたつものであり、〈個〉の活動が世の中に生気を与えるという側面に足をすくわれてしまう（「徳の騎士」）。「行為する理性」はこの挫折をへて、世の中が善や正義の内容豊かな基盤になることを、また自分のよって立つ基盤であることを意識するにいたる（**対自 - 自体の相互浸透の諸相**）。

２）〈対自 - 対他 - 自体〉の統合の意識が生まれる――事そのもの

　こうして自己意識は自分の生きるよりどころとしての世界を発見し、そのなかで自分の才能、素質をぞんぶんに発揮できるという確信をもつ

（「理性」章 C）。この意識は、自分のいだく目的と結果が一致するという強い確信をもち、この確信をいだいて自分の仕事に励み、内なる思いを外なる仕事（作品 Werk）として表現する。

　しかし、この仕事（作品）は行為者の手を離れて、公共の場に差しだされることになり、さまざまな評価にさらされる。そこでこの意識は自分の確信と現実が分裂するという経験をせざるをえない。しかも、それぞれが公的な顔と私的な顔を使い分けて、互いに欺き‑欺かれる関係にはいりこむ。しかし、この経験は公と私という二つの面が不即不離であることを明らかにして、かえって〈自分の個としての確信〉と社会的現実が相互に浸透しあった「事そのもの」を意識させることになる（**対自‑対他‑自体の統合＝事そのもの**）。こうしてヘーゲルはこの成果のうえで「人倫的実体の生成」と「道徳性の生成」をあつかうのである（事そのものの背景に、分業が社会のなかの広がり、個が社会性をもつ A．スミス的分業社会をみてよいであろう）。

　みずから法則を立てて審査する意識（カントの道徳哲学）は、公共的‑市民的道徳意識の成立を告げている。この意識は法則を格言のかたちで表現する。しかし、それはたちどころに矛盾をさらけだす。たとえば、無条件に「各人は真実を語らねばならない」としながら、その真実を知っていればという条件をつけざるをえない。つまるところ形式の上では一般的に妥当しながら、どんな内容が盛り込まれるかは偶然に左右されることになる。このように、立法し審査する意識の限界を経験して、自己意識は、現に存在する人倫へと経験の舞台をすすめる（「対自存在の面に属する道徳性」の限界）。

（3）「精神」章Ａ、Ｂ──自己意識は世界とのかかわりのなかで、自体を対自の契機とする

　さて「精神」章Ａは、ギリシアの共同体とそれが崩壊したあとに登場するローマの共同体を、そしてＢは、フランス革命以前の伝統的な共同体をあつかう。自己意識（ここでは特に〈自己〉と言う）はさまざまな共同体の経験をとおして、伝統的な価値秩序をつきくずして、世界全体に理性の光をあてて、世界全体を自分の力のもとにおこうとする（世界を

自己のもとに把握すること、**対自による自体の契機化**）。そうした主体があますところなく力を発揮した究極の姿は「絶対自由と恐怖」にある。この光と影が描かれることによって、舞台は「精神」章Cにうつる。そのねらいは、人倫的実体のエッセンスを純粋な知のレベルではっきりととらえる点にある（「人倫的実体とは何かの意識」）。

1）対自と自体の相互浸透をベースとした対自と自体の分離──法状態

公共の法則と個人の意識がひとつであり、国家と家族が共同体の柱となる、この全体を「人倫」と言う。そこでは公共的国家的生活を律する「人間の掟」、そして家族という自然で血縁からなる私的領域を律する「神々の掟」を、自然なものとして個々人が受けいれている。ヘーゲルは、ソフォクレスのアンティゴネ悲劇を背景において次のように人倫を展開してみせる。国家に反逆し、そのために命をおとした兄の亡骸を、国法にそむいて埋葬したアンティゴネ、それを国法に照らして罰する国王クレオン。それぞれが自分の背負う掟に従っている。アンティゴネの自由な決断に見える行為が、ふたつの掟の折り合いを不可能にしてしまう。ギリシア的人倫は、個の主体的な行為を包みこむことができず、崩壊して（「失われた人倫」）、ローマ的「法状態」にうつる。

そこで人倫は、一方に砂粒のようにバラバラになった群集、他方に個々人の生活から遊離した、形式的な法・権利（抽象的普遍）に引き裂かれる。個々人は法的人格として承認されるという面をもちながら、共同のきずなを失い偶然にさらされる。これらは表裏の関係にある。そして皇帝権力が実質的なものを手におさめて、この上に立つことになる。

さてローマ的法状態も世界の一形態として〈自己と対象的世界との相互浸透〉を潜在的にそなえている。したがって「理性」章に見られたような個人と世の中との相克、自己意識の挫折という問題は出てこない。潜在的に相互浸透が成立しているところでは、自己のあり方と対象的世界のあり方は連動して動いていく。法的人格という個のあり方と、このような分裂的状況が対応していて、この状況を動かす鍵は〈自己〉の側にある（**対自と自体の相互浸透をベースとした対自と自体の分離**）。

2）自己意識の外化をとおして、自体を自己の契機とする

　「精神」章Ｂは、この〈自己〉が、自分の現にあるあり方から身を引き離すこと（Entfremdung）（自分からの離反、自分から疎遠になること）を媒辞（中間項）として、世界とかかわる場面である。〈自己〉が変るとともに世界が変り、〈自己〉と世界の関係が変るなかで、**世界を自己のものとすること、対自による自体の契機化**がすすむ。「絶対知」章が回顧する「自己意識の外化」（403/1093）がもっともよくはたらく場面である。

　国家権力と富がこの舞台をかたちづくっていて、前者は善なるもの・公であり、後者は悪しきもの・私である。「精神」章Ｂのタイトルは「自分から離反する精神（自分から疎遠になる精神 der sich entfremdete Geist）、教養形成」であり、〈自己〉はあるがままの自分から離れて、自然性をぬぎすてて、教養を身につけ、公共的世界で通用する存在となる。ヘーゲルは対象的世界と自己との関係をめぐり、そこに〈同〉をみる「高貴な意識」、〈不同〉をみる「下賤な意識」を登場させる。

　高貴な意識は公共の大義たる国家権力に善をみて、自分の私的なものから身を引き離し（Entfremdung）、それを放棄し（Entäusserung）、自分を公共の大義に適合した存在とする。そのことで観念にすぎなかった国家権力という公共が、それにふさわしい担い手をえて、現実のものとなる。それはさらに君主を絶対君主へと押し上げる。ところが高貴な意識のうちなる私心は、国家権力を、手当てや恩賞をとりだす対象にしてしまう。高貴は一転して卑しさへと、公共を体現する国家権力は空洞化して、私心を満たす富へと変質する。すると富は富で、個人の私的享受にさしだされるだけのものではなく、富を分かち与えるものとなって、現実のうちに普遍性を生みだすものに転じる（ヘーゲルは分業が社会のすみずみまで広がりを見せるＡ・スミスの経済社会を念頭においている）。

　国家 - 善は表舞台、経済 - 悪しきものは日陰、高貴と下賤、こういう伝統的価値の転倒が経験されたすえに、この転倒をもっともよく体現して、すべてを空の空とするディドロの「ラモーの甥」の純粋な自己が登場する（「教養形成」の世界における、**対自による自体の契機化**）。

3）三つの契機を統合する現実世界の現実的意識──絶対自由の意識

　〈自己〉はこうして地上をあとにして、天上の信仰に批判の矛先を向

け、理性の光をあて、天上の世界を地上へと引きずりおろす。近代の啓蒙的理性、〈自己〉が世界のいたるところに〈自己〉を刻印した証しは、**自体 - 対他 - 対自（自己）すべてをつなぐ**〈有用性〉概念が示している。

　さらに地上の主権者となった啓蒙的理性、〈自己〉は、世界の現実的変革にむかう。現実的世界の現実的自己意識として、これら三つの契機を統合する自己が「絶対自由」の意識である。自分の意志がそのまま公共的普遍性となり、さまざまな身分組織を解消して、共同体とひとつになろうとする（フランス革命）。自分の普遍性を確信する〈自己〉と共同体がぴったりひとつになるという「絶対自由」は、他者（対他の契機）をすべて排除して、テロリズムと恐怖政治を生み出してしまう。この意識は普遍意志の途方もない力を身にあびて、現実的世界から精神の純粋知の場面、「道徳性」にうつる。

（4）「精神」章Ｃ道徳性とくに良心──純粋知の場面で
　　　三つの契機の統合が生成する

　「精神」章Ｃ「自分自身を確信する精神・道徳性」で、外に向かっていた〈自己〉は内面へと向かい、自由な知る主体として、実体を自分自身のうちに知る境地に立つ。ヘーゲルはカントやフィヒテの道徳哲学を念頭においている。この道徳的意識は万人に妥当する義務の実現をめざすものの、そこからは、道徳法則と、意識のうちなる感性的な自然なもの、これらの一致ではなく分裂があらわになる。これらが一致するよう、カントは「神の存在」を「要請」したりする。ヘーゲルはここに「矛盾の巣窟」（332/932）を見てとって、この道徳的意識は道徳上の完成を無限のかなたにすりかえて、その完成について真摯でないことを表明していると批判する。

　「精神」章Ｃの「ｃ　良心」は、こういう矛盾を自覚した上で、〈自己〉の内面奥深くからの自己確信にもとづいて、万人が承認するはずの義務と〈自己〉、それ自体（普遍）と対自（個別）をストレートに結びつける意識形態である。良心が確信する義務は、万人によって承認されるはずであり、良心には行為にすすむ必然性がある。そして義務は、自己意識相互の「共同の場」（344/959）となっている以上、他者による承認を抜

きにした良心は成立できなくなる。ここに「自己意識」章で語られた相互承認が──言葉の厳密な意味で──テーマとなる舞台が設定される。しかも良心を突きつめると、良心は自己完結したものではなく、行為（個別）に軸足をおく良心と、批評（普遍）に軸足をおく良心に分かれざるをえない。相互承認はこの二つの良心の間に生じるのである。普遍をけがすことになる行為型の良心も、行為を欠く批評型の良心も一面性をまぬがれない。それぞれが自分の矛盾によって引き裂かれて、前者がそれをついに「告白」し、後者が「赦し」、双方が和解の態度を「然り」で表わして、そのなかで頑なさをすてるときに、ようやく相互承認が日の目をみることになる。ここに**自体 - 対自 - 対他の統合**が、純粋知である良心のなかで明確になる。「自己意識」章が示した「精神とは何かの経験」はこうして着地点を見いだすのである（「人倫的実体自身から出てくる面」としての道徳性）。

おわりに──「現代は誕生の時代」

「相異なり独立に存在する自己意識が完全に自由であり自立していながら、両者の統一であること、すなわち我々である我と、我である我々との統一」（108/182）という精神の概念は、こうして純粋知の場面で示された。ある論者たちは、ヘーゲルの実践哲学に、承認の非対称性、個別意志に対する普遍意志の優位という難点を指摘する。この批判を念頭において、『精神現象学』と執筆時期が重なる『イェーナ体系期構想Ⅲ』のある論点をあげておこう。次の文面である。

　　〔近代においては〕より高次の抽象、より大なる対立と教養形成、より深い精神〔の到来〕が不可欠である。（GW8, 262）

ヘーゲルは、二元的分裂を止揚して統一をめざす哲学者と目される。しかし、ヘーゲルは近代における人倫の思索を開始するにあたって、近代における二元的分裂をきわめて高く評価し、なおかつ肯定的に受けとめている。この点に注意を払う必要がある。近代における分裂は不可避の

ものであって、かえって自由な共同体を構想するうえで、より高次の舞
台となる。それはどのような舞台なのか。すなわち、普遍的なものか
ら離れても自己の自立性と普遍性を確信する「自己自身を知る個体性」
（GW8, 263）、それと歩調をあわせて普遍的なものが「純粋な知というエ
レメントに歩み入ること」（GW8, 264）、この二つの極が立ちあらわれて
いること、これが近代固有の舞台をかたちづくる。個体性は〈知る〉は
たらきをそなえて、普遍的なものも同じく知の舞台に現れる。普遍と個
別がそれぞれ独自の意義をもち、それぞれ独自の領域をもつ。ヘーゲル
は近代の特性をこうとらえる。

　二つの極を前提として人倫的共同体を構想すること、そのとき教養形
成と媒介が不可欠となること、ここにヘーゲルの新しいテーマが現れ
る（その基本的内容は本章第一節で述べた）。「承認の非対称性」を克服す
るさまざまな工夫こそ、ヘーゲルの思索のなかに見られるものであり、
「承認の非対称性」なる批判は、ヘーゲルの「精神の概念」の野心的性
格ならびにヘーゲル実践哲学の大前提を正面から検討することがない。
「誕生の時代」（序文）という言明は、体系的学の構築にむかうヘーゲル
の意気込みを語るとともに、実践哲学的コンテクストにおける新しい
テーマと呼応しあっている。「人倫的実体とは何かの意識」としての良
心（Gewissen）は、この新しいテーマと歩調をともにして、近代世界に
おいてようやく人倫の礎石がすえられたことを告げている。

（注）
　本論文に関連して、筆者には『ヘーゲル『法（権利）の哲学』――形成
　と展開』（御茶の水書房、2007 年）所収「第二部　法哲学形成史の中の『精
　神現象学』」、「『精神現象学』の「相互承認論」――「精神の概念」の特
　異性と絡めて」（『ヘーゲル哲学研究』第 13 号、日本ヘーゲル学会編、
　2007 年）、「ヘーゲル『精神現象学』「自己意識章 A」コメンタール」（『文
　化』第 31 号、駒澤大学総合教育研究部文化学部門編、2013 年）がある。

マルクスとヘーゲル
——「主語と述語の転倒」について⁽¹⁾

周　阳

　通常の解釈によれば『ヘーゲル国法論批判』においてフォイエルバッハの影響を受けていたマルクスは以下のような案を出しているとされる。すなわち、ヘーゲルの政治哲学および社会哲学において、主語として見なされるべき市民社会は述語へと転換させられているが、一方、述語として見なされるべき国家は主語へと転換させられている。これがヘーゲル法哲学における「主語と述語の転倒」である。こうした「主語と述語の転倒」を超克するために、マルクスは「市民社会は政治国家によって規定される」とするヘーゲルの主張を「政治国家は市民社会によって規定される」と転倒することにフォイエルバッハの「転換方法 (transformative method)」を適用した。それに加えて通常の解釈は、「政治国家は私的所有によって規定される」ということが「政治国家は市民社会によって規定される」ということの具体的な展開であるとしている。しかしこの展開は十分ではない。というのも実際のところ、当時、青年マルクスは市民社会の本質を把握していなかったからである。

　通常の解釈とは反対に、マルクスは「政治国家は私的所有によって規定される」ということが「政治国家は市民社会によって規定される」ということの中に含意されるとは信じていなかった。実際、「政治国家は私的所有によって規定される」ということは『ヘーゲル国法論批判』の最初の3分の2においてマルクス自身が設定している理念であり、その論理はフォイエルバッハにとても近い。一方、残りの3分の1、とりわけヘーゲル『法哲学』の303節から307節に関するマルクスの夥しい抜粋と評注の後において、「政治国家は私的所有によって規定される」ということはむしろ、マルクスがヘーゲル自身の論理から引き出した必然の結論となっている。言い換えれば、マルクスはヘーゲルがすでに彼の主語と述語の関係の最初の規定を転倒させていたことを見出したのである。「私的所有の実体性」

の媒介を通じて、述語としての市民社会は主語に転倒させられているが、一方で人間は述語となっている。マルクスにとって、媒介に基づくこうした「主語と述語の転倒」は、フォイエルバッハの「転換方法」論における理論的主題としてすら見なされなかった

　法哲学の中でヘーゲルは「主語と述語」の論理形式が「推論」であると考えている。ヘーゲル論理学に従えば、主語と述語の間の矛盾は最終的に「三段論法」において解消されるのであり、「三段論法」の核心は「媒介」である。ヘーゲルの「媒介」は必然的に「実体的媒介」であり、これは「媒介するもの（mediating）と媒介されるもの（mediated）の同一性である」（GW12, 123）。「定住の推論」（der Schluss des Daseins）において個別性－特殊性－普遍性が相互に形式的に媒介するというジレンマの超克を経ているにも関わらず、「反省の三段論法」（反省の推論）の段階では外観上、「媒介していること」は間媒介（intermediation）の過程において支配的な役割を果たしているのであり、この相互媒介における媒介の形式は個体性そのものである（「第二格 P-I-U（訳注：特殊性―個別性―普遍性）」においてこうした個体性の媒介物（individuality-mediator）の萌芽形態を見出すことができるだろう）。しかしより高次のステップ、すなわち「必然性の推論」（der Schluss der Notwendigkeit）になると、同一性の根拠が実は「媒介されること」（すなわち普遍性や実在的普遍性）にあることをヘーゲルは示すのである。というのも、「媒介するもの」とは「媒介されるもの」を打ち立てるだけでなく、止揚することでもあるからである。それゆえ「三段論法」の過程の終局において、「実体的媒介」とは述語の本質であり、このことを通じて述語は実在的主語に転倒されると言うことができる。いわば実在的主語として、述語は抽象的普遍性ではなく、個体性－個別性－普遍性の同一性と相違をそれ自身の内に措定する具体的普遍性なのである[2]。

　マルクスの見方では、この「実体的媒介」はヘーゲル法哲学に、すなわち「私的所有の実体性」に相当する。「媒介」として「私的所有の実体性」は「人々の相互作用」と「私的所有の自己依存」の同一性なのである。ただし、ここにおいて独自の個体性として君主が重要な役割を果たすのであるが。同一性の根拠は「私的所有の自己依存」にあるのであり、これは「人々の相互作用」を打ち立てるだけでなく廃止もする。私的所有の実体性は市民社会の本質であり、このことによっ

て市民社会は主語をすなわち人間を述語に転倒するのである。

　マルクスは博士論文のときからすでに、ヘーゲル論理学の媒介理論を極めて批判的な仕方で吸収していた。「エピクロス哲学のノート」および博士論文において、マルクスは「概念の判断」論（ヘーゲルとマルクスにおけるまさに「推論」あるいは媒介理論の導入である）を適用することで、エピクロス原子論に関する議論を新しい方向に向け、このことによって主語と述語の転倒に関する観点を獲得したのである。『ヘーゲル国法論批判』において、マルクスは媒介理論に基づいて市民社会における転倒の力を述語として把握しており、それゆえ市民社会の本質を把握している。「ユダヤ人問題によせて」および「経済学・哲学草稿」では、一方でマルクスは市民社会において「実体的媒介」の役割を果たす神と貨幣の分析および批判に未だに固執しているが、他方で市民社会の「転倒構造」を超越しうるような実在的力を研究しはじめもしたのである。この実在的力は「社会的存在」としての諸個人であり、社会的存在とは、あらゆる点で等しい諸個人の間の相互媒介だけでなく（「存在の三段論法」の中でヘーゲルによって挿入された個体性と普遍性の間の不平等性とは異なる）、人間と自然の間の相互媒介に関するマルクス自身の理論なのである。

(1) このコラムは著者の博士論文《马克思早期文本中的“主谓颠倒”理论：中介的作用》(2018) の要約および序論から翻訳されたものであるが、内容は修正したものである。
(2) 周阳：《<黑格尔法哲学批判>中的历史唯物主义萌芽——“私有财产决定政治国家”命题的内在逻辑》,《东南学术》2022 年第 5 期。

菊地賢　訳

ヘーゲルの論理学における
存在と無

パオロ・リヴィエリ

「存在」という概念について尋ねられると、ひとは困惑してしまうだろう。しかし、この困惑の理由ははっきりしない。

まず「存在」は、現実、人生、歴史、自然といった存在するあらゆるものを指しているように思われる。一方、その反対の「無」は、存在するものの否定を意味している。「無」は、「存在」と違って、空しさやまったくの真空にかかわりがある。あまりにかかわりが深いため、「存在」は充実の同義語として、また「無」は空虚の同義語として想像することができてしまう。

「存在」のイメージを充実として捉えるならば、「存在」は、同一性を保持するものであれば何でも指し示すことになる。経験的な諸対象だけでなく、数、幾何学模様、公式や観念のような抽象的な諸対象も、「存在」の範囲の中に入ってくる。それらは、「存在する」という同一性をもっているため、「存在」の一部なのである。「存在」の反対である「無」が、何であれ同一性の徹底的な拒絶によって定義されることに気付くとき、このことはいっそう明白になる。空虚の中、つまり、「無」の中には何もない〔無である (nothing is)〕。

ともあれ、ここでは「存在」の同一性について詳しく見ていくことにしよう。

「存在」の同一性について自問してみるならば、その際限のない含蓄は、「存在」が本当は何であるのかを言葉にする我々の能力を妨げているように見える。「存在」はあらゆるものを指示するのだから、「存在」とは何か確実性をもって規定したり把握したりできるものではない。我々は「存在」の範囲〔限界〕を見出すことに失敗してしまうのだから、「存在」の充実は、厳密には定義することができない。「存在」は、我々がそれに対抗してその同一性を引き出すことのできる明瞭な反対物をもたない。例えば、あるものはそれがただその背景と対照をなすときにのみ見えるのであるし、ある力はそれが抵抗と対比されるときにのみ感じる、など。しかし、「存在」の場合は、いったいどうだろうか。ひとは、「無」こそが「存

在」を限界づける機能を満たしてくれると思うかもしれないが、「無」は境界線を提供してはくれない。

　ここに至って、我々の思考は戦慄を覚える。G. W. F. ヘーゲルのテキストには、なぜ「存在」を目の前にして我々の思考が慄くのかを理解する手助けをしてくれる文章がある。

　ヘーゲルは、『大論理学』という著作で、論理学の用語を使って現実全体を定義する論考を展開しようと試みる。彼の企ては、諸々の限界付けであるような真理の定義に到達することを目指している。それゆえ、最終的には純粋なあり方をした――つまり、前提や恣意的な想定から遊離した――真理が開いて展開するすることになる。ヘーゲルは『大論理学』で、我々が先ほど「存在」と呼んだものを同定しようと欲しているといえるかもしれない。すなわち、その外部にいかなるものも残さない充実、あらゆるものがそこで自らの場所を見出すような絶対的な充実である。しかし、『大論理学』の冒頭で、ヘーゲルは「存在」を「無」に等しいものとして措定している。「存在」は「無」である。なぜなら、我々が「存在」を定義できないということは、「存在」の充実が、同一性、規定性、そして定義を欠いているという事実に根ざしているからである。結局のところ、「存在」の同定不可能性を前にした我々の慄きは、「存在」のまったき本質のうちに根拠をもつ。「存在」とは、原初的な無形性である。我々の思考は、形がないことに耐えることができない。それゆえ、「存在」の同一性について問うならば、我々は「何もない」〔無である〕としか答えることができない。

　今や当初の不確実さ、つまり、「存在」は定義できないということに直面したときに我々が感じた慄きは、その理由を露わにした。「存在」と「無」が対立するというのは、端的な誤解なのである。それらは、一つの同じものである。両者は、完全な無規定性を、絶対的に形を欠いていることを表す。しかし、ヘーゲルは、現実にあるものの把握から「存在」と「無」を退けることのないように警告しているように見える。「存在」と「無」は、その無規定性にもかかわらず、特殊な役割を果たしている。それらは、現実についての――パースペクティブ、想定、仮定、公理、形態を超えて存在する――純粋な真理に向かうための、まさしく最初のステップを提供してくれるのである。純粋な無

規定性は、現実についての我々の思考にとって完全な始まりを与える。我々が真理を探究するときの、このまっさらな——仮定または推定から自由な、形態または観念から自由な——始まりは、「存在」と「無」との一致なのである。

　だが、我々はどのようにして、この純粋な始まりを越えて前進することができるのだろうか。

　ヘーゲルが示すところによれば、我々の思考は、この不安を振り切ることができる。そして、「存在」と「無」は現実全体を想像しようとするときに使う空虚な名前にすぎないと見なすことで、最初の一歩を踏み出すことができるのである。〔このとき〕「存在」と「無」の一致は、もう一つの特殊な役割を果たしている。それは、我々を現実全体という概念へと導いてくれるのである。現実の全体を考えようとすると、我々は恐怖のうちへ退却してしまうかもしれない。というのも、全体そのものは考えることができないからである。実際、我々が、その限界を見るときにのみ、対象を見ているのに対して、現実全体は、無規定性、無形性という仕方で限界を欠いたものと見なされる——「存在」や「無」のように。だが、現実全体が「存在」や「無」と同じ性格をもつように見えるとしても、ヘーゲルは、それが「存在」や「無」より驚くほど大きいことを強調する。なぜなら、現実全体は力動的な法則に従って「存在」や「無」を含むからである。現実全体は、もはや空虚な名前ではない。それは、「存在」が「無」のうちに消え去り、「無」が「存在」のうちに消え去ることによって、不壊の永遠な力動性となる。現実全体の真理は「生成」であり、それは、我々の思考が我々の内部と外部に明確に見ることができるものを表している。このようにヘーゲルは主張するのである。

飯泉　佑介　訳

第Ⅱ部

『精神現象学』の
アクチュアリティをめぐって

第 8 章

人格と承認
——ヘーゲルと福祉思想

片山　善博

はじめに

　社会福祉学には、その価値や倫理を形成するいくつかの基本概念がある。例えば、「人権」や「尊厳」、「社会正義」等である。これらの概念は、社会福祉の理論だけでなく実践を考える場合にも不可欠である。しかしながら、未だ十分に吟味されたものとは言えない。例えば、松井はソーシャルワークの価値の研究の必要性とその不十分性を次のように述べている。「ソーシャルワークは、「人間としての平等と尊厳」「基本的人権の擁護」「生存権の擁護」「自己実現の権利」「社会正義の実現」「クライエントの個別性の尊重」「クライエントの受容」「クライエントの自己決定」などの価値を共有し、資本主義経済の市場利益社会関係の原則とは異なる原則に志向している」[1]とした上で、「もしセーフティ・ネットとしての所得再分配政策や社会福祉を擁護する立場をとるならば、所得再分配政策や社会福祉の必要性を根拠づける価値理念（人間観・社会観）とは何か、という問いを避けて通ることはできない。〔...〕ひるがえって、わが国の社会福祉理論の状況をみるとき、わが国の社会福祉理論は、功利主義的人間観・社会観との対峙と社会福祉の思想的根拠（価値理念）の本格的な研究はほとんど手がつけられておらず、研究の空白

---

(1) 松井二郎「社会福祉再編期における社会福祉理論の課題」、阿部志郎・右田紀久恵・宮田和明・松井二郎編『戦後社会福祉の総括と 21 世紀への展望　II 思想と理論』、ドメス出版、2002 年、206 頁。

部分となっているといわざるをえない」[2]。

　松井によると、功利主義的な人間観・社会観、あるいは現在であれば、ネオリベラリズム的な人間観・社会観と対抗できるような、社会福祉に固有の人間観・社会観の構築は本来必要であるにも関わらず、十分議論されてこなかったというのである。もちろん、社会福祉の基礎となる人間観・社会観について書かれた著作[3] は多々あるが、思想的な根拠を問うような議論は十分になされているとはいえない。

　そこで、本稿では、社会福祉の価値を支える概念の一つである「尊厳」に焦点を合わせて、その根拠となりうる「人格」とは何かについて、カントとヘーゲルを参照しつつ、考察してみたい。カントを取り上げる理由として、カントの人間論（尊厳論や人格論）が、社会福祉の人間理解に大きな影響を与えている点が挙げられる。例えばプラントは、『ケースワークの思想』の中で、人間の尊重におけるカントの道徳主義の重要性を次のように述べている。「人間の尊重という概念は、人間は特定の役割遂行によってではなく、一人の〈人間〉として尊重される権利があ

(2) 松井、前掲書、208-209 頁。
(3) 岡村重夫は、主体的人間性を人格の尊厳の哲学的基礎 とみなしている。「われわれは、〔...〕人間存在の個人的契機を主体的人間性として再評価し、その実現を援助する社会制度ないし社会的努力として、「現代の社会福祉」を位置づけるものである。それは、この個人的契機 すなわち主体的人間性は、人格の尊厳性の哲学的基礎であるからであり、これを否定する共同体を否定 し返す個人を援助する、新しい社会制度を要求せねばならないからである。」（岡村重夫「地域福祉の思想」大阪市社会福祉協議会編『大阪市社会福祉研究』第 16 号、1993 年、5 頁）。こうした「主体的人間性」の考え方は、和辻哲郎の『倫理学』や『人間の学としての倫理学』の間柄として人間を捉えるという考え方に依拠したものである。ただし、岡村は人間存在を間柄（関係）として捉えつつも、和辻より個の契機（人格）を重視している。また、近年は、中村剛（『福祉哲学の構想——福祉の思考空間を切り拓く』みらい、2009 年、『福祉哲学に基づく社会福祉学の構想——社会福祉原論』みらい、2015 年）などによる現象学を基にした人間論や、武川（武川正吾『連帯と承認——グローバル化と個人化のなかの福祉国家』東京大学出版会、2007 年）などによる承認論の枠組みを通した人間論などがあり、社会福祉の人間・社会観の構築に向けたさまざまな試み（例えば、秋山智久「人間の幸福と不幸——社会福祉の視点より」嶋田監修・秋山・高田編『社会福祉の思想と人間観』ミネルヴァ書房、1999 年、広井良典編『福祉の哲学とは何か　ポスト成長時代の幸福・価値・社会構想』ミネルヴァ書房、2007 年など）がなされている。

ることを主張しているのである。さらに、この概念には、人間の役割の総和として確認すべきであるという事実が含まれている。この主題を主に論じた哲学者はカントである。カントは、人間の道徳的価値は偶然的なものではありえないという。カントの見解では、人間の道徳的行為は（偶然性を）超越した性格を有している。仮にそうでなかったら、人間の道徳的価値は、経験的特性のまったく偶然的な配列に左右されることになってしまうであろう。人間は、この超越的な性格から判断して道徳的価値の潜在的な体現者であるから、尊重に値するのである」[4]。このように、プラントは、人間固有の価値を、カントの道徳性の考え方から導き出している。このような見解は、プラントだけのものではない。近いところでは、衣笠も、ソーシャルワークの価値と原理におけるカントの影響について考察している[5]。ただし、次の点は大きな論点になるだろう。人間の尊重に値するのは、社会的役割を超えたところの道徳的存在としての人間なのでなければならないのか、という点である。プラントは、尊重に値する人間について次のように述べている。「個人の役割、皮膚の色、階級が異なるを理由にして、ある人の意見に賛成したり反対したりすることからは真理は得られない。この点で、理性的であることの中心的基準、つまり公平であることが、人間尊重の概念と結びつく。ちなみに、私が理性的な人間であるならば、私は他者を、理性的な議論をする人として、つまり道徳的な人として尊重するであろう。〔...〕この種の議論は、カントの見解に通じる」[6]。理性的であることを人間の価値（尊厳）の中軸に置くこうした人間理解は、社会福祉の人間理解に大きな影響を与えている一方で、こうした理解への批判もさまざまな形でなされている[7]。そこで、カントの人格論の枠組みを批判的に継承し、

---

(4) レイモンド・プラント『ケースワークの思想』丸木恵祐、加茂陽訳、世界思想社、1980 年、17-18 頁。

(5) 注 24 を参照のこと。

(6) プラント、前掲書、32-33 頁。

(7) 加藤は、カントの尊厳論の意義と課題を考察しつつも、カントとは異なるアプローチとして、承認論の枠組みで尊厳を考える立場について「尊厳を相互承認論的枠組みの中で基礎づけるのは全く無益である」（加藤泰史「尊厳概念史の再構築に向けて」『思想』No.1114、岩波書店、2017 年、24 頁）と批判している。その理由を、「ある人に関して承認が欠如して

より具体的な人格論を展開したヘーゲルを取り上げてみたい。

　1では、カントの尊厳や人格について考察をし、その意義と限界を示したい。カントの人格論については、高い評価がなされる一方で、さまざまな批判もなされている。こうした批判を受け止めつつ、それを乗り越える視点を次章以下のヘーゲルの人格論の中に見出したい。2では、『精神現象学』（以下『現象学』）の人格論を、3では、1917/18年から1824/25年までの「法哲学の講義録」（以下「法哲学」）の人格論を考察し、尊厳の基礎となりうる人格論の射程を見定めておきたい。そして、尊厳および人格論の新しい可能性について簡単に述べておきたい。

1　人格とカントの人格論

　さて、哲学史では「尊厳」概念はあまり論じられていないように思われる。例えば、岩波書店の『哲学・思想事典』には「尊厳」という項目はない。また尊厳概念についてもカントが論じた程度で、他の多くの哲学者は主題的に取り上げていない。しかしながら、「尊厳」概念は、第二次大戦後（その反省も踏まえた）「世界人権宣言」や「ドイツ基本法」などで重要な位置づけがなされている。また、近年では、「尊厳」や「人格」は、出生前診断、遺伝子研究、尊厳死など「生命倫理」の中でも論じられるようになっている。また、昨今は、岩波の『思想』で「尊厳」についての特集が組まれるなど、尊厳のアクチュアリティに目を向けた研究もなされるようになった[8]。2019年度の「日本社会福祉学会」の春季のシンポジウムのテーマはソーシャルワークにおける価値としての尊厳の根拠づけであった。

　現代の視点から、尊厳概念やカントやヘーゲルの人格概念の問い直し

いる場合にはその人には尊厳が付与されない」（同前）からとしている。しかし、本稿では、相互承認論の枠組みで尊厳の根拠付けを行いたいと考えている。

(8) 加藤は、アクチュアリティを論じるにあたっての例として、「民主主義」「多元主義」「寛容」「多様性」「脳死・臓器移植」「iPS細胞研究」「生命の尊厳」「被造物の尊厳」などを挙げている（加藤泰史「思想の言葉」「尊厳」概念のアクチュアリティ」『思想』No.1114、岩波書店、2017年、7頁）。

を行なっているクヴァンテは、人間の尊厳を根拠づける方法の一つとして「内在的根拠づけ」を取り上げている。それは、尊厳は人間の有する特別な能力（例えば自律的に生を営むことができる人格の能力）から基礎づけられるものであるという指摘である。こうした「内在的根拠づけ」による尊厳概念は、特にドイツ観念論において「人格」論として論じられており、クヴァンテ自身もその系譜にある。そこで、人格論を基に尊厳や人間尊重の理念について考察してみたい。

　さて、「人格」はラテン語の persona、つまり仮面や仮面をつけ演技する役者の役割のことであるが、その後、その役割を超えた同一性という意味も持つようになったという[9]。人格を構成する「さまざまな役割」の側面と「役割を超えた同一性」という側面のこうした二重性は、カントやヘーゲル、あるいは「優美と尊厳」を書いたシラーなどの人格論に引き継がれている。例えばカントは、人格の「役割の側面」を感性界に「同一性の側面」を叡智界に振り分け、感性界にありながら、叡智界に生きようとする人格のあり方に、尊厳の根拠を見出している。カントは『実践理性批判』の中で次のように述べてる。「感性界に属するものとしての人格は、それが同時に叡智界に属するかぎりで、それ自身の人格性に服従している。そこで、人間が二つの世界に属するものとして、彼自身の本質を、彼の第二の最高の規定に関してはただ崇敬の念をもって眺めざるを得ず、またそのような規定の法則を最高の尊敬の念をもって眺めざるを得ないとしても、実際それほど不思議とさるべきではないのである。」[10]

　このようにカントは、人格が感性的な世界と叡智的な世界の二つの世

---

(9) 少し古い文献であるが、小倉は人格について次のように述べている。「人格をペルソナ本来の意味に即して考えてみよう。ペルソナは仮面である。仮面を通して役者の声が響いてくる（per-sonare）。声や身振りはその場の状況に応じて時事刻々変化する。時には笑い、時には泣く。しかし仮面は登場人物のそのような変化に拘らず、その「役割」の一貫性を示している。仮面はその人物の「人柄」の象徴である。実生活における人間の行動にも、そのような一貫性が認められるし、それが全然認められないような人はまさに人格の名に値しないのである」（小倉志祥「人格の意義」金子武蔵編『人格』理想社、1965年、203頁）。

(10) Inmanuel Kant, *Kritik der praktischen Vernunft*, Felix Meiner Verlag,1990, 101.

界に属していることを認めている。その上で、人格は、理性的存在者として、その感性的なものを乗り越え、叡智界の法則（道徳法則）に従おうとする[11]。ここに、カントは、人格の自律を見出そうとする。そしてこの自律にこそ尊厳の根拠があるとする。カントは『倫理の形而上学の基礎づけ』（以下『基礎づけ』）で「こうして自律は、人間の本性、ならびにいっさいの理性的本性に属する尊厳の根拠なのである」[12]と述べている。

　ところで、自律には、人間が理性的存在者であることが想定されている。理性的存在者であることで普遍的自己立法が可能であり、その限りにおいて理性的存在者はそれ自身が単なる手段としてではなく目的そのものとなる。その意味で、理性的存在者でもある人格は、それ自体が目的であり、相互に尊重されなければならない。したがって、こうした理性的存在者がつくりなす共同体は、目的としての人格を相互に尊重する「目的の国」である。カントは『基礎づけ』で次のように述べる。「（前略）あらゆる理性的存在者は自ら自身における目的として、およそ自らが服従するであろうすべての法則に関して、自らを同時に普遍的に立法するものとみなすことができなければならないということである。何となれば、このように自らの格率が普遍的立法に適するということはこの理性的存在者をそれ自身における目的として、特にきわだたせることだからである。同じくまた疑いなく結論されることは、この理性的存在者はすべての単なる自然存在者に優越する彼の尊厳（特権）を必然的にともなっており、かくして理性的存在者は立法する存在者としての彼自身の、同時にまたあらゆる他の理性的存在者（彼らはこのゆえにまた人格とよばれる）の見地から、彼の格率を常に採用せねばならないということである」[13]。格率とは行為の主観的な原則のことであるが、これが同時に普遍化可能（すべての人に妥当できるもの）なものとして立法し、それに自ら

---

(11) 金子（金子武蔵編、前掲書）は、共同討議の中で、浜田義文と小倉志祥は、カントの人格論に対して、異なる見解を示している。浜田は、人格の中にある身体性については否定的に捉えているのに対して、小倉は、必ずしも否定的であるわけではないとしている。

(12) Kant, *Grundlegung zur Metaphysik der Sitten*(Reclam)1961, 89.

(13) Kant, op.cit., 92.

進んで従うところに、単なる自然的存在を超えた、人格の存在理由があるというのである。「したがっておのおのの理性的存在者は、あたかもそれが諸格率によって常に目的の普遍的国における立法的成員であるかのように行為せねばならないのである」⁽¹⁴⁾。理性的存在者が人格の相互尊重という道徳法則に自ら従うということが、共同体を成立させる根本原則となる。こうした道徳的人格があるべき共同体を構成する。

さらに、カントは、社会的役割を超えたところに成り立つ人格の同一性に、尊厳の置き換え不可能性（唯一性）を見ている。カントは、『基礎づけ』で尊厳と価格を比較してこう述べる。「目的の国においてはすべてのものが価格をもつか、あるいは尊厳を持つかのいずれかである。価格をもつところのものは、それに代わってまたある他のものが等価物として措定されうるところのものである。これに反して、あらゆる価値を超越するところのもの、したがって何ら等価物を許さぬものは尊厳をもつ。人間の一般的な傾向性と欲求とに関係するところのものは市場価値をもつ。何か欲求を前提しなくとも、ある種の趣味に、すなわちわれわれの心の諸力の、単なる目的のない遊戯における満足に適っているものは感情価格をもつ。しかし、そのもとにおいてのみ、あるものがそれ自身における目的でありうる条件を形づくるものは単に相対的な価値を、すなわち価格をもたず、かえって内的価値すなわち尊厳をもつ。」⁽¹⁵⁾このようにカントは、市場的価値である価格に還元できないところに、唯一の人間の絶対的価値として尊厳を位置づけている。

以上見たように、カントの人格論は、人格の内に、互いの人格を相互尊重すべきという共同性の理念（道徳性）を見いだした点に特徴がある。つまり人格に置き換え不可能な尊厳をみとめなければ、互いの人格を尊重し合う共同社会は成立しないことを示したのである。カントにとっての尊厳の概念は、道徳的な共同体が共同体として成り立つための原理を示すものであった。しかし、カントの示す尊厳概念については、具体的な人間関係のあるべき道徳的・倫理的な人間性に基づくものにとどまり、具体的な人間関係に内在した人間性に基づいたものであるとは言

---

(14) Kant, op. cit., 92

(15) Kant, op. cit., 87.

えない点で抽象的であるとしたいくつかの批判がある⁽¹⁶⁾。また、カント
は、人格を、普遍的な立法ができるという個人の理性的存在者としての
素質・能力に還元しているという点についても、検討が必要だろう。つ
まり、人格の内なる素質や能力を前提として道徳や倫理を考えてしまう
と、道徳や倫理が形式的・抽象的になってしまうのではないか（むしろ、
各人の可能性や能力は、共同性のなかで涵養されると考えるべきではないか）。
つまり、人格の自律を尊厳の価値の尺度としてしまうと、自律できるか
できないかによって人間の選別がされてしまうことになる。また、この
ことは、多様な存在を認めていこうとする現代社会（特に共生社会）に
おいてはそのまま通用しないと考えられる。この点も含めて、カント研
究者のあいだでも議論が続けられており、現代にも通用するようにカン
トの尊厳概念を再解釈する試みもなされている⁽¹⁷⁾。

　尊厳概念を考える上で、人格論がその一つの基礎になると考えるが、
カントの人格論では、人格の持つ抽象性（人格が個人の素質に還元されて
いる点、尊厳の根拠が人格の自律に還元されている点）に問題があると考
えている。しかしながら、人格概念を放棄することはできないし、する
べきではないだろう。むしろ、人格概念を道徳性からより拡張すること、
そして、個人の能力としてのみ考えないところから出発することによっ
て、尊厳概念を有効に捉えうるのではないか。そこで、ヘーゲルの人格
概念⁽¹⁸⁾を取り上げ、人格概念の捉え直しを行ってみたい。

---

(16) 例えば高田は、この点について次のように指摘している。「カントの義
　務論の形式主義的性格は、諸義務を人格のあいだの指摘諸関係において
　とらえ、社会的関係を考慮していないことにも現れている。人格の自律
　にもとづく理想の道徳的共同体としての「目的の国」も、社会的内容を
　捨象した形式的なものにとどまっている。」（高田純『実践と相互人格性
　―ドイツ観念論における承認論の展開』北海道大学図書刊行会、1997年、
　137頁）
(17) 例えば、蔵田信雄「カント倫理学と生命倫理―『人間の尊厳』という価値」
　牧野英二編『新・カント読本』法政大学出版局、2018年を参照のこと。
(18) ヘーゲルの人格概念については、クヴァンテは次のように評価してい
　る。ヘーゲルは「人格が人格であるうえで構成的である社会的構造を明
　らかにした。」（ミヒャエル・クヴァンテ「尊厳と多元主義―今日にお
　けるヘーゲル哲学のアクチュアリティとその限界」瀬川真吾訳『思想』
　No.1114、岩波書店、2017年、172頁）また、「〔...〕ヘーゲルがその意志
　論において展開したのは、原子論や方法的個人主義ではなく、個人の自

2 『現象学』の人格論

　『現象学』で「人格」概念は、「自己意識」章と「精神」章に出てくるが、主に「精神」章第1節「真なる精神、人倫」「法状態」で集中的に扱われている。また「人格」という言葉は出てこないが、カント的道徳主義への批判が、「理性」章第3節「絶対的に実在だと自覚している個人」の「立法理性」「査法理性」を扱った箇所でなされている。

　さて、『現象学』では、人格は、二つの側面から捉えられている。一つは、人格が抽象的かつ形式的であるする否定的側面であり、もう一つは、「第一の自己」として良心へと展開していく端緒とする肯定的側面である。人格の抽象性、形式性についての指摘は、カントの道徳主義を批判する文脈で捉えることができる。「立法理性」として矢面に立たされているのは、理性的存在者による普遍的自己立法のことであり、また「査法理性」として想定されているのは、こうした自己立法の無矛盾性のことであると思われる。カントは、『基礎づけ』で次のように述べている。「悪であることができない意志、したがってその格率が普遍的法則とされるときにも自分自身と決して矛盾することができない意志が絶対的に善いのである。したがってつぎの原理がまたこの意志の最上の法則である。即ちそれは、法則としての格率の普遍性を汝が同時に欲しうるその格率に従って常に行為せよである。またこの原理はそのもとで意志が決して自分自身と矛盾することのできない唯一の条件である。それでこのような命法は定言的である。」[19] カントにとって、自己の行為の主観的原則が普遍的に妥当することと、それが普遍的法則と矛盾なく整合性を保っていることが、理性的存在者の自己立法にとって決定的に重要なのである。これに対して、ヘーゲルは、むしろ、普遍的な自己立法や法則の無

律は社会的構築物や国家の契機として、そして社会的制度という枠組みの中でのみ実現され得るという全体論的社会存在論を基礎とした自立のモデルであった」（クヴァンテ『人間の尊厳と人格の自律』加藤泰史監訳、法政大学出版局、2015年、295頁）とし、ヘーゲルが人格を共同体の中に位置づけることで、自立の新しいモデルを示したとしている。
(19) Kant, op. cit., 90-91.

矛盾性こそが自己矛盾をもたらすものだと批判する。ヘーゲルによると、「人倫への直接無媒介の確信」(229/426) を持つ「立法理性」は、＜端的に〜すべき＞という普遍的理性法則を語りだす。しかしこのことを具体的な場面（行為）においてみると、特定の内容と結びつき特定の法則となる。したがって、特定の法則ではなく、普遍的法則であろうとすれば、非現実的な法則にならざるを得ない。例えば、「汝自身のごとく汝の隣人を愛せよ」(230/429) という法則は、あらゆる場面で妥当するわけではない。市民社会という具体的な現実においては、「行為を伴う愛」（行為しない愛は意味をもたないから）として「人から災いを離し、人に善を与える」べきということであるが、しかしこれを実行する場合は具体的な内容が問われる。「このためには何が災いであり、これに対して目的にかなった善はなんであり、そもそも福祉とはなんであるかが決定されねばならない」ということであり、「これが意味するのは、私は人に対し悟性をもって愛さねばならないことであり、悟性的でない愛は人にとって害となるだろうし、おそらく憎しみ以上の害となろうということである」(231/429)。つまりこのように「汝自身のごとく汝の隣人を愛せよ」は一般化すると、それ自身非現実的な命法なのである。その結果、ヘーゲルによると、法則を内容と結びつけ、その内容が自己矛盾しないという形式にその普遍性を求める査法理性が登場する。しかし査法理性の自己矛盾しないという尺度はそもそも尺度としての意味をなさないという。そのことをヘーゲルは、私有財産制と共有財産性を例に挙げて検討している。確かに「私有財産制であるべき」も「共有財産性であるべき」もそれ自体としては矛盾しない。しかしこれらの尺度は、個々の欲求と平等の分配をめぐってさまざまな矛盾を引き起こす。これらの問題の根源は、カント的な人格概念の抽象性・形式性にある。では、ヘーゲルは人格をどのように捉えているのか。

　ヘーゲルは、「自己意識」章で、自己意識（自己）と他の自己意識（他者）は、相互に承認し合うという行為において成り立つのであり、こうした関係を離れて独立に存在することはできないと述べている。自己と他者の関係と同じように、人格も関係概念であり、それ自体で成り立つのではなく、共同体のなかで成り立ち、生成していくものとして捉えられている。人格は、この章の「承認をめぐる闘争」において自立のため

に命を賭けなかった奴の意識として登場する。ヘーゲルは、命を賭けなかった自己意識は「人格として承認されるが、自立的な自己意識として承認されるという真理には到達していない」(111/187) と述べ、人格を承認において成り立つ概念として提示している。そして、「主と奴の弁証法」を経て、個物を普遍的な思考によって捉えるストア主義の意識の中に、より厳密な人格の概念を見出している。この人格は、個別的な内容を否定し続けていく懐疑主義の意識を経て、自分の個別性を乗り越えようとしながらもがき続ける不幸な意識へと移っていくのであるが、ただし、「自己意識」章では、人格論として述べられているわけではない。

　人格が集中的に登場するのは、「精神」章の「真なる精神、人倫」で、古代ギリシアの人倫が崩壊し、ローマの法状態に至った場面においてである。そこでは、「普遍的なものは、絶対多数の個人というアトムに分散しており、こうして死せる精神は、平等であり、ここではすべての人は各人として、人格として承認されている」(260/777) と述べられる。「ここでは人格性は人倫的実体の生命から外に出てしまったのである。」(261/778) 自己と一体化していたポリス共同体が崩壊したことで、これまで公的な場においては存在が認められなかった（家族共同体の一員であった）個別的な個人が、人格として社会的に承認されることになる。しかし、人格は、共同体から切り離された空虚な存在に過ぎないため、公の場で承認されたとしても、その「法の意識は、自分が現実に妥当させられる時、かえって自分の実在性の喪失を経験し、自分は完全に本質を欠いた者だと知る」(261/781) ことになる。したがってヘーゲルは、「個人を人格として捉えることは、軽蔑の表現である。」(261/781) と述べることになる。個人が人格として社会的に承認されたという意味では、確かに、人格において近代的個人の端緒が現れたが、共同体を欠き、各人は生々しい身体と抽象的な人格に分断され、自他の関係も「疎遠」となっているという意味では、人格は、個人としても空虚であり、解体される。しかし、ヘーゲルは、この解体の運動の中に、新たな主体性の生成の契機を見てとる。それは、人格の頑なさを捨て、共同体との新たなつながりを持つ契機である。人格というバラバラになった「これらの要素はそれだけでは、ただの荒廃に過ぎずそれら自身の解体に過ぎない。しかしこの解体という、それらを否定するものこそ、自己なのである。つまり、

それらの主体であり、行為であり、生成である。しかしこの行為と生成は、実体を現実化するものであって、人格性の疎外である」(264/786)。人格は、自らの人格の疎外を通して、世界と結びつく。このことを、ヘーゲルは次のように述べる。「この世界の定在も、自己意識の現実とともに、次の運動に基づいている。それは、自己意識が自らの人格性を疎外し、そのことによって世界を作り出し、この世界に対して疎遠なものとして関わり、結果この世界を自分のものにする運動である」(267/791)。人格の疎外を通して、自己を現実的なものとして妥当させていく。この疎外の運動をヘーゲルは、教養（形成）と名づける。「それゆえここで個人を妥当させ個人に現実を持たせるのは、教養である。個人の真の根源的自然や実体は、自然的存在の疎外の精神である」(267/792)。根源的自然を個人の素質と読み替えると、それはそのまま妥当するわけではなく、教養形成される（疎外＝本質を喪失する）ことで、現実に妥当するものになる。個人の素質をそのまま実現することが近代的主体性であるとする捉え方もあるが、ヘーゲルは、むしろ自然な素質を共同体へと喪失することが、近代的主体性を可能にすると捉えるのである[20]。「個人の真の根源的自然と実体は自然的存在の疎外された精神である。この外化がしたがって個人の目的であり定在である。外化とは、同時に思惟の実体を現実へと、逆に特定の個体性を本質的なものへと移す媒体であり、移行である」(267/792)。個人の素質は、共同体との関係の中で形成され陶冶されるものである。

　したがって、ヘーゲルにとって、人格は単なる名称ではなく、自らが自らを乗り越えていく運動なのであり、具体的な社会関係の中で教養形成を経ながら（この中にはカントの道徳性の立場も含まれる）精神（社会規範）を捉え自覚していくものである。社会規範が何であるかを自覚し、他者とともにそれを具体化する段階に至る人格（これはもはや「人格」ではなく、「良心」[21]であるが）は、自ら自覚した社会規範をめぐって、

(20)「根源的自然」はたしかに自己形成、あるいは他者との共通の基盤の確立という肯定的側面をもつが、リッターも指摘するように「人間の実践が社会的・歴史的実践から切り離されている」（ヨワヒム・リッター『ヘーゲルとフランス革命』出口純夫訳、理想社、1966年、74頁）。
(21)ヘーゲルは、「第一の自己」としての人格と「第三の自己」としての良

自他に分裂しして現れる。両者は、普遍の立場から＜評価を行う良心＞という立場と、個別の立場から＜行動する良心＞という立場に分かれ対峙するものの、互いの一面性を認め、互いに自己矛盾した存在として相互に承認し、＜他者と共に＞社会規範を吟味し実現する視点を獲得していく。人格は、自らの抽象性を、社会や歴史の中に自らを疎外することによって、乗り越え、社会規範を身につけた良心となる。

3　「法哲学」の人格論

　「法哲学」での人格は、第一部「抽象法」の最初のところで論じられている。ここではいくつかの「講義録」での記述を用いるが、ヘーゲルは、人格を構成している二つの契機として、依存と自立を挙げている。前者は、有限性、個別性、規定されたもの、対他性であり、後者は、無限、普遍性、規定されないもの、対自性である。人格はこの二つの矛盾した契機から成り立つのであり、それを自覚するところに人間の完全な価値がある、としている。ヘーゲルによると、「私はあらゆる側面から依存的である。しかしまさにそのようにして私は私固有のものである。私は私を自我として認識することによって、私は無限であり普遍的である。私がこの矛盾するものを分離したまま保持する力であることが、人格性の概念である。私はこの絶対的な結び目である。人間が自分を人格として知るところに人間の全き価値はある。」(GW26-1 ,SS.15-16) ここで重要

心の関係について、以下のようにまとめている。「良心の自己、つまり自分をそのまま絶対的真理と存在として確信している精神は、第三の自己である。〔...〕人倫的世界の真理として現れた全体もしくは現実性は、人格の自己である。その定在は承認されていることである。人格が実体を欠いた自己であるように、その定在も抽象的な自己である。〔...〕第二の自己においては、個別性と普遍性の最初の直接的な統一は、分裂する。純粋な精神的存在、承認されたもの、普遍的な意志や知にとどまっていた普遍的なものは自己の対象であり内容であり、その普遍的な現実である。しかし、普遍的なものは、自己から自由な定在という形式を持っていない。〔...〕良心として初めて、自己意識は、空虚な義務や空虚な権利、空虚な普遍意識の代わりに、自らの自己確信において内容を持つ。この自己確信は直接的なものであるため、定在そのものである」(342/952)。

な点は、人格が、矛盾をはらんでいるという指摘である。「人格そのものうちに、無限なものと単に有限なものとの統一が、全く逐一限界のあるものと全く限界のないものとの統一がある。人格のうちにはこうした途方も無い矛盾が存在する。そしてこうした矛盾に耐え得ることが人格の高貴さである。というのは自然的なものは矛盾を自分のうちに保持できない。　しかしまさに概念は対立の統一である。人格は、こうした単純なもの、自己のもとにあるものであり、絶対的な運動である。というのも矛盾は人格の中にあるからである。矛盾は絶えず解消し、絶えず存在する。人格とは、自由である、無限であるという規定であると同時に単に有限なもの、このもの、個別的なもの、規定されたものである。」(GW26 2,809)

　では、この人格の矛盾の解消は、どのようになされるのであろうか。ヘーゲルによると、それは精神や理性の力によるものとされる。「全く反対の極を結びつけるのはまさに精神である。精神は途方もないもので、いわゆる健全な知性には狂ったものと見えるが、全く正反対のものを結びつける。そのように精神の力は偉大なのだ。私は石ころのように力なくはかない存在であるが、このような弱さにおいて対象を無限に自由なものとして自覚している。人格はこのように高貴なものであるが、まだ抽象的である。というのも、私は自分をこのひととして知るに過ぎず、このひととして規定されているに過ぎず、私の自由というもう一つの内容に　ふさわしくない。この矛盾はなるほど私に担われているが、解消されることはない。両者の調和は、理性においてはじめて可能である。」(GW26-3,1113-1114) ここで言う精神や理性の力とは、常識的な知性からは理解されにくい、全く反対のものを結びつける能力のことであり、個人の能力と捉えるべきではない。むしろ個人の能力を超えた共同体や歴史の力といったほうがよい。

　理性的に、人格の依存と自立を矛盾として捉ええると、自己のさまざまな他者との関わり（役割）は、常に人格の同一性を否定することになるが、この人格の同一性がなければ、さまざまな他者との関わりもまた成立しないということになる。依存と自立との人格概念の二重性が示されているが、ヘーゲルは、人格がこれを矛盾として、さらには矛盾の自覚として捉えていく点に、人格の高貴さを見ているのである。つまり、

有限性と無限性、＜規定されていること＞と＜この状態を否定すること＞との矛盾に耐えることのうちに、人格の高貴さがあるというのである。しかしこの矛盾を解消することは個人の力ではできない、という。つまりカントのように個人の道徳的能力によって自律を実現することはできないのである。先に見たように、精神や理性的なものの力が必要なのである。こうした点は、ヘーゲルが人格そのものを抽象的なものにすぎないと見ていることに理由があろう。人格は、共同（ヘーゲルの精神とは共同的なものである）の力を用いて具体化される、というのがヘーゲルの見立てである。実際、「法哲学」の中では、人格の矛盾を具体的に解決していく精神の力や理性の力の具体的なものとして、市民社会の福祉政策や国家の統治が示されている（もちろん、政策や統治自体の中身の吟味は必要であるが）。

　ヘーゲルの人格概念の特徴は、人格を自己形成と他者との承認のプロセスにおいて捉えようとした点にあると言えるだろう。人格は個人にあらかじめ内在した能力ではなく、社会的な承認によって成り立つものであり、共同的な能力である。言い方を変えると、人格は、抽象的には個人の中に矛盾として内在しているが、社会のなかで精神の力、理性の力を借りて、自らの矛盾と向き合いながらそれを乗り越えていくことができる能力である。そして、人格の具体的な矛盾とその解消は、社会政策や制度の具体的なあり方と深く結びつく。こうした問題構成は、社会福祉の主体的側面と客観的側面の統合を目指したさまざまな試みとも重なるように思われる例えば、岡村重夫の社会福祉の方法論などが挙げられる[22]。

　もちろん、ヘーゲルの人格概念についても、さまざまな問題を指摘することができるだろう。例えば、ヘーゲルも、カントと同様に、人格を自己意識や個人（といっても他者との関係性で成り立つのだが）のあり方のうちに見ているという点、また、人格の具体化においても、精神的な力や理性的な力を重視している点であろう。こうした自己意識や理性に

---

(22) 岡村にとって尊厳を守るとは、人格が現実にあるこの矛盾を乗り越えていけるよう、援助することである。その主体的側面がソーシャルワークの援助であり、その客観的側面が社会政策であると捉えている。

対する不信感は、特に 20 世紀（二度の大戦）以降にさまざまな形で指摘されるようになった。例えば、レヴィナスは、ドイツ観念論の議論を受け継ぎながらも、理性の疾しさに眼を向け、自他の相互性に還元されない（自他の相互性を想定すると、他者は自己にとって了解可能な存在となり、他者の他者性が失われてしまう）ところに人間の尊厳を見ている。そして、同一性や相互性に還元されない唯一性を持った他者への応答にレヴィナスは倫理性を見出している[23]。

おわりに

社会福祉の基本的な理念の一つとなっている「すべての個人には尊厳がある」という表現は、ある種のパラドックスを含んでいる[24]。尊厳に

---

[23] レヴィナスは、尊厳について、次のように述べている。「＜無関心ではありえないこと＞において、他者の差異はひとつの類に属する数多くの個体同士の不十分な形式的他性ではなく、いかなる類とも無関係で、あらゆる類を超越する唯一者の他性と化す。このとき超越とは単に内在性のしくじりではなく、近さとしての社会的なものが有する還元不可能な卓越性であり、まさに平和である。〔...〕平和としての＜無関心ではありえないこと＞を、なんらかの好奇心が失われた結果生じた中立と解してはならない。それは責任という「他者のために」なのである。〔...〕かかる愛のうちで人間の権利が、愛されるものの権利が、すなわち唯一者の尊厳が意味を獲得する。」（エマニュエル・レヴィナス『われわれのあいだで（新装版）』合田、谷口訳、法政大学出版局、2015 年、268-269 頁）

[24] 衣笠は、ソーシャルワークの価値と原理である「諸個人の尊厳の尊重」と「自己決定の保障」について、慢性疾患のケアにおいて「自己決定」を実現することは困難であり、認知症の高齢者の意思決定の場面で「その決定は誰の決定なのか」という問題が残ると指摘する。また、認知障害や脳外傷、精神疾患や嗜癖を持つ人、あるいはなんからの「生物学的な障害」を持つ人の事例について、「ソーシャルワーカが単に「自己決定」だけを強調することは、我々の社会において善きものとされている「社会の価値」を押しつける「社会の代理人」としてのみ機能することになり〔...〕、それはクライエントにとって最善の利益や自由をもたらすというよりは、むしろ「管理」に近いものになるのではないか」（衣笠一茂「ソーシャルワークの価値と原理をめぐる今日的課題」ソーシャルワーク研究編集委員会編『ソーシャルワーク研究』4413、相川書房、2018 年、172 頁）と指摘する。これらの問題は、「判断し自己決定できる個人」のみに「尊厳」を認めるという従来のソーシャルワークの立場では、解決できないとしている。

値する素質を問うてしまうと、その素質を持たない（とされる）特定の個人を排除し、尊厳に値する素質を持つか否かによって、ある人には尊厳があり、ある人には尊厳がないということが起きてしまうし、逆に何らかの素質を問わないとすると、生きていること自体に尊厳があり、動物と人間の区別がつかなくなってしまい、そもそも個人の尊厳という言い方自体（ここには価値評価がある）に意味がなくなるからである。尊厳がある種の価値を表明する言葉である以上、それに値する何かを考えなければならないことになる。その一方で、尊厳を何らかの素質によって根拠づける際には、それが人間の選別につながるのかどうかを検討する必要がある。

　では、人間にある種の素質を認めたとして、それが人間の選別を引き起こさないということは可能であろうか。これに対する一つの回答が、ヘーゲルの承認を基にした人格論に見いだせるのではないだろうか。個人に内在するとされる尊厳の根拠としての人格を、社会的な承認のレベルで考察するという視点である。承認によって成り立つ社会的な人格を個人に内在するとされる人格の基礎におくべきではないか。私は、さまざまな葛藤を持って生きていくことに、人格の尊厳があると考える。と同時に、人格の枠をどこまで広げられるかを議論していく必要を感じる。例えば、重度の精神障害者にも認知症の人にも（仮に言葉にならないとしても）葛藤がある。この葛藤がある点に、主体性を認めていく。人格を共同体の中での承認によって成立するものと考えていく視点が必要であると考える。こうした視点から、社会福祉の尊厳概念を具体的に考察していくことができると考える。

ヘーゲルと社会構築主義

——ジュディス・バトラーのヘーゲル解釈と美しき魂をめぐって

岡崎　龍

はじめに

　本稿の課題は、ジュディス・バトラーの『欲望の主体』におけるヘーゲル読解を手掛かりに、『精神現象学』における「美しき魂」の寓話をもとに、社会構築主義を再検討することである[(1)]。社会構築主義の主張は多岐にわたるが、本稿では、社会構築主義の代表者として、ガブリエルらの新実在論から激しい攻撃にさらされているジュディス・バトラーに着目する。そのためにまず、ガブリエルがバトラーを名指しで批判している箇所を紹介し、問題の所在を簡単に見たうえで（1節）、バトラーの理論展開に即してバトラーの理解する社会構築主義の具体的内容を考える。バトラーの側からの議論として取り上げたいのは、バトラーの博士論文をもとにしたものであり、原著刊行後30年以上経ってようやくその邦訳が刊行された『欲望の主体』のヘーゲル論（2節）、そして主著『ジェンダー・トラブル』に対する批判への反批判としてバトラーが社会構築主義を再検討している『問題＝物質となる身体』（3節）の二つである。この二つの著作をもとにバトラーの社会構築主義についての考え方を再構成した上で、最後にヘーゲルが『精神現象学』で展開した美しき魂の描写を分析し、バトラーの主張を補完する（4節）。

---

(1) ヘーゲルと社会構築主義を正面から論じる研究は多くない。例外として、次のものが『精神現象学』の緒論をもとに構築主義との接点を探っている。岩崎稔「『精神現象学』「緒論」の反方法的方法と構築主義の問題」『現代思想　ヘーゲル『精神現象学』二〇〇年の転回』青土社、2007年。

1 ガブリエルの社会構築主義批判

ガブリエルが新実在論を構想し精緻化しようとする際の第一の批判対象は通例社会構築主義と反対の立場とみなされる自然主義であるが、ガブリエルはいくつかの時事評論的著作においては社会構築主義に対しても辛辣な批判を行っている。斎藤幸平による絶妙なインタビューに答える形でガブリエルの思想が平易に語られる『未来の大分岐』において、社会構築主義の代表的論者としてのバトラーに対するガブリエルの批判が次のように展開されている。

　MG　社会構築主義には多くの問題があります。構築というのが、ビルを建てるというような文字通りの構築を意味しているのなら、人間の作った社会も構築されたものです。社会はテーブルのように人工物です。心理的な実体というより、テーブルに近い存在だといっていい。

　しかしカリフォルニア大学バークレー校の著名な社会構築主義者であるジョン・サールとジュディス・バトラーは──バークレーという街の名前は（物体の実在性を否定した）哲学者ジョージ・バークリーからとられたということを考えるとぴったりなわけですが──社会的事実を人間が作り出した幻覚のように捉えています。サールは 20 ドル札の価値について人間が幻覚を見ていると言い、バトラーはジェンダーだけでなく、性（セックス）についても幻覚を見ていると考えています。

斎藤　すべては人々の社会的行為が生み出す幻覚だと。

　MG　もちろん、それは間違っていますけどね。社会的なものの論理は、幻覚ではありません。彼らは、すべてのものは、指をパチッと鳴らすだけで、吹き飛ばすことができる幻覚だと信じています。でも、そんなわけはありません。

　社会構築主義者は、社会的なものの抵抗について誤解しています。社会的なものはすべて実在的なものですが、実在的なものは何であ

れ、理論化に抵抗するのです。[2]

　一見すると典型的なバトラー批判に見えるこのやり取りの中には、興味深いねじれが見出される。前半部でガブリエルが「バトラーはジェンダーだけでなく性（セックス）にも〔人間が〕幻覚を見ていると考えています」と述べるとき、そこでは、物質的なものである（とされる）セックスが言説による構築物とみなされてしまっている、というバトラーに対する典型的な批判が繰り返されているだけのようにみえる。つまり、バトラーがジェンダー・パフォーマティヴィティ論を通じて遂行した自然主義批判に対して、ガブリエルは、本来それが実在しているにもかかわらずバトラーは自然的性を誤って社会的構築物とみなしてしまっている、という月並みな批判を繰り返しているようにも見える。

　しかし、斎藤の発言に続けて後半部分でガブリエルが述べているのは、バトラーが、自然的性を幻覚とみなしてしまっているということではない。ガブリエルのバトラー批判は、バトラーの自然主義批判に向けられたものではなく、むしろ、社会的なものがバトラーにおいては誤って「指をパチッと鳴らすだけで吹き飛ばすことができる幻覚だ」とみられている、という点に向けられている。それゆえガブリエルは、「社会構築主義」の代表格としてバトラーを批判するにあたって、社会構築主義の対立物であるとみられてきた自然主義を擁護するのではなく、むしろ社会構築主義における「幻想性」と、それに基づく安易な変革の要請（「指をパチッと鳴らすだけで吹き飛ばす」）を問い直そうとしているのであり、しかもその際、社会的なものの実在性は繰り返し強調されているのである。

　しかし、バトラーは本当にガブリエルが考えるほど楽天的に社会的なものの実在性を覆せると考えていたかは、大いに再考の余地があるように思われる。こうしたガブリエルの批判を出発点に、以下でバトラーが社会構築主義を論じている箇所を分析してみることにしよう。

---

(2) 斎藤幸平『未来への大分岐─資本主義の終わりか、人間の終焉か？』集英社新書、2019年、171-172頁。

2　バトラーのヘーゲル読解

　バトラーが『ジェンダー・トラブル』や『問題＝物質となる身体』で展開した社会構築主義についての議論の理論的背景は、この二つの著作に先だって刊行された『欲望の主体』の中に見出される。以下では、主に同書の第一章で展開されたヘーゲル論を概観することで、先述の社会構築主義の問題構成を再構成するための手掛かりを見出してみたい。その際とりわけ重要であるのは、第一に、バトラーが『精神現象学』の具体的なテクスト解釈に先立ってヘーゲル哲学の根本的な特徴として提示する、主語・述語・繋辞に関する独特な理解であり、第二に、『精神現象学』の「意識」章と「自己意識」章読解を通じてバトラーの描き出す「身体化された自由」と、そこで着目される承認の具体的内実である。

　まずは第一の点についてみてみよう。バトラーは、『精神現象学』の核心をなす「実体は主体である」という命題に着目し、ここで言う繋辞「である」は「になる」という意味で理解されるべきことを強調する。

　　　ヘーゲルが「〈実体〉は〈主体〉である」と述べるとき、この「である (is)」は「になる (become)」の役目を担っており、その際生成とは単線的な過程ではなく、円環的な過程である。したがって単線的読解という存在論的前提に依拠すると、私たちはヘーゲルの文章を誤読してしまうことになる。[3]

　〈実体〉がまず前提され、そのうえでそこに〈主体〉という述語が付け加えられるという単線的読解に基づく限り、この「〈実体〉は〈主体〉である」という文は理解されえない。むしろバトラーが強調するように、〈主体〉という述語付けを通してはじめて〈実体〉が〈実体〉として成立する。

---

(3) ジュディス・バトラー『欲望の主体——ヘーゲルと二〇世紀フランスにおけるポスト・ヘーゲル主義』、大河内泰樹・野尻英一・岡崎佑香・岡崎龍訳、堀之内出版、2019 年、72 頁。

　ここで重要なのは、「実体は主体である」という『精神現象学』の根本テーゼと言われているものそのものへのバトラーの解釈の当否よりもむしろ、バトラーがこの主語と述語の関係を『精神現象学』を通じて描かれる意識の経験の構造に通底するものとして理解しているということである。それによれば、『精神現象学』における意識は、常にそれが対象によって媒介されることによってはじめて意識であるものであり、したがって常にそれが結び付けられる対象に依存するものとして存在する。つまり、まず意識があって次にそれがなにかに関係するのではなく、何かに関係するものとしてはじめて存在するのが意識であるという意味で、対象への依存関係にあるような存在者が「意識」として理解されているのである。それゆえ、こうした述語付けによる主語の立ち上げは、主語による自由な述語付けを意味するものではない。むしろバトラーの解釈によると、述語付けを通じて主語を立ち上げようとする運動は、常に一面的であり、そうであるがゆえに常に失敗へと運命づけられている。つまりヘーゲルの描く主体は、常に、自身がそれによってはじめて立ち上げられるところの述語を求めるが、こうして述語付けを行う意識の運動は、そのプロセス自体が内包する一面性によって常に覆されざるを得ないものであり、こうした述語付けとその失敗が、『精神現象学』全体を駆動する原理になっているとバトラーは理解しているのである。

　述語付けを通じて初めて主語が成立するという論点は、バトラーによる意識の具体的な経験の解釈においてもはっきりと継承される。この点を明らかにするために、バトラーの用いる「修辞」という概念に着目したい。バトラーが『精神現象学』を論じた第一章は「ヘーゲル『精神現象学』における欲望、修辞、承認」と名付けられているが、欲望と承認が『精神現象学』（のとりわけ「自己意識」章）解釈において伝統的に強調されてきたのに対し、「修辞」という概念が同書の解釈でクローズ・アップされることはまれであると言ってよい。

　しかし、「修辞」概念への着目は、上に述べた述語付けによってはじめて主体＝主語が成立するというバトラーの根本的なヘーゲル理解の核心をなすものである。そしてこのことは、「修辞」についてのバトラーの次のような理解に裏付けられたものである。

〔...〕文法的主語は決して自己同一的ではなく、常に反省的運動のなかでのみ自己であることになる。文は文法的な諸要素から成り立っているわけではない。そうした文法的諸要素は、それに対応する存在論的実在を反映しているか、もしくは指し示しているとされる。文は一つの全体として受け取られることを求めるとともに、その文が受け取られるべき、より広い文脈を指し示してもいる。しかしこの文脈が「指し示」される仕方は、指示的なものでなく、修辞的なものである。ヘーゲルの文はその文が伝える意味を実演する。実のところヘーゲルの文が示しているのは、「である（is）」は、実演される限りにおいてのみ、それがそうであるところのものだということなのである。[4]

　上の内容は、述語付けによる主語の立ち上げという第一の論点をさらに一歩先へ進めるものである。というのは、各々の「SはPである」という文章は、「S」も「P」も、そして——最も重要なことであるが——「SがPである」という、バトラーの言葉で言えばこの命題の指し示すはずの「存在論的実在」も前提することなく（指示的なものでなく）、むしろこうした修辞こそが、主語が述語付けられるプロセスの実在性にとって構成的な役割を果たすということが以上で明らかにされているからである。SもPも、「SはPである」という事態も、述語付け以前にあらかじめ存在するものではない。そうではなく、意識が行う述語付けを通じて初めて「PであるS」が存在することができるようになるのである。だからこそこうした述語付けは、あらかじめ存在しているものに対する記述ではない。述語付けによる分節化によってはじめて、問題となっている事柄が存在するものとして理解されるという「修辞」の性格は、それゆえ、アリストテレス以来伝統的に論じられてきた、議論の技巧として理解することはできない。むしろバトラーが理解する修辞とはヘーゲルの述べる「思い込みを直ちに転倒させ、ある別のものにしてしまい、語へと現れないようにしてしまうという神的な本性をもつ言語」(70/109)

---

(4) バトラー、前掲書、73 頁。

を正確に構造化したものとして理解すべきものなのである。

このことは、バトラーがヘーゲルの描く意識の経験の構成的要素としての「虚構」概念と関係づけられることによってさらに精緻化できる。『精神現象学』の中心的方法をなす「経験」のプロセスは、バトラーによって、虚構制作（フィクション・メイキング）のプロセスとして理解される。すなわちバトラーが『精神現象学』に見出す主体性の構造とは、それによってはじめて自らを存在論的に立ち上げることができるところの修辞を探し求めてはそれに失敗するフィクション・メイキングのプロセスに他ならない。『精神現象学』はどこまでも失敗の連続であり、こうした失敗を超越した自己完結的な真理を示すものではないのである[5]。

こうしてバトラーが展開する、自己をそれとして立ち上げるための修辞の枠組みを求めてはそれに失敗するプロセスを描くものというヘーゲル読解は、バトラーの「主人と奴隷の弁証法」解釈にも重要な示唆を与えるものである。『精神現象学』の「意識」章と「自己意識」章の経験は、意識と対象の二元的性格を克服するプロセスとして読解されるが、バトラーの解釈が独創的であるのは、主人と奴隷の弁証法の到達点において「身体化された自由」というヘーゲルの自由観が提示されることを強調し、そこで論じられる承認の具体相を掘り下げている点である。

第一に「身体化された自由」についてみてみよう。意識と対象の二元論的把握に基づく「意識」章のモデルは、「対象への没入」（対象に意識を解消する）と「ナルシシズム」（意識に対象を解消する）と読み変えられたのち、さらに二つの意識の間主観的関係においては「自由なき身体」（奴隷）と「身体なき自由」（主人）という二つの異なった意識の形態として再構成される。同章の伝統的な研究においては、コジェーヴ以来奴隷の自律性が強調されるのが通例であるが、バトラーのヘーゲル読解の特色は、こうした身体と自由の二元論を克服するものとして「身体化された自由」という概念を提示し、しかもそこで身体化された自由の基礎

---

(5) この点からヘーゲルの「哲学」概念を（『精神現象学』ではなく『エンツュクロペディー』の絶対精神論をもとにではあるが）解釈するのが次の論文である。大河内泰樹「多元的存在論の体系——ノン・スタンダード存在論としてのヘーゲル「エンチュクロペディ」」『思想』第 1137 号、岩波書店、2019 年。

になる承認の内実が改めて問い直される点にある。この点が重要であるのは、のちに我々が見ることになる身体の物質的実在性をめぐる問題構成に対して、先述の修辞論との関連を見出すことができるからである。

第二に、承認の具体的な内容についてみてみたい。バトラーは『精神現象学』の「自己意識は承認されることによってのみ存在する」(109/183)という箇所を引用し、他者からの承認が個々の主体の生存にとって構成的であることを繰り返し論じているが、さらにこの承認の実質について、バトラーは第一の点を踏まえて次のように掘り下げている。

> しかし、他者は私たちを何として承認するのだろうか。その答えは、欲望する存在として、である。〔...〕欲望は多価的な構造であり、世界を覆う自己同一性を確立する運動であることを私たちは見てきた。労働についてのヘーゲルの議論は、〔ここへきて〕いかにして実体の世界が主体の世界として作り直されることになるのかを示し始めている。自然的世界の変容としての欲望は、同時に、それ自身の自然的自己を身体化された自由へと変容させることでもある。[6]

バトラーがここで精緻化しているのは、承認の具体的な内容が、個々の身体への振る舞いだということである。つまり、個々の主体が自身の身体に対してどう振る舞うか(〈自然的自己〉の〈身体化された自由〉への変容)こそが、他者から承認される内容であることになる。

バトラーは以上の議論で『精神現象学』読解を後にし、フランスのヘーゲル受容の分析に移行する。それゆえ、上の承認理解がいかなる理論的射程を持つかについての議論はなされていない。以下では、右で概観したバトラーの読解を、先述の修辞との関連で再構成することで、次節で見る『問題＝物質となる身体』の議論につながる論点を摘出してみたい。

先述したように、第一の論点として、主語が常に述語付けによってはじめて成立することが挙げられていた。そしてそれに後続する修辞概念の再構成を通じて展開されたのは、こうした「ＳはＰである」という分節化を通じて初めて「ＰであるＳ」が存在論的実在性を獲得するという

---

(6) バトラー、前掲書、144頁。

ことだった。つまり、修辞的分節化がＳの存在に対して構成的役割をはたしていることが明らかにされたのだった。これに続けて第二の論点で示されたのは、こうした修辞的分節化を通じた自己の立ち上げをめぐる経験の中で、他者からの承認の構成的性格が示されたということであり、その承認の具体的な内容は、自己の身体への振る舞い方であった。

　この二つの論点を再構成することによって明らかになるのは、個々の主体の身体的実在性は、〈個々の主体が自分の身体に対してどのような振る舞いをするか〉についての他者からの承認に依存したものであるとともに、こうした承認は、個々の主体がもつ修辞的分節化の枠組みを媒介する形で遂行されるということである。つまり、個々の身体そのものが直接に承認されるというよりもむしろ、それを通じて自分自身のあり方を分節化するところの修辞の枠組みが他者から承認されることではじめて、個々の身体は「身体化された自由」をもつものとして存在することができる、ということがバトラーのヘーゲル読解の核心であることになる。言い換えれば、個々の主体が自身の身体に対して与える分節化の枠組みを媒介に承認が行われているのである。以下では、この論点を踏まえて、バトラー自身の社会構築主義論を再構成してみよう。

3　バトラーにおける社会構築主義の再構成

　バトラーにおける社会構築主義について考察するにあたってまず問題になるのは、バトラーは、ガブリエルの言うように自身の立場をそもそも社会構築主義と規定しているのかということである。自然的性としてのセックスと社会的性としてのジェンダーの関係を再考することを通じて自然主義的なジェンダー理解を批判した『ジェンダー・トラブル』に対する批判への応答として書かれた『問題＝物質となる身体』において、バトラーは、社会構築主義を理論的・批判的に再検討しようとしている。

　『ジェンダー・トラブル』では、ジェンダー二元論に一対一に対応する物質的身体が存在するという「基盤主義」の批判として、ジェンダー・パフォーマティヴィティ論が展開された。自然的なものである男性身体に対応するものとしての男性ジェンダー、自然的なものである女性身体

に対応するものとしての女性ジェンダーという、社会的ジェンダーの規範性にとっての物質的・自然的根拠をなすものとして身体を理解する基盤主義——これは自然主義の一種に数えられ得る——に対抗してバトラーが主張したのは、両者は個々の主体の一連の行為を通じてはじめて結び付けられ、ジェンダー化された身体として立ち上げられるに至るというジェンダー・パフォーマティヴィティ論であった。

『ジェンダー・トラブル』の叙述内部において用いられるパフォーマティヴィティ概念にどの程度の合目的的、主意主義的なインプリケーションがあったのかについては本稿では問わない。ここで強調したいのは、『問題＝物質となる身体』の出発点をなすバトラーの問いが、「身体の物質性についての問題をジェンダーのパフォーマティヴィティと結び付ける方法はあるか」[7]であり、この問題設定のなかでバトラーが社会構築主義の刷新を図っているということである。

こうした文脈の中で立てられるのが「もしジェンダーが構築物なのであれば、こうした構築を立ち上げたり成し遂げたりするような「私」や「我々」が存在していなければならないのだろうか?」[8]という問いである。この問いが肯定されるなら「構築主義は言語的一元論に還元されることになり、言語的構築が産出的で決定論的であることになる」[9]。バトラーによれば、こうした構築観のうちでは、主意主義と社会的決定論の奇妙な交錯がみられる。社会的なジェンダー構築を個々の主体に先立つ特権的なものとして立てることによってあらゆるジェンダーを機械的に決定されたものとみなすか、あるいは個々の個人を主意主義的・自由にジェンダーを選び取る主体としてあらゆるジェンダー化に先行するものとして立てるかの違いはあれ、どちらの立場も構築に先立つの審級を立てているという同一の前提を共有しているのである。

これに対してバトラーはこうした構築主義を退け、「構築から物質化へ」という観点を導入することで、合目的的主体とその行為という単極的な能動性に基づいた「構築」モデルに代えて、こうしたプロセスをそ

---

(7) Judith Butler, *Bodies that Matter, On the discursive limits of „sex"*, London/ New York: Routledge, 1993[2011], xi.

(8) Butler, op. cit., xvi.

(9) Butler, op. cit., xvi.

の全体性において把握する「物質化」概念について論じることになる。

　バトラーの「物質化」概念の検討に先立って念頭に置く必要があるの
は、ジェンダーの構築の主体の存否だけでなく、「すべてが言説なので
あれば、身体はどうなるのか？」[(10)] という反構築主義論者の問いをバト
ラーが扱っているということである。先述の第一の問いで問題だったの
は「ジェンダー」の構築主体の存否であったが、ここではさらに一歩進
んで、身体は構築されるのか、そして構築されるのであればいかにして
かという問いが立てられるのである。

　ジェンダーの構築主体が単極的な能動性をもつものとはみなされえな
いことは上で既にみた。これとパラレルな形でバトラーが身体について
述べるのは、身体もまた、外から意味を受けとるものとして既にそこに
存在している受動的な存在者ではない、ということである。つまり、ま
ず身体があって、そこにあとから外的な仕方でその身体に対応するジェ
ンダーが書き込まれるわけではない。このように身体とジェンダーの書
き込みを二元的に捉える構築主義は、バトラーが「物質化」の概念を用
いて批判しようとしたものである。

　こうした二元論とは異なる見方としてバトラーが「物質化」概念を彫
琢するとき問題になるのは、社会的規範に基づくジェンダー化のプロセ
スが、同時に身体の身体としての成立・存在化のプロセスと一致すると
いうことである。既にタブラ・ラサとして存在する所与の身体に対して
外的な意味付けが与えられるのではないということは、しかしながら、
言語による身体の創造という神秘的な「言語的観念論」として理解され
るべきなのだろうか。ここで重要であるのは、一定のジェンダー化のプ
ロセスが、常に存在可能な身体とそうでない身体という区分に基づいて
遂行されるものであり、そしてそうしたジェンダー化が物象の力を伴っ
て社会的な制度の中に組み込まれるとき、そもそも存在できる身体とそ
うでない身体が区別されることになってしまうということである。「ジェ
ンダー構築は排他的な手段によって遂行される」[(11)]。それゆえ、バトラー

---

(10) Butler, op. cit., xvi.
(11) Butler, op. cit., xviii.

が「物質とは常に物質化である」(12)と述べる際の真意は、身体が物質として存在しているのは、それが一定の社会的規範によって承認された限りにおいてのみであり、こうした承認を欠いては、そうした身体をもつはずの主体はそもそも物質的にも存在しえない、ということなのである。

　　私が構築についての諸々の考え方に代えて提唱したいのは、物質についての考えへとたちもどるということである。それによれば物質とは側面とか表面ではなくて、物質化のプロセスであり、このプロセスが静態化することで、境界、固定性、表面など〔通例〕身体と呼ばれるところのものの効果を生み出すことになる。(13)

　物質的身体として言説以前に存在しているように見えるものがあるとしても、それは物質化というプロセスの結果に他ならない。つまり、あらかじめ存在しているものに対してあくまでその意味付けに過ぎないものが外から与えられるのではなく、物質的存在自体が常にすでにそれを存在させるものとしてのプロセスの結果でしかないのである。

　社会的規範による意味付けがその対象の物質的生存と結びついたプロセスとして進行するというバトラーの理解は、「確かに言語の外部はない。わたしたちは、さまざまな言説実践の外部に出ることはできない。言語を通さなければ、なにも知覚することはできない。しかし、言語だけがなにかを構築していく際の最終審級というだけでもない」(14)ということにとどまらない。むしろ、言語を通じて社会的規範と結びつく制度は、常に存在する身体と存在しえない身体という区別に基づいて運営されるものであり続ける。バトラーは『問題＝物質となる身体』の段階では、中期以降（『触発する言葉』、『戦争の枠組み』等）に展開される「プレカリティ」概念についての理論を体系的に展開するには至っていないように思われるが、社会的規範による主体への意味付けが主体の物質的成立のプロセスと一致するという上記の見解は、そこに必然的に内包される

---

(12) Butler, op. cit., xviii.

(13) Butler, op. cit., xviii.

(14) 千田有紀「構築主義の系譜学」上野千鶴子編『構築主義とは何か』勁草書房、2001 年、34 頁。

深刻な暴力性についての洞察に支えられたものだと言うことができる。

　もちろんバトラーはこうした社会的規範による物質的身体の生成を決定論的に捉えているわけではなく、それに対する抵抗の方途を探り続けていることもまた忘れられてはならない。とはいえバトラーはこうした社会的規範の脅威を「指をパチッと鳴らすだけで、吹き飛ばすことができる幻覚だと信じてい」るわけではない。むしろバトラーの構想は、物質化のプロセスが必然的に内包する「こうした脅威や排除」を「象徴的な正当性や理解可能性のための言葉そのものを再分節化しようとする闘いにおける批判的なリソース」[15]として理解しようとするものであり、特定の言語使用がもつ致命的な暴力性を一つ一つ剔抉していこうとする取り組みである。別稿で論じたように、こうした取り組みは個々の当事者のみによってなされうるものではなく、こうした分節化可能性が他者によって共有されることによってはじめて可能なものである[16]。

　最後に、ここで「再分節化」と「理解可能性」という言葉が用いられていることに着目しよう。なぜなら、このことは、言語を用いた分節化可能性（およびそれに基づく対象の理解可能性）にその対象の物質的実在性が決定的に依存していることをはっきりと示すものだからである。社会的規範に裏付けられた「分節化可能性」によってしか、各々の身体は存在することができない。これは言語によってしか物質が知覚されえないということを理由に認識論を存在論へと拡張するものではなく、こうした分節化可能性が制度化され、物象の力を伴って社会的実在性を獲得するとき、それが当の対象ないし身体の物理的生存を脅かし続けるという問題とかかわるものである。ところで、このことを、ある別の側面から明らかにし、補強するのが、ヘーゲルの「美しき魂」についての寓話である。以下ではこの寓話を分析することで、分節化可能性と生存可能性との緊密な結びつきについての考察を深めることができる。

---

(15) Butler, op. cit., xiii.

(16) 以下を参照のこと。岡崎龍「ヘーゲルとパフォーマティヴィティ──『精神現象学』自己疎外的精神とジュディス・バトラー」『思想』第 1137 号、岩波書店、2019 年。

4 美しき魂はなぜ死ぬのか

『精神現象学』において「美しき魂」は二度登場し、二度とも死亡する。第一の形態は、「教団」における相互承認の成立に後続するものであり、第二の形態は、「行為する良心」との相互承認を拒否する「批評する良心」である。以下では、この一つ目の形態を分析する[17]。のちに詳しく見るように、この美しき魂の第一の形態が決定的に興味深いものであるのは、まさにそれが相互承認の結果として成立するものだからである。

美しき魂の寓話を含む良心論は、『精神現象学』研究においてもっとも注目されることの多い箇所の一つである。こうした事情は、この箇所でホネット以来ヘーゲルの実践哲学解釈の中核をなしてきた承認概念が論じられることによると思われるが、近年では承認の成立にかかわる「言語」の役割に着目する研究が圧倒的な多数を占めている。ドイツ語圏ではベアトラムのコメンタールにおいてコンフリクト理論とのかかわりで良心論における言語の機能が強調されているほか、ヘーゲル主義の言語哲学の最先端をいくブランダムの最近著もまた、当該箇所の分析にかなりの紙数を割いている[18]。ヘーゲル哲学との関係が必ずしもはっきりと論じられてこなかった言語論におけるヘーゲル哲学の意義を明らかにしようとする点でこうした研究には一定の意義が認められるが、両者には決定的に欠けていることがある。それは、両者とも、言語を通じて承認が行われることがもつ固有の暴力性に全く反省的でないということである。承認や和解において言語やコミュニケーションが大きな役割を果た

---

(17) 美しき魂の第二の形態については以下を参照。岡崎龍「ヘーゲル『精神現象学』の良心論の特異性——良心の対立の内実と宗教への移行をめぐって——」日本ヘーゲル学会編『ヘーゲル哲学研究』第 23 号、2021年。また美しき魂と関連する啓示宗教章の「最内奥の単一な自己知」(419/1131) については以下で論じた。岡崎龍「ヘーゲル『精神現象学』における教団内の対立——カント、シュライアマハーとの比較を通じて」日本倫理学会編『倫理学年報』第 71 集、2022 年。

(18) Georg W. Bertram, *"Hegels »Phänomenologie des Geistes« Ein systematischer Kommentar"*, Stuttgart: Reclam, 2017; Robert Brandom, *A Spirit of Trust. A Reading of Hegel's Phenomenology*, Oxford: The Berknap Press of Harvard University Press, 2019.

すということは、哲学的にみて目新しいテーゼではない。コミュニケーションなき和解というものはそもそもほとんど想像できないからである。実際、こうした言語哲学的良心論読解において、美しき魂の死は単なるコミュニケーション障害としてスティグマ化されるか反面教師と見なされるのが関の山であり、言語を用いて承認が行われるからこそ生じるその問題性についてはほとんど理論的反省がなされていない[19]。

美しき魂の第一の形態が描かれるのは、カントの道徳性批判に後続する精神C章C節「良心、美しき魂、悪とその赦し」において、自己の内面的確信を一切の規範性の根拠とみなす良心を描く文脈のなかでである。こうした自己確信に基づいて「自分の直接的な知を神の声とみなす道徳的天才」(352/977) によってなされる「神への孤独な奉仕」を「教団のなかでの神への奉仕」として再構成する文脈において、美しき魂が登場し、そして死亡するプロセスが描かれることになる。

先述の研究状況と美しき魂の登場する背景を踏まえて以下で着目したいのは、美しき魂の死が、極めて親密な相互承認を前提しているということである。つまり、美しき魂の死は、承認の不在によって引き起こされたものと見ることはできないばかりでなく、例えばホネットが『物象化』で述べる、本源的承認を忘却し、物を観察する中立的意識のような他者関係 (それに代えて間主観的承認の回復が要請されるもの)[20] の結果でもない。美しき魂の死を先行する相互承認との関連で理解するために、まずは美しき魂の死について語られている次の箇所を見よう。

> この意識〔美しき魂〕には外化の力が欠けている。その力とは、自己を物となし、存在に耐える力である。この意識は内面の輝かしさ

---

(19) バトラーが初期ルカーチの「超越論的ホームレス性」概念を念頭に置きながら次のように論じている箇所は、美しき魂の問題を考える際に重要である。「明確にヘーゲル的な意味でルカーチが述べるところでは、魂は現象するために形式を必要とするというだけでなく、魂は生のために形式を必要とするのである」。Judith Butler, "Einleitung", in: Georg Lukács, *Die Seele und die Formen*, Bielefeld: Aisthesis, 2011, 8-9.

(20) Axel Honneth, *Verdinglichung - Eine anerkennungstheoretische Studie. Mit Kommentaren von Judith Butler, Raymond Geuss und Jonathan Lear und einer Erwiderung von Axel Honneth*, Berlin: Suhrkamp, 2015, 61-75.

第9章　ヘーゲルと社会構築主義

211

を行為と定在によって汚してしまうのではないかという恐怖のなか を生きており、自分の心の純粋さを守ろうと、現実と触れ合うこと から逃れ、頑固な無力さにとらわれてしまう結果、究極の抽象へと 先鋭化された自己をあきらめることもできなければ、自分に実体性 を与えることもできない。すなわちこの意識は、思考を存在へと転 換させ、絶対的区別に身をゆだねることもできない。(354/981)

　こうした背景をもとに、「美しき魂は自分自身の中でしだいに消えて ゆき、空中で霧散する形なき蒸気として消えてしまう」(354/981)。この 死の直接的な原因として上記の引用部で指摘されているのは、美しき魂 として死ぬところの意識にとって「外化の力が欠けている」ということ である。そして、なぜ外化の力が欠けているかというと、外化すること によって、自分自身の美しさが汚されてしまうという恐れがあるからで ある。この恐れに関してヘーゲルによる美しき魂の叙述が極めて興味深 いものであるのは、ヘーゲルが美しき魂の登場を一定の社会関係を前提 するものとして意識の経験の布置の中に位置づけている点である。
　理性の社会性を素朴に強調するピンカードによれば、美しき魂に代表 されるロマン主義的主体は、「純粋にパーソナルなもの」を追求する結果、 純粋さと相いれないように見える社会性へと自らを開いていくことがで きず、その結果上記のような死に至るという[21]。しかしそうした純粋さ を求めるロマンティシズムがその社会性の欠如ゆえに没落してしまうと いう点にヘーゲルの美しき魂の寓話の教訓を見出す解釈は適切なのだろ うか。そもそも「外化する力がない」とはいっても、ヘーゲルが『精神 現象学』の「悟性」節で論じたように、「力」とはそもそも単極的なも のとしては理解されえず、あくまでも引く力と引かれる力の「両極の戯 れ」(86/136) として理解することしかできないものではなかったか。
　ヘーゲルが美しき魂の再構成を通じて明らかにするのは、美しき魂の 外化・現実化への恐れは、その社会性の欠如に由来するものではなくて、 特定の社会性の結果だということである。こうした外化の力のなさの根

---

(21) Terry Pinkard, *Hegel's Phenomenology. The Sociality of Reason*, Cambridge: Cambridge University Press, 1994, 214.

底にある、意識の「内面性への沈潜」についてヘーゲルは、あくまでそれが言語を介して成立する承認の結果として生じることを論じている。美しき魂の登場する舞台は次のように描かれる。

　　この意識の対象的定在となるのは、自己自身を直観することであり、こうした対象的な境位とは、自分の知と意志を普遍的なものとして言い表すことである。こうした言表行為によって、自己は妥当するものになり、行為は、実際の行いになる。この意識の行為の現実と存立は普遍的な自己意識である。しかし良心の言表行為は、自己確信を、純粋で、それゆえ普遍的な自己として措定する。他の諸々の良心が件の良心の行為を妥当するものとみなすのは、まさに件の良心の語り——この語りにおいてこの良心の自己は本質として表現され、承認されている——のゆえにである。こうした良心たち同士の結合の精神であり実体であるのは、お互いが良心的であり、よき意図をもつものであることを互いに断言しあうことである。あるいはそれは、お互いに対して純粋であることを喜び、こうした卓越したありかたを知り、また言表し、育て保つことのすばらしさに活気づけられることである。〔※〕こうした良心がまだその抽象的な意識を自己意識から区別している限り、この良心は自分の生を神のうちに隠したしかたでしかもっていない。(353/977-978 傍点引用者)

　丁寧な解釈が必要なのは、なぜ各々の心の清らかさをたたえあう相互承認の結果として「良心は自分の生を神のうちに隠したしかたでしかもっていない」という事態が生じるのかである。その際の鍵になるのが、ここで論じられている「抽象的な意識」と「自己意識」の区別である。
　引用中の※以前の箇所においては、教団という共同体における相互承認の成立が描写されている。この共同体で承認の対象となるのは、個々の構成員によって互いに宣言される、純粋なものとしての自己である。つまりここで相互承認の根拠となるのは、その承認に関わる全ての個人が自らを不純さから解放し、純粋なものとなし、そう語ることである。
　ところが、一切のコンフリクトの叙述なしに、ヘーゲルは※以降で、先述の「抽象的な意識」と「自己意識」の区別を導入している。自己自

身とは区別されたものについてのものが狭義の「意識」であり、自己自身についてのものが「自己意識」であるという形で意識と自己意識の区別を理解するのであれば、ここで「意識」が「抽象的」であると強調されていることの意義は次のように解釈できる。すなわち、こうした共同体内の個々の主体は、相互承認の規範をなし、しかも言語を通じて表現された「純粋さ」が、抽象的であり、かつ自分自身がそれであるもの（自己意識の対象）とは異なっていることを理解している、ということである。つまりこの共同体の構成員は、規範的なものとして承認されているものと、自分自身がそれであるところのものの区別を自覚している。

　問題は、この区別の自覚と、生を神のもとに隠れたものとして送らざるを得なくなるという、※以下の内容との連関である。この連関が重要であるのは、言表行為を通じて確証される相互承認の規範をなす内容（純粋性）と自己の相違が、こうした自己がそうした規範に基づくものとしての共同体での生へと進むことを妨げ、むしろ神のもとに「隠れた」生へと追いやるということがそこで明らかにされているからである。つまり、純粋性に基づく相互承認の結果として要請されるのが、隠れた生であり、この隠れた生から帰結するのが先述の「内面性への沈潜」——ヘーゲルが美しき魂の死の原因とみなすもの——に他ならない。

　以上から明らかであるように、美しき魂の到達する死の原因は、自己を物となす「外化する力」の不在に求められるとしても、ヘーゲルはこうした力の不在を、ロマン主義的主体の純粋性の希求コンセプトそのものではなく、むしろ特定の承認関係に帰せられるものとして理解している。純粋性という形でしか自分に形を与えることのできない共同体において、言い換えれば純粋性という形での分節化のみを承認の規範とする共同体において、純粋でない仕方で自己を示すことは予め排除される。美しき魂が自己の魂の美しさに固執するのは、魂のレベルにおいては自分の美しさが保たれるのに対して、具体的な形態をもって現実的な生活に歩み出た途端にこうした美しさが汚されてしまう（これが純粋な魂の美しさを対象とする「抽象的意識」と、現実的に生存している自分を対象とする「自己意識」の区別である）と考えるからである。しかし、この意識がこう考えるのは個人的な選択ではない。それは共同体が要求するものだからである。そして、こうした主体には、共同体において存在する道

が断たれることになる。

　こうして、「自己を物となす」ための外化する力、すなわち分節化可能性をもたないことが、この魂が物として、言い換えれば物質的に存在することができなくなることと直結する。バトラーが構築に代えて「物質化」という形で提示したのは、社会的な規範が依拠する分節化の枠組みによってはじめて個々の主体が物質的に存在できるということだった。これに対してヘーゲルの美しき魂の寓話が示すのは、自分自身に形を与え、それを通じて自分を社会的存在として「物となす」ための分節化の枠組みを欠いた主体がとらわれる、死に至るプロセスである。バトラーの物質化の議論が社会的承認の根底をなす分節化の可能性に即した物質化のプロセスを描くものであったのに対して、ヘーゲルの美しき魂の寓話が示すのは、分節化枠組みを手にしていないがゆえに主体が非物質化し、存在することをやめるプロセスを示すものであると言える。一見相互の純粋さを讃え合う、一切のコンフリクトなきもののように見える共同体的な相互承認によって形作られる言説の枠組みは、その枠組みによっては自分自身に形を与えられないことを知る主体に対する脅威であり続け、相互承認の結果としてこの魂を死へと至らしめる。

おわりに

　第2節で述べたように、バトラーは、ガブリエルの批判とは異なり、社会的なものの実在性を深刻に捉えている。というのは、バトラーによれば社会的なものによって担われるところの分節化可能性は、個々人の主意主義的な実践によって克服可能なものではなく、むしろその在り方いかんによっては個々の個人の物質的生存を窒息させるものであるからである。自分がそれの一部であるところの与えられた分節化の枠組みに対して主体の側からの抵抗が可能でないばかりか、むしろ自分がそれを承認し、なおかつそれによって承認されていたはずの分節化の枠組みによって、死へと向かわせられざるを得ないということが、美しき魂の寓話の含意だった。もちろん美しき魂が従った規範は「純粋性」という極めて特殊なものであったことを念頭に置けば、個人がそれに従える別様

の承認の規範が提示されることもできると考えられるかもしれない。しかしながら、バトラーが正しく述べているように、規範の設定は常に排除を伴う。もう一度引用すれば、「ジェンダー構築は排他的な手段によって行われるものである」。それゆえ、〈規範による分節化可能性〉が〈個々の主体の物質的生存可能性〉と直結するものである限り、規範性の内容を変更することのみによっては、分節化可能性と生存可能性との結びつきの持つ暴力性を完全に抹消することはできないのである[22]。

バトラーが読むヘーゲルにおいて、個々の分節化可能性は、修辞としての虚構であり、それを通じて初めて主体が分節化され、存在することができるものであった。そして、一方では、こうした分節化の枠組みがその都度突き当たる矛盾を前にして、こうした枠組みが自壊し、別様の枠組みへと至るというプロセスが『精神現象学』全体の叙述の根底にあるものとして理解されている。しかし他方では、バトラーの『精神現象学』読解は、「自己意識」章における他者による「自分自身の身体への振る舞い方」の承認についての議論とともに終了しており、そうした承認が社会的な地平で行われるときに何が起こるかについての議論（そのためには、「理性」章ならびに「精神」章の議論が念頭に置かれる必要がある）はなされていない。このことと対応してか、『問題＝物質となる身体』以降のバトラーにおいては、個々の主体そのものに分節化の枠組みを組み替える機能、すなわち変革を可能にするポテンシャルを見出そうとするよりもむしろ、特定の分節化の枠組みがもつ暴力性を反省する、当事者とは別の側へと問題解決の糸口が移動されてゆくことになる。

千田有紀の明快な概念史的再構成が明らかにしたように、社会構築主

---

(22) 中期バトラーの『自分自身を説明すること』に基づいて、あらゆる規範的判断が排除を含んでいることに対する自覚を通じて倫理を構想するのが次の論文である。大河内泰樹「規範的な暴力に対する倫理的な態度——バトラーにおける「批判」と「倫理」」『現代思想　総特集＝ジュディス・バトラー』青土社、2006年。重要なのは、規範は原理的に、或るものを否定することによって何らかのものの規範性を提示するものである以上、排除なき規範を構想するということ自体が、そこで排除するものを不可視化することになってしまうことである。それゆえ、バトラーのこうした規範性理論を、あらゆる規範を無効化するものだと言って否定することは、何らかの規範性を擁護するという見せかけのもとで、特定の主体の生を脅かすものであることになる。

義という考え方は20世紀後半になってはじめて登場したものである[23]。それゆえ、ヘーゲルは社会構築主義と直接の理論的関係をもつものではない。しかしバトラーによるヘーゲル哲学の再構成やヘーゲル自身が描く「美しき魂」の寓話には、社会構築主義を補強するための重要な思想が先取りされていることがわかる。美しき魂の悲劇的な結末が示しているのは、社会的規範が個人の存在そのものに対して構成的な性格をもつということだった。バトラーが批判的に論じた形態の社会構築主義——物質的存在と意味付けを区別するそれ——とは異なり、単に認識や価値づけの可能性が社会的なものに依存していることではなく、まさに生死という存在可能性そのものが社会的規範に決定的に依存することを示している点で、ヘーゲルは社会構築主義を彫琢するための決定的な論点を描き出している。ヘーゲルが美しき魂の寓話を通じて示したのは、物質的実存とその社会的意味付けの二元論——バトラーが批判した社会構築主義の一類型——ではなく、物質的存在可能性ですら、社会的規範による分節化に決定的に依存しているということに他ならない[24]。

---

(23) 千田、前掲書。

(24) 本稿は2020年11月8日の唯物論研究協会第43回大会の分科会「ヘーゲルと現代思想」における著者の同名の報告原稿に修正を加えたものである。

第 10 章

芸術の過去性の暴露

——『精神現象学』における喜劇的意識の機能

岩田　健佑

はじめに

　1831 年 5 月、既に作曲家としての名声を築きつつあったフェリックス・メンデルスゾーンは、後に交響曲第 4 番へと結実する旅行の最中、ナポリから家族へとこう書き送っている。「しかしそれにしても信じ難いのは、ゲーテとトーヴァルセンが生きていること、ベートーヴェンが数年前に亡くなったばかりだということ、そして H がドイツの芸術は死に絶えたと主張していることです。しかしそれは正しくないでしょう。〔ドイツの芸術が〕彼にそうした気をおこさせているのであれば、彼にとってはひどいことです。しかしこうした理屈について少し考えてみれば、それはつまらないものに思えるものです」[1]。またハイネらとともに「青

---

(1) Günther Nicolin(ed.), *Hegel in Berichten seiner Zeitgenossen,* Hamburg: Felix Meiner, 1970, 430.　なお、この書簡中に表記される H は、メンデルスゾーンの死後に発行された書簡集に収録されて以降、ヘーゲルを指すとみなされてきた。しかし近年刊行されたメンデルスゾーン書簡集においては、メンデルスゾーンの他の書簡との比較等から、ヘーゲルの講義録を編纂したことでも知られる H.G. ホトーを指すとされている (Felix Mendelssohn Bartholdy, *Sämtliche Briefe. Bd2.* Juli 1830 bis Juli 1832, A Morgenstern & U Wald(eds.), Kassel/Basel / London, 2009, 264)。この異動およびヘーゲルとホトーそれぞれの主張の差異については、以下のオリヴィエの研究を参照 (Alain Patrick Olivier, "Hegel's last lectures on aesthetics in Berlin 1828/29 and the contemporary debates on the end of art," in: Dan-Eugen Ratiu & Connell Vaughan(eds.), *Proceedings of the European society for aesthetics*, vol.9, Fribourg, 2017)。

年ドイツ」派を形成した文学者のテオドール・ムントも、1826年に聴講したヘーゲルの「美学講義」を後年以下のように回顧している。「〔...〕大学の鐘が六時を告げるやいなや、ヘーゲルは『音楽は空虚な夢想の芸術に過ぎない』という学説を切り上げ、大急ぎでグルックのオペラを上演している真向いの歌劇場に飛び込み、歌手のミルダーに熱狂的な拍手をおくるのだった」[2]。ベルリンで教鞭をふるうヘーゲルは、劇場や美術館で積極的に同時代の芸術作品に触れ、その知見を「美学講義」に反映させていた[3]。しかしそれと同時に、芸術が「終焉」しているということ、芸術が過去のものになっていると繰り返し主張してもいた。この態度は、同時代の目に奇妙なものとして映っていたのである。

　とはいえ、ヘーゲルはあらゆる芸術が「死に絶えた」と主張したわけでも、同時代の芸術作品に一切の価値を認めなかったわけでもない。一般にヘーゲルの「芸術終焉論」は、絶対者が芸術によって表現され得るものではなくなる、すなわち芸術と宗教の一致という在り方が解体され、思惟と反省の時代である近代が到来することによって、芸術が人間にとってその重要性を失う出来事として解釈される。ヘーゲルのこうした判断は、芸術の有する独自の価値、および近代における芸術の機能を軽視するものであるとして、しばしば激しい非難の対象となり、またこの「芸術終焉論」を除去する、あるいは修正することこそがヘーゲルの芸術哲学のアクチュアリティを回復することだと考えられもした[4]。しかし無視できないのは、芸術の過去性それ自体が、「芸術哲学」を成立させる前提でもあることである。1826年の「美学講義」では、ヘーゲルは、芸術と思惟が両者ともに精神の自己把握として理解できることを述べたのち、以下のように続ける。

---

(2) Ibid. 301

(3) Cf. Annemarie Gethmann-Siefert, "Das „Moderne"Gesamtkunstwerk :Die Oper," in: Annemarie Gethmann-Siefert (ed.), *Phänomen versus System*, Hegel-Studien Beiheft, Bd. 34, Bonn: Bouver, 1992.

(4) 参照：四日谷敬子『歴史における詩の機能――ヘーゲル美学とヘルダーリン』、理想社、1989年、6頁を参照。

さらに付け加えられるのは、我々が我々の時代において、芸術美を思惟しつつ考察するためのより身近なきっかけを有しているということである。それは芸術が我々に対して有している立場、そして我々の教養の段階の在り方においてある。芸術の最高の使命は、概して我々にとって過去のものであり、表象へと下ってきており、もはや我々にとって、芸術がその絶頂期に現実に有していたような生動性、直接性、現実性を有してはいない。〔…〕芸術はもはや我々に、以前の時代に他の民族が、芸術に探し求め、芸術によって見出した、そしてその一部はただ芸術によってのみ見出された満足を与えることはない。こうして我々の欲求、我々の関心は表象の領域に移し替えられるのであり、そしてその関心を満足させる在り方は、主に思惟、反省、抽象、抽象的で普遍的な表象そのものを必要とする。それによって芸術の立場は我々の生から引き離れており、言い換えればもはや我々が生活している生の生動性における高い立場を主張することもない。反省、思想がより強いもの、より優勢なものとなり、それゆえに、我々の時代においてさらに芸術に関する思惟と反省とを呼び起こすのである（GW28, 2, 527）。

　近代において、芸術は芸術宗教としての直接的な満足の対象ではなく、思惟と反省の対象である。元来我々にとって直接的なものであった芸術を、思惟あるいは哲学によって把握するためには、我々が芸術において直接的な満足を得ることなく、芸術を過去のものとしている状況が前提となる。ヘーゲルが同時代のものも含む様々な芸術作品を「美学講義」で取り上げ、哲学の対象としていること自体が、それらの作品が直接的な満足を与えるものではなく、過去のものとなっていることの証なのである。

　しかし、芸術を思惟の対象とし得ることの前提として芸術の過去性を捉える場合、ある疑問が生じる。人々が過去性を帯びていない芸術に直接的な満足を得ている場合、その状態はどのようにして打ち破られるのだろうか。というのも、芸術宗教が一切の反省を逃れ直接的な満足を与えるものであれば、少なくともその時点では、芸術宗教以外のいかなる

対象も芸術宗教を相対化するだけの力を持つことはできない。それゆえに芸術は、この状態から抜け出すために、自分自身を否定し、過去のものとしなければならない。ここから芸術の「終焉」を理解するために、芸術宗教を自壊する過程として理解する必要が生じる[5]。この過程が最も明確に語られているのは、「美学講義」ではなく、『精神現象学』である。そもそも、ヘーゲルの「芸術終焉論」はイェーナ期後期に概ね成立したとされている[6]。それゆえ、その後に執筆された『イェーナ体系期構想』や『哲学的諸学のエンツュクロペディー』はこのテーゼを含んではいるものの、その叙述は哲学に対する芸術の欠陥を指摘することに集中しており、芸術の終焉が過程として描かれているわけではない。そして「美学講義」も、この過程についてはあまり明確に述べてはいない。「美学講義」はそれ自体、思惟による芸術の把握という「芸術の哲学」であり、芸術の過去性は、「我々の時代」において前提されている。芸術の自壊という過程を含んだ「終焉論」を提示しているのは、『精神現象学』を措いて他にはないのである。

　本稿が注目するのは、上記の過程において、喜劇という特殊な芸術ジャンルが果たす役割である。ヘーゲルは、叙事詩や悲劇と比較した喜劇の特徴を、芸術家が自己自身を主題化する能力を意識的に獲得し、それを観客と共有することに見出す。こうした芸術家の位置づけは芸術を「終焉」させる要因であると同時に、「我々」がそれを考察の対象にし得る前提でもある。1節では『精神現象学』におけるこうした喜劇に対する評価を確認し、2節においては『精神現象学』の「B. 芸術宗教」「c. 精神的芸術作品」節の記述を追うことで、喜劇が叙事詩や悲劇といった他

---

(5) こうした、いわば「内在的終焉論」的解釈の提唱者として、近年ではメンケが挙げられる。メンケは『人倫における悲劇』において、劇という芸術形式に着目し、それが彫刻に代表される「美しい芸術」に対する反省的な試みとして理解され得ると主張している（Christoph Menke, *Tragödie im Sittlichen: Gerechtigkeit und Freiheit nach Hegel*, Frankfurt am Main, 1996, 42-78.）。しかしメンケは、「悲劇において人倫―美しいものの悲劇的な分裂が分節化され、悲劇によって主体の反省性が形成される」(69) と主張するにもかかわらず、喜劇にはさほど関心を寄せていない。

(6) Cf. Otto Pöggeler, "Die Entstehung von Hegels Ästhetik in Jena," in: *Hegel in Jena. Die Entwicklung des Systems und die Zusammenarbeit mit Schelling. Hegel-Tage Zwettl 1977,* Hegel-Studien Beiheft, Bd. 20, Bonn: Bouvier, 1980．

の芸術作品に対してどのような特徴を有し、それが芸術の過去性とどのように結びついているのかを検討する。その上で3節において、ヘーゲルの喜劇理解をシュレーゲルやアリストテレス、シラーと比較することで、ヘーゲルがどのように先行する理論を受容し、それを統合したのかを概観する。

1　『精神現象学』における芸術の過去性と「喜劇的意識」

『精神現象学』における芸術の過去的性格の最も端的な表現は、「Ⅶ.宗教」章「C.啓示宗教」節冒頭部における以下の一節である。

　こうして法状態において、人倫的世界とその宗教とは、喜劇的意識（komische Bewußtsein）に沈んでおり、不幸な意識はこの喪失全体を知っているのである。不幸な意識にとって、自らの直接的な人格性の自己価値は、媒介されたもの、思惟されたものと同様に失われている。神々の永遠の掟に対する信頼も、特殊なものについて教える預言も沈黙している。〔…〕ムーサたちの諸作品には、精神の力が欠けている。この精神にとっては神々と人間とを破砕することから精神自身の確信が生じていたのである。諸作品はいまや、我々にとってのものであり——木々から手折られた美しき果実である。娘がその果実を献じるように、ある親しい運命がそれを我々のもとに差し出してくれたのである。その果実の定在という現実の生や、その果実を実らせる木や、その果実の実体である大地や境位、果実の定めを成す気候、あるいは果実の生成という過程を支配する四季の変転も、もはやない。——運命が我々に、かの芸術の諸作品によって与えるのは、そこにおいて作品が咲き誇り熟する人倫的生の春夏ではなく、この現実性についての、覆いの掛けられた想起である。——それゆえ、それらの作品の享受における我々の行いとは、それによって我々の意識に自らの完全な真理が生じるだろうという神への奉仕ではなく、外的な行いなのである〔…〕。(401-402/1091-1092)

この詩的ともいえる一節は、啓示宗教、すなわちキリスト教の到来を待望しながら、しかしギリシアの芸術宗教へと戻ることもできない意識の状態を表現している。意識はここで、芸術宗教において成立していた絶対者との直接的な統一を失い、芸術の過去性に直面している。この一節には、本稿の主題に関して以下二点の大きな特徴がある。それは第一に、「喜劇的意識」と呼ばれる意識の在り方がこの局面で重要な役割を担っていること。第二に、この「喜劇的意識」を経ることによって、「我々」が「外的な行い」としての「想起」を介してではあるが、「親しい運命」から差し出された芸術作品を把握できるようになると捉えられている点である。ここでも芸術の過去性とその把握可能性は表裏一体である。

　ヘーゲルが悲劇を単に芸術の一ジャンルとしてではなく、人倫の表現として考察の対象としていたことはよく知られており、近年でも多くの研究がなされている。ところが悲劇の対をなす喜劇については、それほど注目されているとは言い難い。しかし、この引用文において重要視されているのは喜劇であり、それがまさに芸術作品を「想起」の対象へと転じるのである。

　そこで以下においてはこの「喜劇的 (komisch)」という形容詞と、その十全な展開である「喜劇 (Komödie)」という芸術の形式に着目し、それが「芸術宗教」という在り方が自壊する際に重要な役割を担っていることを示す。

2　「精神的芸術作品」における言語芸術の展開

　『精神現象学』において芸術が主題化されるのは、「Ⅶ. 宗教」章の中間をなす「B. 芸術宗教」である。ここで芸術は、我々が一般に思い描くものとは全く異なった重要性を与えられている。この「芸術宗教」において、実体は「〔...〕個体化を有しており、全ての個人から、彼ら自身の本質と作品として知られて」(376/1031) おり、その現実性は「止揚された自然性あるいは自己の形態において自己を知る現実性」であり、「形態は、意識の産出 (Hervorbringen) を介して自己という形式にまで高まるのであり、この産出を介して意識は自らの対象において自らの行い

を、すなわち自我を直観する」(368/1013)。人々は、自らが産出した芸術作品のうちに実体と自己とを見出す。ここで芸術は共同体を構成する中心的な機能を有しており、外部の要素によって相対化され得ない。ヘーゲルはその上で、産出において「自我を直観する」ことを可能にする媒体として言語を特権化する。「抽象的芸術作品」である彫刻の場合、「芸術家は〔...〕自らの作品において、彼が彼に等しい存在を作り出さなかったことを経験(380/1040)し、鑑賞者の評価に対して、自分だけが作品の真価を知っているという意識を持ち続けることができる。すなわち芸術家と鑑賞者は、未だ作品と統一していない。これを解消するのが言語である。「言語において個別的自己意識が定在しているように、個別的自己意識は直接的に普遍的な伝播としてもある」(380/1041)ために、言語においてこそ芸術家は自己に等しく、さらに「普遍的な伝播」として鑑賞者との統一をも可能にする作品を作り出すことができる。この言語の可能性は、「a. 抽象的芸術作品」においては神々に対する讃歌や託宣として展開され、人々は祭儀に没入することによって、自らと神々との同一性を直観するが、それは未だ「意識の愚かさと粗野な吃り」(388/1058)の状態に留まる。次いで、オリンピアに集う人間の身体性という「b. 生きた芸術作品」においては、言語ではなく、祭典において躍動する人間の身体が崇敬される。しかしこの身体は「明快な定在」(ibid. 同上)を有してはいるものの、精神的本質が欠けている。それゆえに両者が限界を迎えた後、自己意識と精神的本質との統一をより均衡のとれた形で有する新たな形態が求められる。それが叙事詩、悲劇、喜劇という、言語を媒体としつつ、「明快かつ普遍的な内容」(388/1059)を有する詩的芸術からなる「精神的芸術作品」である。

　ヘーゲルは、「c. 精神的芸術作品」を、作品に対する芸術家と鑑賞者との関わり方の変化によって区分される、叙事詩、悲劇、喜劇という三つの詩学上のジャンルによる一連の過程として描き出す。

　以下三つの形式を順に詳述していく前に、この三つの芸術ジャンルを過程として描くということの前提について確認しておきたい。芸術上の諸々のジャンルを単に併存するものとしてではなく、その内容と関係した継起的な展開として捉えるという発想は、特にヴィンケルマン以降の

芸術理解において頻繁に行われていたものである[7]。例えば、フリードリヒ・シュレーゲルは「ギリシア文学の諸流派について」において、ギリシアの詩芸術を叙事詩、抒情詩、劇詩、学識（技巧）からなる四段階の発展史として描いている[8]。こうした同時代の思潮と比較することで、この箇所におけるヘーゲルの特徴がより明確になる。

（１）芸術家不在の芸術としての叙事詩

　第一に論じられるのは、ホメロスの『イリアス』を念頭に置いた叙事詩である。ヘーゲルの叙事詩理解の特徴は、第一に作品内容を「喜劇的」とみなし、喜劇の先駆としての側面を強調する点、第二に芸術家と鑑賞者とが作品において自己を見出せないという欠陥を指摘する点である[9]。前者は作品の内容に関わる問題であるが、後者は作品の創作と受容とに関する問題であり、これら相互の関係が問題となる。

　まず内容に関して、叙事詩の背景を成すのは「諸々の民族精神」と、それを集める「一つのパンテオン」（388/1060）である。これらの神々は、それぞれ対等な立場に置かれているのではなく、「自己意識的本質それ自体」であるゼウスを中心とする「天空の全体（Gesammthimmel）」（389/1061）のもとに服している。

　神々は、独立不羈の「永遠の美しき諸個体」であるが、同時に「他の神々と関係する特殊な神々」（391-1065）でもある。そこで神々は、実際には「否定的なものの純粋な力」（391/1066）としての必然的な「出来事」（ibid.）の前には無力である。さらに神々は英雄に働きかけるが、それが意味するのは、神々が英雄という中心を欠いては無力であるということである。

---

(7) Cf. Stefan Matuschek, "Klassisches Altertum," in: Johannes Endres (ed.), Friedrich Schlegel Handbuch Leben-Werk-Wirkung, Stuttgart: J.B. Metzler, 2017, 70-71.

(8) Ibid., 70-71.

(9) 叙事詩に喜劇の祖型を見出すのは、アリストテレス『詩学』において、ホメロスが喜劇の原型を作り出したという記述を前提にしていると思われる（Rudolf Kassel (ed.), *Aristotelis De arte Poetica Liber*, Oxford: Clarendon Pr, 1965, 1448b34, 松本仁助・岡道男訳『アリストテレース「詩学」・ホラーティウス「詩論」』、岩波書店、1997 年、29 頁。以下、アリストテレスからの引用は同訳書から行う）。

そして英雄もまた、神々を支配する「出来事」に翻弄され、「自己を失い、嘆き悲しむ」（391/1067）存在に過ぎず、結局のところ神々と英雄は共々に出来事の内部で翻弄され続ける。このような神々の振舞いを、ヘーゲルは「喜劇的な自己忘却（komische Selbstvergessenheit）」（391/1066）と呼ぶ。ここで、神々の無力さが「喜劇的」と呼ばれている点は重要である。というのも、ここでは喜劇の特性を先取りするものとして叙事詩が理解されているからである。

この「喜劇的」という形容詞で表現される叙事詩の欠点を、ヘーゲルは「自らにおいて堅固であり現実的な個別性が、極性へと締め出され、極性の、互いを見出さず統一もしない諸契機へと分裂している」（392/1067）と表現し、さらに上述した創作と享受の観点から二つの欠点としてまとめる。第一に、上述のように神々や英雄は出来事に対して無力であり、その必然性を自ら承認せず、ただ嘆き悲しむに過ぎない。このような叙事詩の内容は、鑑賞者が自らをそこに見出す「自己意識と精神的本質との統一」としては不適格である。

第二の欠点は芸術家自身が作品の内部に自らを見出すことができないという点である。ヘーゲルは叙事詩の芸術家である歌人（Sänger）の意識を、「そこにおいて内容が現れる意識の形式」（389/1062）、とみなす。歌人は、「個別的なものであり現実的なものである」にも拘らず、「この世界の主体としての歌人から、世界は生み出され、担われる」。歌人が叙事詩の創作によって世界を生み出す際に機能しているものは「ムネモシュネー、〔…〕かつての直接的な本質の想起（Erinnerung）」（389-390/1063）である。すなわち歌人は、叙事詩において全くの空想を語っているのではなく、宗教章においてこれまで論じられてきた「直接的な本質」を自らの内で想起し、それを「明快かつ普遍的な」形で表象することによって作品を構成する[10]。この意味で、歌人すなわち芸術家にとって、作品の創作は「かつての直接的な本質」の有する過去的性格をいわば拭い去り、アクチュアルなものとして呈示する行為なのではあるが、それと同

---

(10) 過去の想起としての叙事詩人の規定は、ゲーテがシラーと執筆した「叙事詩と劇詩について」にみられる（Cf. Goethe u. Schiller, "Über epische und dramatische Dichtung," in: *Goethes Werke*, Bd. 12, Hamburg, 1953, 244-251）。

時に題材としての「直接的な本質」それ自体には「かつてのもの」とい
う過去的性格が刻印されている。

　こうして歌人は、叙事詩という作品において「神的なものの人間的な
ものに対する関係」(390/1063) を描くが、しかし歌人自身は「自らの内
容において消えている器官であり、彼固有の自己ではなく、彼のムーサ
が、彼の普遍的な歌が妥当している」(390/1063)、つまり作品に自己を
見出すことはない。

　このように、芸術家と作品における支配的原理である出来事とが、作
中で展開されるべき内容に対して疎遠であることが、「喜劇的」な性格
を担う叙事詩の欠陥であり、それを埋め合わせるために「必然性は自ら
を内容によって満たさなければならず〔...〕歌人の言語は内容に参加し
なければならない」(392/1067-1068) のである[11]。

（2）芸術家の隠蔽としての悲劇

　そこで叙事詩に続くのが悲劇である[12]。悲劇は、「精神的芸術作品」の
目的に対する叙事詩の欠陥を補おうとする芸術作品として捉えられる。
ここでは「英雄自身が語るものであり、表象が観客でもある聴衆に示し
ているのは、自らの権利と自らの目的、自らの規定性の力と意志とを知っ
ており、それを言うことも知っている、自己意識的人間」(392/1068) で
ある。すなわち悲劇においては、自己意識的な英雄の発話や行為が明確
に中心に据えられる。さらにヘーゲルは、この自己意識的人間を「芸術家」
と呼び、「芸術家は、現実の生におけるありふれた行いに伴う言語のよ
うに、没意識的に、自然に、素朴に、自らの決意と企ての外的なものを

---

(11) 大橋は、ヘーゲルが詩人の恣意的な創作が入り込むことを叙事詩の欠
　　点であるとみなしていると主張しているが、むしろ詩人自身の個人性が
　　欠如しているため、詩人が自己自身を作品において発見できないという
　　点を叙事詩の欠点とみるべきだろう（大橋基「神々を模倣する装置——
　　『精神現象学』「宗教」章の悲劇論」、滝口清栄・合澤清編『ヘーゲル　現
　　代思想の起点』、社会評論社、2008 年所収、238 頁）。
(12) 興味深いことに、ここでヘーゲルは抒情詩に全く触れていない。歌人≒
　　芸術家の作品自体への参与という観点から叙事詩と悲劇を対比するとい
　　う点に、ゲーテおよびシラー「叙事詩と劇詩について」の影響を読み込
　　むこともできる。

言い表すのではなく、内的な本質を外化し、その行為の正しさ（Recht）を証明しているのであり、そして自らの属しているパトスを、偶然的な諸状況や人格性の特殊性から自由に、普遍的な個体性において慎重に主張し、明確に言い表す」（392/1069）。ここでヘーゲルは、ギリシア悲劇においては悲劇詩人が同時に俳優でもあったという歴史的事実を念頭に置きながら、悲劇における芸術家の役割を簡潔に定式化している。まず、悲劇において描かれる「英雄」、すなわち主人公は、「普遍的個体性」である。悲劇詩人は、オイディプスやアンティゴネといった登場人物を創作し、俳優としてそれを演じることで、人々が属している「パトス」を、純化した形で表現する。そこでこうした登場人物たちは単に偶然的個別的な存在ではなく、ポリスにおける類型としての地位を獲得したものとなるのである。

　さらに悲劇において、先述の「喜劇的」な性格は解消される。なぜなら悲劇における神々は、英雄の発話や行為に応じて姿を現すものに過ぎず、明晰に自己を知る原理としてのアポロンと、未知の領野からの復讐を意味するエリニュス、そして全体を統括するゼウスの三者に整理されるからである。英雄はまず知の側面（アポロン）に従って行為する、しかしそうした行為自体が英雄にとっての未知の領域からの復讐（エリニュス）を呼び起こし、英雄は対立の一項となる。そして最終的に対立は忘却という和解へ至り、アポロンとエリニュスには「等しい名誉」（396/1077）が与えられると同時に、両者は「無関心な非現実性」になり、「単一なゼウス」（396/1077）に帰ることになる。

　ヘーゲルはこうした運動を、叙事詩における「出来事」がより明確に規定されたものとして「運命」と呼ぶが、これによって神々が悲劇の登場人物の行為によって現れるものにまで制約される「天空の過疎化（Entvölkerung des Himmels）」（396/1077）が発生する。神々は自由に活動する力を奪われ、悲劇は「一つの最高の威力」（396/1077）であるゼウスが、自らをアポロンとエリニュスへと分化し、それらを再統合する運動となる。

　悲劇はこうして叙事詩の有していた第一の問題を解決することには成功するが、第二の問題は不完全にしか解決されていない。悲劇においても、観客と芸術家自身といった「現実的自己意識」（397/1079）は未だ作

品の中に取り込まれておらず、彼らは作品において自らを十全に見出すことができない。まず観客は合唱隊において自らの代表を有しているが、この合唱隊及び観客は悲劇において描かれる運命に対して全く無力である。彼らは、英雄が神々を伴って行為し直面する運命を前にして、それが「疎遠なもの」であれば「恐れに満たされ」、「身近なもの」であれば「行為しない同情という感激」（397/1079）を得るに過ぎない[13]。観客は合唱隊を介して英雄や神々に接することができるに過ぎず、そこに自己を見出すには至っていない。次に芸術家は、俳優として英雄を演じるが、それは英雄を表す仮面と、「現実的自己」としての俳優に分裂する「見せかけ（Hypokrise）」（397/1079）である。芸術家は英雄の演技を行う際、自らの存在を明らかにしてはならない。悲劇においても、やはり芸術家自らの個別性は「普遍的個体化」（392/1071）の産物である英雄の仮面の下に隠されている。こうして悲劇は、「精神的芸術作品」本来の目的に照らして中間的なものとしての地位を与えられる。

（3）「現実的自己意識」と作品の統一としての喜劇

こうして悲劇に至るまで残存している問題を解決すると同時に、芸術宗教という枠組みそれ自体を解体するものが喜劇である。ヘーゲルによれば、喜劇の根本的な特徴は、「英雄の自己意識が自らの仮面から歩み出る」こと、すなわち普遍的な個体性である英雄を演じていた芸術家自らがそれを撤回することである。英雄の仮面が脱ぎ捨てられることによって、「現実的自己意識が自らを神々の運命として表現する」（397/1067）こと、すなわち芸術家が英雄を演じ、神々や英雄を創作していたことが可視化される。

そこで喜劇においては、神々は「構想力によってつくられたもの（eingebildet）」という「抽象的契機」（397/1067）であるに過ぎない。そして「主体である現実的な自己〔である芸術家〕は、このような契機を超出しており〔...〕、この仮面をつけて、対自的に何者かであろうとするものた

---

(13) この「恐れ（Furcht）」と「同情（Mitleid）」は、アリストテレス『詩学』における、「恐れ（φόβος）」と「憐み（ἔλεος）」という、悲劇のもたらす二種の効果に関する記述を踏襲している（Cf. 1452a2-3）。

ちのイロニーを演ずる」(397/1067)。しかしこの「対自的に何者かであろうとするもの」すなわち神々や英雄といった「普遍的本質性の空威張りは、〔現実的な〕自己〔である芸術家〕にはすでにばれてしまっており、この空威張りは現実性において捉えられ、仮面を落とす」(397-398/1080-1081)。そして仮面の下から現れる姿は、「俳優という本来の自己とも、観客とも違いのないものであることを示す」(398/1081) のである。ここで作中の登場人物が個別的なポリスの一員と同一であることが明らかになり、芸術家と観客は作品において自己を見出すことが可能になる[14]。

　そもそも叙事詩において、芸術家すなわち歌人は、既に失われた「直接的な本質」を「想起」し、それを作品へと構成して表現した。ところがそこで描かれていた神々や英雄は、尊大に振る舞いながらも無力さを露呈する「喜劇的」なものであった。そこでそれを抑制するために悲劇という形式が求められたが、それは実際には神々を英雄に従属させることを意味していた。こうした叙事詩や悲劇においては、神々が芸術家による創作の対象になっているという実相は、芸術家自身が芸術作品の背後に姿を隠すことで隠匿されていた。しかし今や、悲劇の英雄は自ら仮面を脱ぎ捨て、自らが実は個別的なものに過ぎないことを暴露する。これは同時に英雄が芸術家の創作物であったことの暴露でもある。ここから、ヘーゲルは喜劇を、先行する悲劇を芸術家との関係から捉え直すこと、つまり悲劇に対するメタフィクション的な構造を有するものとして理解しているといえる。そしてこの「仮面を脱ぐ」行為の描写によって作中人物、芸術家、観客の視点は統一される。この統一は、芸術家の創作という視点が万人に共有されたことを意味するのである[15]。

　こうした喜劇の特徴は、叙事詩の特徴とされていた「喜劇的」な性格の回帰として解釈できる。叙事詩の神々が「喜劇的」と形容されていた

---

(14) ここでヘーゲルが念頭に置いているのは、ギリシア喜劇において合唱団が喜劇詩人を代弁するというパラバシス (παράβασις) であると思われる。

(15) 兵藤は、ここで三者が一致するということを指摘している (兵藤佐貴玖「ヘーゲル哲学における制作と享受の弁証法：『美学講義』以外のテクストから」、岩佐茂・島崎隆編著『精神の哲学者　ヘーゲル』、創風社、2003 年所収、220 頁)。しかし「想起」という在り方には特段の注意を払っていない。

のは、そうした神々が独立不羈を謳いながら、実際には他者に制限される個別的なものでしかなかったためである。そして今や喜劇において、芸術家は自己自身について、独立不羈の英雄という仮面をつけ、それを装う個別的な存在であることを暴露する。すなわち、悲劇において抑制されていた「喜劇的」な性格を、積極的に舞台へと回帰させるのである[16]。

　ここから、「精神的芸術作品」結論部における芸術家の役割を二つの仕方で定式化することができる。第一に芸術家はそもそも過去に属する題材を「想起」し、作品を生み出す。この意味において、作品の題材は既に過去性を帯びている。そして第二に、芸術家は喜劇において創作する自己を主題化することによって、この過去性と、それを「想起」する能力とを観客と共有する。こうして喜劇において、あらゆる題材は芸術家にとってだけではなく、観客にとっても過去のものになる。すなわち叙事詩から喜劇への一連の過程は、芸術家が特権的に有していた題材に対する自由な関係が、喜劇という作品を媒介にして、観客に対しても共有されることを意味する。

　こうして獲得された「喜劇的」態度、すなわち「喜劇的意識」は、ありとあらゆる対象に優越する。悲劇において主題化されていた「国家すなわち本来のデーモスと、家族－個別性」との対立も単なる「個別性という原理」(398/1082)に還元される。そして悲劇において描かれていた「運命」もまた、それが芸術家の手中にあるということが観客にも共有されることによって、「自己意識と統一される」(399/1084)。なぜなら芸術家は、題材から仮面を作り、身に着け、脱ぐことによって、神々の喜劇的性格を再演し、それを内面化することに成功するからである。すなわち「運命」は喜劇的意識の内面に移されるのである[17]。

---

(16) ヘービングは、喜劇が位相を転じた叙事詩の再演であるという点を指摘している（Niklas Hebing, *Hegels Ästhetik des Komischen*, in: Hegel-Studien Beiheft, Bd. 63, Hamburg: Felix Meiner, 2015）。

(17) 悲劇と喜劇とにおけるこうした運命の位置づけの差異は、1802年に執筆された論文「自然法の学的取扱について」においても確認できる。『精神現象学』におけるヘーゲルの叙述が同論文で未解決のままにされていた運命を巡る問題の解決として理解できることについては拙稿を参照（岩田健佑「内面化される運命──『精神現象学』における悲劇と喜劇」「哲

こうして神々は「消失」し、それに対して「個別的自己は〔...〕自ら
をこの無であることそのものにおいて保ち、自分のもとにある、唯一の
現実性」（399/1084）として示す。「絶対的威力」（399/1084）が自分自身
であることを知った意識にとって疎遠なものはもはやない。「喜劇以外
ではありえないような意識の幸福」（399/1085）が現れる。喜劇的意識は
自らの全能に酔いしれ、それを謳歌する。

　こうして「B. 芸術宗教」節は幕を閉じる。これは、「精神的芸術作品」
においてそもそも提示されていた、産出したものにおける自己と実体と
の統一という目的の一時的な達成である。ところがこの幸福は長くは続
かない。「C. 啓示宗教」の冒頭で描かれるのは、こうした「喜劇的意識」
の自壊である。「意識の個別性において自己自身の完全な確信を有して
いる精神」である喜劇的意識は「自己は絶対的本質である」（400/1086）
と明言する。喜劇においてはあらゆるものが「仮面」であり、それは常
に個別的「自己」によって脱ぎ捨てられる。

　この「自己」は、あらゆるものを仮面として取り扱い、「自己ではな
いもの」にする[18]。しかし「自己は自らの空虚さによって、内容を解き放っ
てしまっている。意識はただ自分自身においてのみ本質である。意識自
らの定在は、〔...〕満たされていない抽象である。意識はむしろ自分自
身についての思想だけを有しているのである」（401/1089）。この「自己」
は、あらゆる題材を舞台に乗せ、さらにそれを「仮面」とし、それを脱
ぎ捨て、嘲笑する。脱ぎ捨てられた仮面はもはや「自己」ではない。意
識はあらゆるものを笑いの対象にできるが、しかし何においても「自己」
を見出すことができない[19]。

学論集』上智大学哲学会編、第 46 号所収、2018 年）。

(18) ヘーゲルはこの文脈において、「Ⅳ. 精神」章、「A. 真の精神」節、「c.
　法状態」において取り上げられている「人格（Person）」を、個別的自
　己にとって残された最後の抽象的な定在として取り上げている。ハー
　マッハーは、この箇所におけるヘーゲルの叙述は、Person という語の持
　つ「人格」と「役柄」という二つの意味を重ね合わせていると主張して
　いる（Werner Hamacher, "(Das Ende der Kunst mit der Maske), "in: Karl Heinz
　Bohrer (ed.), *Sprachen der Ironie Sprachen des Ernstes*, Frankfurt am Main,
　Suhrkamp, 2000, 148.）。

(19) ここでヘーゲルは、かつて「(B) 自己意識」章で取り扱われた「不幸
　な意識」に言及する。「我々がみるのは、この不幸な意識が、自らにおい

こうして今や喜劇的意識にとって、叙事詩や悲劇において描かれていた神々が想起の対象でしかないという事実が、「神は死んだ」（401/1090）という言明となる。これを前提としたうえで、本稿冒頭に引用した一節があらわれる。

　これまで述べた「喜劇的意識」の特徴をまとめれば、以下のようになるだろう。第一に、喜劇が、芸術家の創作という在り方それ自体を主題化する芸術であり、それによって芸術家とその作品、そして鑑賞者の統一が可能になるということ。そして第二に、それによって芸術家が有していた「想起」という在り方が明確化されたうえで万人に共有されることで、英雄や神々、叙事詩や悲劇といった先行する全ての芸術宗教の内容に過去性が刻印されるということである。

　ここで冒頭の問いに戻ろう。「美学講義」においてヘーゲルが前提としていたのは、近代人である我々が、かつての人々と異なり、芸術から直接的な満足を得ることがないという事実である。そしてその対比において問題となっていたのは、芸術において直接的な満足を得るという在り方はなぜ自壊し、近代の我々の状態へと移行せざるを得なかったのかということであった。芸術に直接的な満足と統一を要求する芸術宗教は、内在的に「喜劇的意識」へと至り、叙事詩や悲劇では主題化されていなかった作品と芸術家、あるいは作品と観客との間の間隙それ自体を仮面として主題化し、それと同一化することで統一を達成しようとする。

　ヘーゲルが、作品と芸術家、あるいは観客との関係性それ自体の埋めようのない間隙を、哲学や啓示宗教と比較した際の芸術の欠点として認識していたことは、彼の最晩年に改定された『哲学的諸学のエンツュクロペディー』でも示されている[20]。この構造的欠陥を踏まえ、なお直接的な統一を得ようとすれば、それは欠陥を自らのうちに取り入れること、

　て完結した幸福な、喜劇的意識の裏面であり、それを補足して完成するものであること」（401/1089-1090）である。あらゆるものを自分で作り出すことができるがゆえに、それが自己ではないことを意識せざるを得ない「喜劇的意識」の「幸福」は、自己の個別性を意識せざるを得ない「不幸な意識」と相補的な関係を形成する。

(20)「こうした知〔＝絶対知〕の形態は直接的なもの（芸術の有限性の契機）として、〔...〕外的なありふれた定在による作品と、この作品を作り出す主観、そしてこの作品を直観し崇拝する主観とに分裂する」（GW30, §556）

そしてその欠陥の共同体への全面化を招来してしまう。というのも、ここで主題化されているのは個人ではなく万人が自己をそこに見出すべきものとしての「精神的芸術作品」であるからである。

　しかし同時に、このような芸術作品の過去性は、同時に「我々」がそうした芸術作品を哲学的な把握の対象にできることの前提でもある。本稿冒頭で引用したように、古代ギリシアの芸術作品を「我々」のもとに届けるのは「親しい運命」である。これは同じ一節において、「全てのかの個体的な神々と、実体の属性とを、ひとつのパンテオンへと、自らを精神であると自己意識する精神へと集約する悲劇的運命の精神」(402/1092)、すなわち悲劇を支配していた「運命」である。この「運命」は、先述したように、まさに喜劇において自己意識と統一されたのであるからこそ、喜劇を経た「我々」は、過去のものとなってしまったこうした芸術を精神の自己意識として把握することができる。芸術と「自己」の統一を引き裂き、芸術を過去のものとした「運命」こそが、芸術を「想起」し把握することの前提をなしている。この二面性は決して切り離すことができないのである。

3　ヘーゲルの喜劇理解の源泉

　前節で概観したように、『精神現象学』においては、喜劇が芸術の過去性を観客や芸術家といった「現実的自己意識」に対して暴露する媒体として機能している。こうした解釈の最大の前提として、「精神的芸術作品」というヘーゲル特有の概念装置が存在することは事実ではあるが、それを除いてもこの解釈には以下二つの思想史的前提がある。第一に、喜劇が自己言及的な性質を有しているという点。第二に喜劇においては芸術家の主体性が強化され、叙事詩や悲劇ではあり得なかった自由な創作を行うことができるという点である。本節では第一の前提をフリードリヒ・シュレーゲル、第二の前提をアリストテレスとシラーに求めることで、『精神現象学』におけるヘーゲルの喜劇理解の特徴を明らかにする。

（1）フリードリヒ・シュレーゲルによるギリシア喜劇の理解

ハーマッハーが示唆するように、『精神現象学』における喜劇の叙述はいくつかの点でフリードリヒ・シュレーゲルによる「ギリシア喜劇の美的価値について」を踏襲している[21]。この論文において、シュレーゲルは第一にギリシアにおける芸術を「宗教的根源」[22]に端を有しながら、「政治的人格的な下心」[23]へと没落していく過程として理解し、喜劇をその没落の最中に「悲劇よりのちに形成された」[24]芸術として位置づける。第二に、シュレーゲルは喜劇を退廃した公衆におもねり、「公衆の言語を語る」[25]ことで、「公衆を魅惑し、趣味の退廃を促進した」[26]芸術とみなす。そして第三に、喜劇の性格を自己言及的、自己解体的なものと位置づけ、「〔喜劇において〕生の最高の活発性は機能し、破壊しなければならない。その活発性が自らの外には何も見出さないのであれば、自らに向き直り、愛された対象へと、自らの作品へと向き直る。活発性はこうして、破壊するためではなく、刺激するために〔自らを〕毀損する」[27]と表現する。

ここでヘーゲルとの比較において注目に値するのは、悲劇から喜劇への展開を芸術ジャンルの内容に即した歴史的進展として捉え、具体的な共同体の歴史に対応させている点、および、喜劇を自己言及的な芸術とみなす点である。しかしシュレーゲル自身は、喜劇が退廃した公衆に応じて生じ、同時に退廃を促進したとするにも拘らず、ヘーゲルとは異なり、喜劇というジャンルの有する特徴をそうした退廃の原因としてはおらず、芸術の内容とそれを可能にする共同体の状況は相互に対応しているものの、強い因果関係を伴ったものとして理解されているわけではな

---

(21) Hamacher, 2000, 147.

(22) Friedrich Schlegel, "Von ästhetischen Werte der griechischen Komödie," in: Ernst Behler unter Mitwirkung von Jean-Jeaques Anstett u. Hans Eichner (ed.), Kritische-Friedrich-Schlegel-Ausgabe, Bd. 1, Paderborn et al., 1979, 23.

(23) Ibid., 29.

(24) Ibid., 25.

(25) Ibid., 28.

(26) Ibid., 25

(27) Ibid., 30

い。そしてまた、喜劇の自己批判は自己をただ毀損するにとどまり、芸術自体の根本的な破壊にまで到達することのないものとして理解される。それに対して『精神現象学』におけるヘーゲルは、喜劇の破壊的な機能をより徹底したものとして理解しようとするのである。

（2）アリストテレス『詩学』における悲劇と喜劇

　前節で論じたように、ヘーゲルは喜劇において芸術家の主体性が極端に強化され、それが観客に共有されると考えている。そこで、芸術家の主体性の強化という発想をどこから得たのかが問われなければならない。ヘーゲルのこの理解は、悲劇との対比における喜劇に対する伝統的な規定を踏まえたものである。

悲劇と喜劇との関係を定式化した最も古典的な著作は、アリストテレスの『詩学』である。アリストテレスは、詩の創作（ποίησις）を、行為する人間を再現（μίμησις）することとして特徴づけ、その上で以下のように述べる。

　　　再現する者は行為する人間を再現するのであるから、これらの行為する人々はすぐれた人間であるか、それとも劣った人間でなければならない。——というのは、人間の性格はたいていの場合この二つの性質のいずれかに相当するからである。じじつ、すべての人間の性格がわかれるのは、劣っているか、それともすぐれているかという点においてである。——したがって、行為する人々は、わたしたちより優れた人間か、より劣った人間か、あるいはわたしたちのような人間であるか、のいずれかである[28]。

　アリストテレスはこのように、作品において描かれる対象としての行為する人々が、「われわれ（ἡμεῖς）」つまり観客に比した優劣の程度によって区別されると述べた後、「悲劇もまた、まさにこの点において喜劇と異なる。すなわち喜劇が現代の人間より劣った人間の再現を狙うとすれ

---

(28) 松本、岡訳、24頁。1448a2-6

ば、悲劇はそれよりすぐれた人間の再現を狙うのである」と述べる[(29)]。すなわち、悲劇と喜劇とにおいて描かれる対象である登場人物を区別するのは、その対象が、「われわれ」あるいは「現代の人間〔たち〕(oi νῦν)」に比べて優れているか劣っているかという点である。悲劇において描かれるのは英雄のような「優れた人物」であり、喜劇においては滑稽な行為をする「劣った人物」が描かれる。

　しかしアリステレスのこの記述は、単に悲劇と喜劇とにおいて描かれる対象である登場人物の差異を比較したものに過ぎず、ここからヘーゲルの記述にはまだ飛躍がある。この間隙を埋めるためには、さらにシラーの記述を参照しなければならない。

（3）シラーによる喜劇詩人の主体性の強調

　ヘーゲルが芸術哲学に関して一貫してシラーを参照していたことは様々な研究で指摘されている[(30)]。この論点においてシラーの影響を想定するのも極端な想定ではない。

　シラーは、「素朴文学と情感文学」において、「自然」に対する関係から各種文学形式を規定しているが、そのうち「諷刺文学（satyrische Dichtung）」を、「詩人が、自然からの隔たりと、現実性と理想との矛盾〔...〕とを対象にするならば、彼は諷刺的である」[(31)]と規定する。その上でシラーは、こうした「諷刺文学」を包摂する概念である喜劇を、悲劇との関係において以下のように規定する。

　　悲劇と喜劇とのどちらが優位を占めるかということについては、何度となく議論がなされた。単にどちらがより重要な対象（Objekt）を取り扱うかということについて問われるのであれば、疑いなく、

---

(29) 同上、25 頁。1448a16-19.

(30) Cf. Annemarie Gethmann-Siefert, *Die Funktion der Kunst in der Geschichte: Untersuchungen zu Hegels Ästhetik,* Hegel-Studien Beiheft, Bd. 25, Bohn: Bouvier, 1984, 17- 141; Hebing, op. cit., 2015, 122-139.

(31) Friedrich Schiller, "Naive und sentimalische Dichtung," in: Rolf-Peter Janz(ed.), unter Mitarbeit von Hans Richard Brittnacher, Gerd Kleiner und Fabian Störmer, *Friedrich Schiller Theoretische Schriften,* Frankfurt am Main: Suhrkamp, 1992, 740.

悲劇が優位を主張するだろう。しかし、どちらがより重要な主体（Subjekt）を必要とするかを知ろうとするならば、判決は決定的に喜劇に傾くだろう。悲劇においては対象によって既に多くのことが生じているのだが、喜劇においては対象によってではなく、詩人によってすべてが生じる。〔...〕悲劇詩人はその対象によって支えられるのに対し、喜劇詩人は自らの主体によって、自らの対象を美的な高みに保たねばならない[32]。

　シラーはここで、アリストテレスによる規定を踏まえた上でそれを拡張している。アリストテレスは、悲劇と喜劇とを描かれる登場人物の優劣から特徴づけたが、シラーはこれを、作中で描かれる「対象」一般に拡張する。その上でシラーは、喜劇においては悲劇と比べてより重要でない対象が描かれる代わりに、喜劇詩人の主体性が重要であると結論付けるのである。

　このシラーの規定は、アリストテレスによる古典的な規定を詩人の主体という問題へと拡大している点で重要である。ここで注目したいのは、芸術作品と芸術家、そして観客の三項関係の必然的なつながりをヘーゲルが強調し、それによってシラーとは異なった解釈をアリストテレスによる規定に加えている点である。アリストテレスは、喜劇において描かれる「劣った」人物や、悲劇における「優れた」人物といった表現に用いられる優劣が、「現代の人間〔たち〕」に対するものであると述べていたが、シラーはこの関係を作品と芸術家との関係に限定している。それに対してヘーゲルは、観客と芸術家との両者を含む「現実的自己意識」と作品との関係という観点から、喜劇においてはまず芸術家が作品において自己の作品に対する優越を見出し、それが、シュレーゲルの表現を用いるならば、「公衆の言語を語る」ことで観客へと共有されると解釈することで、シラーにおいては芸術家に限定されていた議論を、ポリスの市民一般へと拡大する道筋を示している。

　このように、ヘーゲルの議論は、先行する理論を包括的に理解する試みとしても位置付けることができる。そしてその際、そうした包括を可

---

(32) Ibid., 740-741.

能にする中心的な概念こそが、芸術において共同体の統一と自己とを同時に見出すという「芸術宗教」の概念なのである。

おわりに

　本稿は『精神現象学』において描かれた芸術宗教の自己解体の過程を追うことで、以下の三点を明らかにした。第一に、この過程は、芸術家が喜劇において自己を描写する能力を獲得し、また芸術家に特有の「想起」という在り方を作品を介して観客に共有するものであるという点。そして第二に、この過程において芸術作品は万人にとって過去のものになるという点。そして第三に、こうした過程を論述するために、ヘーゲルがシラーやシュレーゲルを踏襲しつつ、彼らの主張の統合を試みているという点である。

　本稿冒頭部で述べたように、ヘーゲルは芸術作品が直接的な満足の対象ではなくなり、過去性を帯びることが芸術に対する思惟による把握を可能にし、それを促すとみなしている。ヘーゲルにとって喜劇とは、そこにおいて万人が自己を見出し、直接的な満足を得ることができる芸術、すなわち芸術宗教の完成でありながら、同時に自らの構造的限界を露呈し自壊する芸術である。ヘーゲルにとって、芸術宗教の達成が同時に自壊でもあるからこそ、芸術がかつて到達した最高点について述べることは、同時にその「終焉」を告知することでもあったのである。

ヘーゲル、コジェーヴ、岡本太郎

江澤　健一郎

　1933 年、アレクサンドル・コジェーヴは、パリにある高等研究院の教壇に立った。彼が講義の主題として選んだのは、ヘーゲルの主著『精神現象学』である。当時は、まだこの書物のフランス語訳が刊行されていなかったが、彼は、この難解な大著を明晰に解説して、聴講者を魅了した。講義に出席していた人数は多くはなかったが、そこにはそうそうたる面々がそろっていた。ラカン、メルロ＝ポンティ、バタイユ、カイヨワ、クノー、ブルトン ...... そのなかに、岡本太郎の姿もあったことが知られている。

　岡本は、パリで画家として活動したばかりでなく、フランス思想を独自の仕方で吸収していった。民族学に惹かれていた彼は、フランス社会学の巨人マルセル・モースの講義を聴講して、民族学や社会学への造詣を深めていった。それと同時に、哲学的な好奇心を満たすために、彼はコジェーヴの講義に出席する。その傍らには、岡本が「わが友」と呼んだバタイユの姿もあっただろう。

　この講義においてコジェーヴは、多分にマルクス主義的な観点からヘーゲル哲学を論じて、「歴史の終焉」を語っていた。ヘーゲルは、『精神現象学』において、けっして明示的にはそのような終焉を語ってはいないが、コジェーヴは、それをヘーゲル哲学の帰結とみなして、断定的に論じていた。彼は、『精神現象学』で論じられた主と奴の弁証法に焦点を当て、主と奴の闘争が止揚されるとき、歴史は終わると語る。奴は、死を恐れぬ主とは異なり、死を恐れて奴となったが、革命行為によって死の危険を冒して自己を止揚する。そして、革命後の普遍等質国家の公民となるのだ。そうして歴史は終焉する。

　しかし岡本は、コジェーヴが語るヘーゲル哲学には納得できなかった。1979 年のエッセイ「対極」で、彼はそのときの回想を語っている。そこで彼は、「テーゼ（正）・アンチテーゼ（反）・ジンテーゼ（合）」という弁証法的展開、そしてその帰結としての歴史の終焉を拒絶して、対極性の維持を主張する。彼が論じ

るのは、合にいたることなく、正と反が終わりなき闘争を継続する「弁証法」である。コジェーヴを通じて独自の仕方でヘーゲル弁証法を咀嚼した彼は、日本に帰国してから、そのような総合なき弁証法を「対極主義」と名付け、自分自身の芸術的な実践の原理とした。

そもそも岡本は、画家として、フランスにおいて対極性の道へと足を踏み入れていた。彼は、純粋な非具象芸術を目指す集団「抽象創造（アプストラクシオン・クレアシオン）」に参加して、具象性を廃しながら「形態ではない形態、色彩ではない色彩」を探求する。しかし彼は、具象性を禁じるその原理に違和感を感じて、幾何学的な抽象画が示す合理性に反発を抱いていく。当時のフランス美術界では、不合理性を探求するシュルレアリスムが台頭してきていたが、岡本はこの芸術運動に接近して、抽象絵画とシュルレアリスムのあいだで自らの道を切り開こうとした。抽象と具象、合理と不合理が動的に対立する裂け目こそ、彼にとっての芸術であった。たとえば岡本は、その成果として、具象的でありながら抽象的な《痛ましい腕》を描いて、1938年の「国際シュルレアリスム・パリ展」に出品する。まさに、コジェーヴのヘーゲル講義が行われていたパリで。

こうして、フランスで学んだ思想で理論武装した岡本は、戦火を逃れて日本に帰国してから、戦後に花田清輝たちと「夜の会」を結成し、そこでの活動を通じて「対極主義」を主張し始める。彼の絵画《夜明け》（1948年）は、この原理の絵画的実現であり、そこでは光と闇、具象と抽象が、分裂する対極を形成している。しかし、彼の対極主義は、単なる芸術上の制作原理ではない。

岡本は、公認された「日本の伝統」を拒絶しながら、もうひとつの日本を探求し、列島を渡り歩いて民族学的なフィールドワークを行い、その記録をエッセイとして発表していった。その旅の南限において、彼は久高島で「御嶽（うたき）」という聖地を訪ねた。そこは、建築物も偶像もなにもない空き地であった。しかし、その無こそ、神聖なものが舞い降り、つかの間だけわれわれの世界に宿る条件なのだ。そこで行われる儀式とともに現れるのは、神聖な「もの」（有）ではなく、無と有が弁証法的にもつれ合う対極的な結晶である。こうして展開された岡本の思想は、ヘーゲルの魅惑とそれへの反発を通じて形成された。この思想もまた、ヘーゲル弁証法の奇形的な継承である。

あとがき

　昨今、世界は危機的な状況にある。気候変動による大規模災害、コロナ感染症の蔓延、ウクライナ戦争や核の脅威など、人類の生存に関わる数多くの課題が私たちをとりかこんでいる。この書籍は、こうした時代状況の中で生み出された。ヘーゲルが言うように、私たちは時代の子である。むしろ進んで時代の課題と関わっていかなければならない。時代との接点において、ヘーゲルを読むとはどういうことか、そのことのアクチュアリティとは何か、当然、問われることにもなる。そもそも『精神現象学』は、ナポレオン戦争下で執筆された時代との格闘の書である。

　ヘーゲルをどう読むか、特に難解極まりない『精神現象学』をどう読むかは、誰しもが悩むところである。このような著作は、一人で読むにはかなり苦しい。またなんとか読めたとしても、きちんと読めているのか、不安が尽きない。誰か（例えば同じ研究仲間）と読むということは、こうした不安を軽くし、また新たな発見をもたらしてくれる。かつては、大学院のゼミや研究会・読書会がその役割を果たしていたが、次第にその機会も減少してきているように感じる。

　本書の執筆には、若手からシニアまでさまざまな世代の研究者が関わっているが、本書の成立の契機には、読書会の存在がある。30年ほど前に、本書の執筆者でもある滝口、鈴木、片山で自主的に始まったものである。法政大学の市ヶ谷校舎に部屋を借りて、法政大学の院生だけでなく、他大学の院生や社会人の方たちも参加した。そして、この読書会は、多くの入れ替わりも含めて、若い世代だけでなくさまざまな世代の『精神現象学』に関心を持つ人たちによって、脈々と受け継がれてきた。『精神現象学』の難解な原書を一文ずつ読みながら、文章の意味や分脈を読み取っていく。これを繰り返し進めていく、いわば苦行とも言える場でもあった。

　さて7年ほど前、若手の研究者からの発案で、本書の企画が立ち上がった。以降、さまざまな試行錯誤を重ね、また何度も頓挫しそうになりながらも、ようやく出版の運びとなった。近年は、留学生や海外の研究員も参加し、ドイツ語や英語で議論も交わされるようになった。そのうち

の周陽さんとパオロ・リヴィエリさんにはコラム執筆者として加わっていただいた。また、読書会以外の方たちにも執筆をお願いした。感謝するとともに、出版までに7年かかってしまったことについてはお詫びしたい。

いつの時代でも、哲学は人間の基本的な欲求の一つとして、多くの人の知的関心を刺激してきた。その一方で、現在の若手の哲学研究者の置かれた状況は厳しい。最近、大学院で哲学を研究する若者が減ってきているという話をよく聞く。大学での人文系軽視の傾向の中、哲学研究で生活を支えていくことの困難もその背景にあるだろう。こうした時代の困難と向き合いながら、ヘーゲルを丹念に読んでいる若手研究者の研究成果も本書には含まれている。ヘーゲル風に言えば、生の困難（矛盾）を内面化し乗り越えていこうとする精神の働きが、本書の土台を成しているといえるだろう。

出版に際しては、社会評論社の松田社長そして編集担当の本間さんには大変お世話になった。現在の日本の出版事情が苦しい中、快くお引き受けいただいたこと、心より感謝したい。また滝口氏、明石氏には執筆以外にも、出版にあたりさまざまな援助をいただいた。

最後に、この書籍が、多くの蓄積があるヘーゲル研究に幾ばくかの寄与ができ、多くの読者の手に渡り、思考の一助になることを期待したい。

編者を代表して　片山善博

編著者紹介

■編著者

片山善博(かたやま よしひろ)

日本福祉大学社会福祉学部教授／『差異と承認——共生理念の構築を目指して』(創風社、2007年)、『新時代への源氏学』(共著、竹林舎、2016年)

小井沼広嗣(こいぬま ひろつぐ)

岐阜聖徳学園大学教育学部専任講師／『ヘーゲルの実践哲学構想——精神の生成と自律の実現』(法政大学出版局、2021年)、ロバート・B・ピピン『ヘーゲルの実践哲学——人倫としての理性的行為者性』(共訳、法政大学出版局、2013年)

飯泉佑介(いいずみ ゆうすけ)

京都大学文学研究科・日本学術振興会特別研究員 PD／「なぜヘーゲルは『精神現象学』の体系的位置付けを変更したのか」(『哲学』、2019年)、「ヘーゲル哲学における「我々」」(『倫理学年報』、2018年)

■著者

明石英人(あかし　ひでと)

駒澤大学経済学部教授／『マルクスとエコロジー』(共著、堀之内出版、2016年)、ミヒャエル・クヴァンテ『カール・マルクスの哲学』(共訳、リベルタス出版、2019年)

岩田健佑(いわた けんすけ)

一橋大学社会学研究科博士後期課程・日本学術振興会特別研究員／「ヘーゲル『芸術哲学講義』における近代芸術の客観性：ベルリン後期の論考における想像力と実体的本質としての感覚」(『美学』、2020年)、Die Struktur des Dramas in den Vorlesungen über die Philosophie der Kunst (*Hegel-Jahrbuch*, 2019)。

江澤健一郎(えざわ けんいちろう)

立教大学ほか兼任講師／『中平卓馬論——来たるべき写真の極限を求めて』(水声社、2021年)、『バタイユ——呪われた思想家』(河出書房新社、2013年)

岡崎　龍（おかざき りゅう）

イエナ大学神学部・日本学術振興会海外特別研究員／ *Zur kritischen Funktion des absoluten Geistes in Hegels Phänomenologie des Geistes* (Duncker & Humblot, 2021)、ジュディス・バトラー『欲望の主体——ヘーゲルと二〇世紀フランスにおけるポスト・ヘーゲル主義』（共訳、堀之内出版、2019年）

菊地　賢（きくち　さとる）

一橋大学社会学研究科博士課程／「マルクスのマックス・シュティルナー批判の意義について」（『唯物論』、2018年）、「『経済学・哲学草稿』第1草稿における国民経済学批判の進展について」（『季刊・経済理論』、2019年）

久冨峻介（くどみ しゅんすけ）

京都大学大学院文学研究科博士課程／ Hegels Kunstbegriff in den Jenaer Jahren: Zur Differenzierung von Kunst und Religion（*Tetsugaku*, 2021)、「ヘーゲル『精神現象学』の承認論における言語の特性——イェーナ期体系構想との比較に基づく考察」（『ヘーゲル哲学研究』、2020年）

小島優子（こじま ゆうこ）

高知大学人文社会科学系人文社会科学部門准教授／『ヘーゲル　精神の深さ』（知泉書館、2011年）

鈴木　覚（すずき さとる）

長岡工業高等専門学校教授／ヘーゲル『自筆講義録Ⅰ（1816-31）』（共訳、知泉書館、2020年）、『共生のスペクトル』（共著、DTP出版、2007年）

滝口清榮（たきぐち きよえい）

2021年より農業に取り組む／ Die Forschung an der Hegelschen Rechtsphilosophie in Japan, (*Hegel in Japan*, 2015)、黒格尔《法（权利）哲学》——对传统解读水平的反省，对新解读可能性的探索（王淑娟訳），《黑格尔法哲学研究》(2020)

服部　悠（はっとり ゆう）

法政大学大学院人文科学研究科博士課程／「ヘーゲル『精神現象学』における人倫的行為の研究——否定的な運命と人倫における自然の問題」（修士論文、2018年）

原崎道彦（はらさき みちひこ）

高知大学教育研究部教授／『ヘーゲル「精神現象学」試論——埋もれた体系構想』（未來社、1994年）

周　阳(ヂョウ・ヤン)

北京師範大学講師(中国) ／《"偶然性 "与 "思维和存在关系 "——马克思 <
博士论文 >中唯物主义思想的起源》(《世界哲学》, 2020) ,《<黑格尔法哲
学批判 >中的历史唯物主义萌芽 ——"私有财产决定政治国家 "命题的内在
逻辑》(《东南学术》, 2022年)

Paolo Livieri(パオロ・リヴィエリ)

メッシーナ大学講師(イタリア) ／ The Thought of the Object. Genesis and
Structure of Section "Objectivity" in Hegel's Wissenschaft der Logik (*Verifiche*,
2012), G.W.F. Hegel, L'essere (1812), Scienza della Logica, (co-editor/translator,
Verifiche, 2009)

ヘーゲル『精神現象学』をどう読むか
新たな解釈とアクチュアリティの探究
2022 年 12 月 23 日　初版第 1 刷発行

編著者————— 片山善博、小井沼広嗣、飯泉佑介
発行人————— 松田健二
発行所————— 株式会社 社会評論社
　　　　　　　東京都文京区本郷 2-3-10
　　　　　　　電話：03-3814-3861　Fax：03-3818-2808
　　　　　　　http://www.shahyo.com
装幀・組版—— Luna エディット .LLC
印刷・製本—— 株式会社 ミツワ

脱資本主義
S. ジジェクのヘーゲル解釈を手掛かりに
高橋一行 / 著

スロベニアの哲学者スラヴォイ・ジジェク。ヘーゲルやラカンへの独自の解釈でポストモダン思想とは一線を画している。その理論を参考に本書は著者自身の「脱資本主義論」を展開すると同時に、日本人によるジジェク論の先駆けとしても書かれた。 ＊ 2500 円＋税　A5 判並製 272 頁

リカード貿易論解読法
『資本論』に拠る論証
福留久大 / 著

優れた研究者四名（宇沢弘文・小宮隆太郎・中村廣治・根岸隆）の誤解に基づく弱点が明示される。通説を根底から覆す "福留比較生産費説"。国際経済論や学史テキストに変更を迫る著者渾身の論考。ディヴィッド・リカードはどのように誤解されてきたか。 ＊ 2600 円＋税　A5 判並製 292 頁

「人間とは食べるところのものである」
「食の哲学」構想
河上睦子 / 著

フォイエルバッハの「食の哲学構想」の解読を基礎に、現代日本の食の世界が抱えている諸問題を考察する。 ＊ 2200 円＋税　46 判上製 272 頁

トロツキーと戦前の日本
ミカドの国の預言者

森田成也 / 著

トロツキーの思想はさまざまな形で日本の知識人に影響を与えたし、あるいはトロツキーの動向は途絶えることなく日本の知識人やジャーナリストの関心の対象であった。知られざる戦前日本のトロツキー。　　＊2700円＋税　A5判並製312頁

はじまりの哲学
アルチュセールとラカン

伊吹浩一 / 著

アルチュセールは「はじまり」にこだわった。「はじまり」について語れるのは哲学のみであるとし、「はじまり」に定位し、「はじまり」について語ることだけを哲学者として引き受けたのである。しかし、それでもやはり、なぜ「はじまり」なのか。それはおそらく、アレントも言うように、「はじまり」とは革命のことだからなのかもしれない。　　＊2500円＋税　A5判並製372頁

歴史知のアネクドータ
武士神道・正倉院籍帳など

石塚正英 / 著

様々な地域と領域で〝価値転倒〟が起きている。最たるは、二度にわたる世界大戦の反省に立ちながらも再び対立へ逆戻りしている国際社会。本書は〝価値転倒〟をモティーフにした研究遍歴を通し、歴史が創った思想と現代をつなぐ思念の意義を伝える学問論。　　＊3200円＋税　A5判上製368頁

塩原俊彦 / 著　—ウクライナ戦争の本質に迫る論考3部作—

復讐としてのウクライナ戦争
戦争の政治哲学：それぞれの正義と復讐・報復・制裁

本書では、ウクライナ戦争が米国の「ネオコン」（新保守主義者）と呼ばれる勢力によるロシアへの復讐、ロシアのウラジーミル・プーチン大統領のウクライナへの復讐、さらに、ウクライナのウォロディミル・ゼレンスキー大統領のロシアへの復讐という、三つの復讐の交錯のもとに展開していると論じたい。この復讐という感情がウクライナ戦争の終結を難しくしていることを示すことにもつながる。　　　　　　　　　　　　　　＊2600円＋税　A5判並製264頁

ウクライナ 3.0
米国・NATOの代理戦争の裏側

米国の「好戦論者」の一方的なやり方に異論を唱え、冷静に議論できなければ、民主国家の優位自体が失われることになる。マスメディアは主権国家の代理人たる一部の政治家と結託し、公正中立といった理念からかけ離れた報道に終始している。この現状を是正するには、本書のような解説書が何よりも必要であると自負している。　　　　　　　　　　　　　　　　　　＊1800円＋税　A5判並製160頁

プーチン 3.0　殺戮と破壊への衝動
ウクライナ戦争はなぜ勃発したか

揺らぐ世界秩序。侵攻へと駆り立てたものの本質に迫る。問題は、そのプーチンを追い詰め、戦争にまで駆り立てた世界全体の構造にある。それは、近代化が生み出した制度への根本的問いかけを含むものだ。つまり、本書で語りたいのは、制度が軋み、爆発したという世界秩序のほうであり、プーチンはそのなかに登場する「悪人」の一人にすぎない。　　　　　　　　　　＊2600円＋税　A5判並製304頁